Jean-Louis Étienne

Osez l'autonomie !

Rustica éditions

Dépôt légal : mars 2019
ISBN : 978-2-8153-1392-6
Numéro d'édition : RU00034
www.rustica.fr

Préambule

Être autonome, se débrouiller seul, se prendre en main, un mot qui sonne comme une indépendance, une fierté aussi. Être autonome, pour se protéger des événements extérieurs, de ses propres contraintes, du poids des indécisions, de la torture de liens invisibles. Être autonome pour consolider son territoire intérieur, construire une assise au plus près de ses forces, de ses désirs, pour élargir ses étendues de liberté, de maîtrise personnelle… Être soi, en quelque sorte. Il y a dans la recherche de l'autonomie la quête d'exigence, d'élégance envers soi-même, le chemin pour plus de disponibilité aux autres.

« J'ai toujours eu la certitude
qu'avec mes dix doigts je pourrais
construire une cabane, élever des
poules et cultiver un jardin pour
parer à toute éventualité. »

1

Autonomie, mon instinct de vie

« Soyez autonomes ! » Mais, papa, tu nous répètes ça depuis qu'on est tout petits, me disent régulièrement mes enfants. Tu dis toujours qu'il faut se faire une trousse à outils pour « voir venir ».

Était-ce la construction d'un monde à moi, mettre à l'abri des autres l'enfant solitaire et timide que j'étais, était-ce la crainte de manquer ? Mes sœurs et moi ne manquions pas d'amour, mais la vie matérielle était précaire, fragile. Je me suis senti très jeune investi du devoir et de la fierté de ne pas peser sur les faibles ressources de la famille. Nous n'avions pas l'eau courante, ma mère allait en toute saison faire la lessive à la rivière. On pompait l'eau à la main dans un puits accolé à la cuisine, un puits profond qui faisait aussi office de réfrigérateur en été. On descendait en bout de corde un panier où l'on mettait le lait, le beurre et autres denrées fragiles à l'abri de la canicule estivale. Le cabinet, comme nous l'appelions à la campagne, un trou entre trois planches, était une cabane derrière la maison. En guise de papier « hygiénique », mon grand-père découpait le journal avec ses grands ciseaux de tailleur, des carrés de *La Dépêche du Midi* qu'il suspendait sur un crochet en fil de fer. Nous n'avions pas le téléphone, encore moins la télévision, alors à ses premiers balbutiements. Que ce soit en période scolaire ou pendant les vacances, la vie se passait toujours au village, partagée entre les copains et des activités solitaires. J'adorais bricoler avec des morceaux de bois récupérés chez le menuisier, construire des traîneaux qui roulaient sur des roulements à billes usagés, mettre à l'eau un radeau fait de vieilles chambres à air de tracteur que me donnait le mécanicien d'en face. Mon premier réflexe a toujours été de faire les choses moi-même, on n'avait pas les moyens de les acheter. À quinze ans, j'ai construit ma première guitare sur des plans proposés par *Système D*, un magazine de bricolage dont j'ai appris récemment qu'il existait toujours. Adolescent, je démontais la vieille mobylette de mon père, en panne de compression, pour changer les segments des pistons. En fait, j'ai toujours été très occupé à faire quelque chose de mes dix doigts. Je ne lisais pas, la lecture m'a toujours été difficile. En amont de tout « chantier », une réflexion jubilatoire m'occupait intensément l'esprit. Pensionnaire au collège technique, j'ai durant un bon trimestre réfléchi à la réalisation d'un petit moteur à réaction à partir d'un dessin simplifié paru dans l'*Almanach du pèlerin* ; je n'imaginais pas un instant qu'il ne puisse pas voler. Il est vrai qu'à tout âge je ne me suis jamais limité dans l'ampleur des projets. C'est ce que je ne cesse de proférer auprès des jeunes, les invitant à se libérer dans leurs choix de réalisations, à avoir de l'ambition pour leurs projets de vie. Votre capital, c'est vous : vous êtes porteurs de compétences, de talents que vous ignorez.

Il faut oser s'immerger dans l'inconnu de soi, on s'y découvre. Suivre la voie de ses rêves, même si le chemin est difficile ou incertain. J'ai quitté un internat en chirurgie prometteur pour me rapprocher des montagnes et vivre intensément mes rêves d'alpiniste. J'ai largué le poste d'assistant d'université pour la course autour du monde avec Éric Tabarly. Après le pôle Nord, j'ai définitivement abandonné la médecine pour me consacrer aux expéditions polaires. Je me suis accordé l'audace d'abandonner ce que j'avais acquis pour de nouvelles explorations, mais, inconsciemment, j'ai toujours eu en garantie la certitude qu'avec mes dix doigts je pourrais construire une cabane, élever des poules et cultiver un jardin pour parer à toute éventualité. Cette recherche d'autonomie que j'ai, sans le savoir, cultivée depuis l'enfance est certainement le plus précieux bagage qui m'ait conduit à inventer ma vie.

« La magie est en nous et nous
n'en avons pas conscience. »

2

L'automate en nous

Dans le cadre de ma préparation pour l'expédition au pôle Nord, j'avais passé une semaine à l'hôpital universitaire McGill à Montréal. L'objectif était d'apprendre à contrôler la circulation sanguine des doigts de la main. Le dernier jour, on m'a enfermé dans le congélateur au sous-sol de l'hôpital. Il faisait – 18 °C. Sans gants, la température de mes doigts a commencé à descendre. Jusque-là, rien d'anormal. Exposé au froid, le corps conserve sa chaleur en réduisant automatiquement la circulation des extrémités. Les thermomètres placés à la pulpe des doigts ne cessaient de descendre et, quand la température a atteint 8 °C, le médecin responsable de l'exercice m'a demandé par interphone de reprendre le contrôle. La descente s'est stabilisée et la température de mes doigts est progressivement remontée jusqu'à 15 °C : fin de la manip. Que s'est-il passé ? Comment est-ce possible ?

Durant la semaine qui a précédé le test en chambre froide, je me suis exercé en laboratoire. J'étais assis dans un fauteuil et on avait placé des récepteurs thermiques et d'humidité sur la pulpe de mes doigts. La température s'affichait sur un écran ou était donnée par les variations d'un signal sonore si on préférait faire l'exercice les yeux fermés. Je m'entraînais à mentaliser l'afflux de sang dans mes vaisseaux par des épisodes successifs de détente et d'action volontaire, ce qui peu à peu réchauffait les doigts. Cet exercice est l'illustration de la prise de contrôle de ce que nous appelons en médecine le système nerveux autonome, responsable des fonctions non soumises au contrôle volontaire.

Depuis que vous lisez ces lignes, votre cœur bat, la tension artérielle se maintient, la glycémie est régulée, les reins filtrent, la vessie se remplit, le cerveau emmagasine les informations et contrôle. Toutes ces fonctions vitales sont conjointement à l'œuvre pour le maintien de la « constance du milieu intérieur », comme l'appelait Claude Bernard[1]. Aujourd'hui, on parle d'homéostasie, cet état d'équilibre des régulations automatiques qui maintiennent notre corps en vie. Qui est donc aux commandes

1. Claude Bernard, 1813-1878. Médecin français, fondateur de la physiologie moderne.

de ce métronome biologique d'une immense complexité battant à la perfection ? La magie est en nous et nous n'en avons pas conscience.

Nous vivons sous la dépendance absolue du système nerveux autonome, l'activité physique, les mouvements étant commandés par le système nerveux volontaire. Notre être biologique est autonome. Cet « automate » chargé des questions vitales est en veille permanente. Cela paraît incongru de le dire, mais, par exemple, il nous dispense de la contrainte d'avoir à penser chaque seconde à impulser le battement du cœur. Il fait toujours la même chose, mais il est capable d'adaptation en fonction d'informations qu'il reçoit de nombreux capteurs : accélération du rythme cardiaque à l'effort, sécrétion d'insuline pour compenser une surcharge en sucre après le repas. À l'inverse, une diminution du taux de sucre dans le sang, l'hypoglycémie, va activer des nerfs reliés à l'hypothalamus, cette part du cerveau qui intervient, entre autres, dans le contrôle de la faim. Toutes ces régulations sont autonomes, mais cela ne veut pas dire qu'elles échappent totalement à notre contrôle. Un exemple remarquable est la maîtrise de la respiration par les plongeurs apnéistes. Notre maintien en vie est sous la dépendance d'un impérieux besoin d'oxygène. Nous ne pouvons pas rester plus de quelques dizaines de secondes sans respirer : les capteurs de l'hypoxie déclenchent un manque d'air absolu, suivi immédiatement d'une inspiration. Sauf chez les apnéistes qui peuvent rester calmement jusqu'à dix minutes sous l'eau. Après des années de pratique, ils ont appris à minimiser la consommation d'oxygène et à maîtriser le déclenchement de l'inspiration. Autre expérience vécue, après 63 jours de marche vers le pôle Nord par des froids constants entre – 52 °C et – 18 °C, la température centrale de mon corps était descendue à 35,5 °C au repos. Cela signifie que l'automate qui régule la température du corps a spontanément baissé le thermostat pour limiter la consommation énergétique.

Le système nerveux autonome innerve les sécrétions hormonales et les muscles lisses de tous les viscères – cœur, poumons, vaisseaux, tube digestif… –, activant ainsi leur fonction comme les battements du cœur, la motricité gastrique et intestinale.

Dans les faits, le système nerveux autonome régule toutes les fonctions biologiques essentielles à la vie. Il est divisé en deux systèmes opposés et complémentaires qui agissent globalement à la manière d'un couple frein/accélérateur. Par exemple, le système nerveux parasympathique, par l'action de son neurotransmetteur, l'acétylcholine, ralentit la fréquence cardiaque, pouvant même conduire à un étourdissement (malaise vagal). À l'opposé, le système nerveux orthosympathique, par la sécrétion d'adrénaline, répond à la mise en alerte de l'organisme, au stress, à la préparation de l'activité physique et intellectuelle par l'augmentation de la fréquence cardiaque et respiratoire, la dilatation des bronches, la transpiration, l'élévation de la tension artérielle…

Ce système nerveux autonome qui, à notre insu, nous maintient en vie, est aussi appelé système neurovégétatif, « végétatif » signifiant que nous vivons sous sa dépendance passive. C'est un trait de notre culture occidentale de méconnaître le pouvoir que nous avons sur son contrôle. Il n'est pas réservé aux yogis de maîtriser certaines fonctions autonomes de notre corps, comme la circulation sanguine des doigts que j'ai expérimentée en préparant mon expédition au pôle Nord. L'apprentissage de la maîtrise de ces automatismes neurovégétatifs, par le yoga, la méditation, la relaxation, les thérapies cognitives et comportementales, permet de réguler les réponses du corps et de se protéger de ses angoisses, inquiétudes, paniques, phobies et autres débordements émotionnels.

Quelque chose en nous parle d'une voix obscure dont l'écoute attentive peut devenir bénéfique, salvatrice.

« Reconquérir sa liberté,
l'autonomie de ses désirs, arrêter
de vivre sous tutelle constituent
une colossale entreprise
personnelle. »

3

Résister à la tentation de l'abandon

Elle est assise en terrasse, non loin de moi ; je la regarde. Son menton posé sur la paume de la main, elle laisse vivre un instant la blonde pincée entre l'index et le majeur tendus à l'écart du visage. Elle mordille l'ongle de l'annulaire. Après une bouffée inspirée du bout des lèvres, elle relâche un halo de fumée en dodelinant de la tête. De toute évidence, elle en retire un plaisir apparent et un surcroît d'assurance. Mais de ce flirt sensuel avec la cigarette elle va peu à peu devenir la proie. Elle entre dans le piège des liens invisibles que la nicotine tisse dans son corps. La voilà bientôt prisonnière d'une addiction naissante. Le plaisir de fumer se réduira progressivement au « besoin obligatoire » de satisfaire un manque irrépressible qui frappe obsessionnellement à la porte. Que faire ? Seule, dans un grandissement de son être, elle peut encore décider en conscience d'y échapper et reprendre son autonomie. Échapper à l'obligation d'achat que commande son corps prisonnier de la dépendance.

Dans un souci de santé publique, l'État augmente périodiquement le prix du paquet de cigarettes, ce qui grève le budget du fumeur et limite efficacement le nombre de clients, mais pas les revenus fiscaux du tabac[2]. Le fumeur est un excellent contribuable. L'inscription *Fumer tue* sur le paquet n'a que peu d'effet sur l'ampleur de la menace, voire invite à transgresser l'interdit chez le jeune débutant.

Que se cache-t-il donc derrière ce rideau de fumée ? Leurre, séduction, ennui, fuite, attitude, envie d'exister ? Cigarette stratège, source d'inspiration ? Dans une conversation, la gestuelle permet d'occuper le temps avec une certaine assurance. On a vu tant d'artistes poser, cigarette aux lèvres, tant de cow-boys et autres séducteurs la « clope au bec ». Donne-t-elle du courage ? Dans l'armée, on a toujours distribué des troupes aux soldats qui montaient au front.

Objet social éphémère qui part en fumée, la cigarette impose sa cadence sur la voie délétère du tabagisme

2. 14,2 milliards d'euros est le revenu des taxes sur le tabac en 2017. L'État prélève 81 % de taxes sur le prix du tabac. Pour un prix moyen du paquet à 8 €, un salarié au SMIC qui fume un paquet par jour reverse 16 % de son salaire à l'État.

au long cours. La nicotine se charge de l'addiction, les goudrons et autres produits volatils du désastre annoncé : infiltration de la peau, haleine de chalumeau, durcissement des ovaires, occlusion des artères, goudronnage des bronches… On connaît l'issue. « L'expérience est une lanterne que l'on porte sur le dos et qui n'éclaire jamais que le chemin parcouru », disait Confucius. Il n'est jamais trop tard quand elle frappe à la porte.

Lors d'un Salon du livre où je dédicaçais *Persévérer*[3], un homme de la cinquantaine s'est approché de moi, motivé par l'envie de parler. Peu après l'ouverture matinale, le salon était assez calme et j'avais du temps pour bavarder avec lui. Le fait que je sois médecin conduit facilement le dialogue à la confidence.

« Vous savez docteur, je suis vos exploits depuis longtemps et j'ai beaucoup d'admiration pour votre courage à affronter les conditions de vie extrêmes des régions polaires… Dans un tout autre domaine, je mène un combat dont je ne vois pas l'issue. »

Je sentais chez lui un mélange d'affliction morale et de résignation.

« Qu'est-ce qu'il vous arrive ? »

Il fait silence et baisse la tête, comme s'il avait honte.

---

3. Jean-Louis Étienne, *Persévérer : on ne repousse pas ses limites, on les découvre*, Paulsen, 2015.

« Tel que vous me voyez, il est à peine onze heures et j'ai déjà bu un litre de vin blanc depuis ce matin. Et c'est comme ça tous les jours… J'ai fait deux cures de désintoxication et rien n'y fait… On ne se rend pas compte quand on est jeune… Après on boit sans goût pour ce qu'on avale, simplement pour un moment de paix entre deux verres. Je me suis fait virer de mon boulot et j'en suis réduit à picoler du vin pas cher, merdique, qui me brûle l'estomac… »

Tabagisme, alcoolisme, toxicomanie, même combat. L'addiction est une aliénation chimique : le corps est prisonnier de la demande et l'esprit « à la ramasse » subit le diktat d'une molécule perverse. L'assuétude est l'état de dépendance physique et psychologique. L'accoutumance relève de la perfidie même de la drogue qui impose une augmentation progressive de la dose pour satisfaire le besoin, pour soulager temporairement le mal-être. La dose du plaisir originel est depuis longtemps sans effet.

Reconquérir sa liberté, l'autonomie de ses désirs, arrêter de vivre sous tutelle constituent une colossale entreprise personnelle. La reconstruction va prendre du temps et demander beaucoup de persévérance. Comment tenir face à une si redoutable adversité ?

Comment transformer cette galère en une reconquête de son être, le sien, celui d'avant l'invasion toxique ? Un challenge de tous les instants. Devenir son chien de garde attentif, sans concession, veillant chaque seconde à rembarrer le manque qui est cet « autre » qu'on a laissé s'installer en soi, qui n'est pas soi, mais un « squat biochimique » qu'il faut de toutes ses forces s'employer à déloger.

Dans un domaine différent, moins destructeur, mon désir de pôle était devenu une forme d'addiction, ce sentiment que ma vie devait impérativement passer par ce point immatériel qui trône au septentrion du monde. Une fois sur place, je me suis trouvé pris au piège de cette ambition, de ce projet qui me tenait aux tripes et qui me dépassait. Les premiers jours furent horribles tant les obstacles – très basses températures, banquise chaotique, danger mortel de passer à l'eau – dépassaient tout ce que j'avais imaginé. Fragilisé, seul dans un isolement extrême, j'étais périodiquement traversé par le souhait lâche et pervers de me casser une jambe, histoire d'avoir une vraie raison d'abandonner. Continuer était un combat permanent, une lutte incessante contre la tentation de l'abandon. Face à l'immensité de la tâche, la lenteur de ma progression ne me donnait aucune chance d'atteindre le pôle et je perdais tout espoir. D'autant que les spécialistes de la région m'avaient donné 1 % de chances de réussite et 2 % après l'échec de la première année. Au bout de quinze jours d'une lutte acharnée, je pris soudain conscience que j'étais toujours là, sur cette banquise infernale, là où mes prédécesseurs avaient abandonné. Je pris le parti de tenir, quelles que soient la distance parcourue et les souffrances physiques, tenir sur la voie que j'avais choisie pour construire ma vie.

Le 1er avril était la date d'anniversaire de mon père, et je me souviens de lui avoir dédié cette journée, ce qui m'a donné du courage. Tenir. Il n'y a pas de route pour le pôle Nord, c'est une voie que l'on s'invente à chaque pas. Le but ultime paraissait si loin, si hypothétique, que je m'accordais le plaisir de baliser le chemin de petites récompenses. Je nommais certaines concrétions de glace situées à quelques centaines de mètres devant moi, comme des objectifs à atteindre. Peu à peu, je commençais à sentir mes forces se consolider autour de cet audacieux projet qui avait mobilisé toutes mes énergies. Englouti par tant de découragements, le rêve refaisait surface. Je renouais en paix avec ce petit homme qui avait eu l'ambition de traverser seul l'immensité inhumaine de la banquise. Petit à petit, sans rien lâcher, j'atteignis le pôle Nord après 63 jours de marche solitaire. Ce fut d'abord une phénoménale libération. Je me sentis un homme neuf, soulagé du poids de cette aventure incertaine qu'il me tenait à cœur de réaliser. J'eus un instant le sentiment rare d'un apaisement total pour l'éternité. De cette aventure aux frontières du possible je revenais confiant sur mon aptitude à relever d'autres défis. Une nouvelle vie m'attendait, libre de mes choix.

L'homme du Salon du livre était reparti avec *Persévérer* sous le bras. Persévérer avec acharnement était le meilleur encouragement que je pouvais lui donner, baliser son chemin de seuils de récompenses pour « assécher » la demande et atteindre la sortie du tunnel.

« Cultiver son potager est un art de vivre, un contrat écologique avec le monde réel et l'assurance de manger une nourriture saine. »

4

Vers une autonomie alimentaire

Quelque chose s'impose à toutes les espèces de tous les règnes : se nourrir pour survivre. Comme tous les animaux, l'homme est *hétérotrophe*, c'est-à-dire qu'il doit chercher, conquérir, produire sa nourriture, contrairement aux plantes qui ont le privilège d'être *autotrophes*. Les plantes seules ont la capacité de synthétiser leur propre matière organique à partir d'éléments minéraux sous l'action du soleil, *elles mangent l'immangeable*[4]. Les végétaux se nourrissent en regardant le soleil, en puisant l'eau et les sels minéraux du sol, l'oxygène et le dioxyde de carbone (CO_2) de l'air. C'est le miracle de la photosynthèse qui se passe dans les pigments verts de

4. Jean-Henri Fabre, *La Plante. Leçons à mon fils sur la botanique*, C. Delagrave, 1876.

chlorophylle des feuilles où, sous l'action du rayonnement solaire, la plante produit le glucose nécessaire à son développement à partir du CO_2 de l'atmosphère. Sous terre, les entrelacs du mycélium, ces longs filaments de champignons microscopiques, apportent l'eau et les sels minéraux aux racines des plantes. Ces réseaux mycéliens sont gigantesques et multiplient par mille la capacité racinaire des arbres.

Les plantes sont autonomes dans le sens où elles trouvent tout ce dont elles ont besoin pour se développer là où elles ont élu domicile et d'où elles ne bougeront pas jusqu'à la mort. Ne croyons pas pour autant que le règne végétal se prélasse au grand air, se nourrissant immobile sous les caresses du soleil. On doit tout au monde végétal qui a créé et maintient en permanence les conditions de vie sur terre. Sa partie aérienne régule avec une grande stabilité la composition de l'air que nous respirons, fixe le CO_2 et produit l'oxygène indispensable à la vie. Les plantes à terre et le phytoplancton en mer sont les seuls organismes qui fixent le CO_2 de l'atmosphère… C'est dire l'importance capitale que joue le règne végétal sur la stabilité du climat. Les plantes sont les seuls êtres vivants capables d'exploiter l'énergie du soleil pour se développer et étendre leur territoire. Le monde végétal constitue ce que l'on appelle la *production primaire*, c'est-à-dire le point de départ du réseau alimentaire de toutes les espèces, tant à terre que dans les océans. Tous les écosystèmes sont pris en charge par la production primaire. « Au grand banquet des êtres, c'est la plante qui tient table ouverte aux populations de la Terre. »

Nous, les animaux, n'avons pas la capacité des plantes à se nourrir les pieds dans l'eau sous le soleil. Nous devons aller à la « conquête » de la nourriture. Les herbivores se nourrissent au pré ou en mangeant des feuilles d'arbres grâce à leur capacité à digérer la cellulose des végétaux. Si nous avions un rumen à la place de l'estomac, nous pourrions nous nourrir en mangeant de l'herbe. En revanche, nous passerions notre vie dans les champs, car il faut en manger beaucoup, la transformation des végétaux en protéines animales étant d'un très faible rendement. Les carnivores sauvages chassent pour se nourrir, et ce système proie/prédateur bien identifié peut aussi s'exercer au sein d'une même espèce. En caricaturant un peu, l'homme moderne en est l'illustration : se nourrir passe par l'énergie qu'il déploie dans la société pour défendre les revenus de son travail. En France, la part de l'alimentation dans les dépenses des ménages est passée de 35 % en 1960 à 20 % en 2014. En revanche, les exigences sur la qualité de l'alimentation ne cessent de croître. Les alertes incessantes sur l'équilibre nutritionnel, les maladies métaboliques (diabète, dysfonctionnements hormonaux, obésité, ostéoporose), les suspicions de cancers induits par les intoxications phytosanitaires latentes poussent le citoyen vers des exigences légitimes. Les plus aisés accèdent à une alimentation de meilleure qualité, issue de l'agriculture biologique. D'autres, de plus en plus nombreux, répondent à l'aspiration simple, salutaire et réconfortante de cultiver soi-même.

Une invasion agraire gagne les toits plats des grandes métropoles. Sur un immeuble voisin de chez moi ont été créées 200 parcelles individuelles de 3 m^2 entretenues par le jardinier de la communauté. Toutes les cultures sont bio et de saison : radis, salades, choux, fraises, framboises… À une plus petite échelle, on voit les grappes de tomates cerises grimper sur les balcons, des jardinières de légumes-racines comme les carottes, radis, panais, navets… Les plus écolos s'équipent d'un composteur alimenté avec les déchets organiques de la maison. Toutes ces installations ne remplacent pas un véritable potager, elles apportent un supplément d'âme à ses salades, elles témoignent de l'envie des citoyens de mieux contrôler leur consommation.

En périphérie des villes, en milieu pavillonnaire, on assiste au développement de jardins en permaculture, un terme issu de la contraction entre « permanent » et « agriculture ». Bien plus qu'un jardin écologique, la permaculture est un mode de vie où l'humain s'inscrit dans un développement pérenne inspiré du modèle d'économie circulaire de la nature. Elle pilote la réflexion sur tous les sujets : habitat, énergie, enseignement, santé et, bien sûr, alimentation. L'installation d'un jardin en permaculture consiste à créer des parcelles de sol vivant, une façon de cultiver la terre, sans labour mais avec des cultures qui la nourrissent sans intrants de synthèse, s'en remettant à la nature et aux vers de terre dont Aristote disait qu'ils sont les intestins de la terre. En complément, il est judicieux d'adopter deux poules qui se nourrissent des épluchures et des restes de repas, offrant de surcroît le pur bonheur d'aller chercher les œufs frais dans son poulailler. En valeur protéique, deux œufs équivalent à 100 g de viande et apportent des compléments alimentaires indispensables de qualité. Cultiver son potager est un apprentissage qui demande d'y consacrer du temps, mais voir pousser ses légumes est très gratifiant, et constitue un gain d'autonomie et d'indépendance sur la marche du monde. C'est un art de vivre, un contrat écologique avec le monde réel et l'assurance de manger une nourriture saine.

Mais quand les exigences sur leur qualité de vie et celle de leur famille s'imposent, deviennent mobilisatrices, les plus motivés vont tenter d'aller plus loin. Le désir d'un changement radical frappe à la porte. Le rêve d'une nouvelle vie, autonome, saine, attrayante, infiltre le quotidien. L'idée lumineuse d'un départ vers un nouvel espace prend corps, où l'on maîtrisera son destin, où l'on couvrira une large part de ses besoins. Le temps est venu de structurer la rupture. La quête d'une autonomie alimentaire, synonyme d'autarcie, est une très belle utopie, réaliste, à condition cependant d'y consacrer, au moins au début, l'essentiel de son temps et de son énergie. Cela signifie mettre en œuvre un ensemble cohérent et pérenne de production et de conservation de ses aliments. Cela requiert une surface agricole et forestière minimale, de l'eau et une ou plusieurs sources de production et de stockage d'énergie. Planter des arbres, greffer, bouturer, développer son potager, élever des poules, des lapins, des canards, des oies, des chèvres, des moutons… La vie devient un laboratoire permanent d'essais et d'expériences. Apprendre à gérer les récoltes et à les stocker. Faire des confitures, des bocaux de légumes pour l'hiver, des terrines, du pain, des yaourts, du fromage… L'autosuffisance alimentaire, si tant est qu'elle existe, est un projet de longue haleine, un choix de vie absolu, passionnant, riche d'expériences, qui passe par un lent apprentissage, des observations, des découvertes, des réussites et des ratés à prendre avec patience et persévérance, car les résultats ne sont pas immédiats et les végétaux ont leur saisonnalité.

Ceux qui ont eu le courage de franchir le pas en famille, parents et enfants, et réussissent à construire une existence authentique, rayonnent du bonheur simple des êtres qui ont inventé leur vie. Ils nous sont sympathiques et nous les envions. Ils pourraient être les ferments du repeuplement des campagnes qui se vident. L'air y est sain, l'espace infini et la digitalisation des territoires doit permettre de rester connecté, de faire du télétravail. Toute aventure apporte son lot de risques, d'expériences et de richesses à qui s'accorde l'audace d'abandonner ce qu'il a acquis pour de nouvelles explorations.

« L'homme doit chercher, conquérir,
produire sa nourriture. »

« Sans eau, c'est la guerre,
sans énergie, c'est la misère. »

Et si l'on devenait son propre fournisseur d'énergie ?

En expédition, l'énergie c'est la vie. Sur Clipperton, une île déserte au milieu du Pacifique, nous avions du vent et du soleil à profusion. 80 panneaux solaires, 2 éoliennes et 2 batteries lithium-ion pour alimenter nos besoins en énergie : un dessalinisateur, deux congélateurs, deux réfrigérateurs, une quinzaine d'ordinateurs et l'éclairage à partir de 6 heures du soir. Nous étions une vingtaine de personnes et, malgré une attention particulière portée à la consommation d'énergie, nous devions mettre en route un petit groupe électrogène d'appoint vers 9 heures du soir. Au cours de plusieurs décennies d'expériences, j'ai beaucoup appris sur les besoins, la consommation, la production et le stockage de l'énergie.

Tout le monde en est convaincu, la Terre possède des ressources énergétiques naturelles, renouvelables, décarbonées, capables de satisfaire l'ensemble des besoins de l'humanité. Les deux principales sources sont le soleil et la géothermie. À la surface de la Terre, toutes les énergies renouvelables proviennent du soleil. Le rayonnement direct (électricité photovoltaïque et chaleur), le vent, qui circule des anticyclones vers les dépressions, l'évaporation des océans qui alimentent les retenues des barrages hydroélectriques, la photosynthèse des végétaux, qui crée la biomasse (bois énergie, agrocarburants, biogaz par méthanisation des matières organiques), les marées nées de l'influence conjuguée du soleil et de la lune. L'énergie solaire représente donc une ressource colossale, à laquelle il faut ajouter la géothermie, qui est l'exploitation de la chaleur naturelle des couches profondes de l'écorce terrestre (pompe à chaleur géothermique, puits canadien). Ces gisements d'énergies renouvelables sont gigantesques, gratuits, inépuisables, et d'autant plus séduisants qu'ils ne produisent pas de déchets à longue vie comme le dioxyde de carbone issu de la combustion des énergies fossiles (charbon, pétrole et gaz) et les déchets radioactifs produits par les centrales nucléaires. Tout est là pour le meilleur du monde.

Cependant, si ces ressources sont infinies, la dispersion géographique et leur faible densité énergétique nécessitent la multiplication des génératrices : éoliennes, panneaux photovoltaïques et solaires thermiques, petite hydraulique, méthaniseurs, centrales thermiques au bois, houlomotrices... L'autre faiblesse tient à leur intermittence et aux limites du stockage de l'électricité. Mis à part le turbinage de l'eau des fleuves dans les barrages hydroélectriques, toutes les solutions actuelles (batteries électriques, volants d'inertie, air comprimé) assurent un relais de production de quelques heures. À côté de l'électricité, l'hydrogène est un autre vecteur d'énergie que l'on peut stocker sans limite dans des réservoirs à haute pression. L'hydrogène est utilisé dans des piles à combustible qui équipent déjà des véhicules en circulation. Comme les voitures électriques, elles sont silencieuses et n'émettent pas de CO_2. L'idéal, en quelque sorte. Sauf que l'hydrogène, qui est le gaz le plus abondant de l'Univers, n'existe pas à l'état libre, il est constitutif de l'eau (H_2O) et du méthane (CH_4) et sa production s'obtient par la fracture de ces molécules qui nécessite beaucoup d'énergie.

Alors, peut-on tout miser sur les énergies renouvelables ? Pourront-elles répondre aux énormes appels de puissance de l'industrie lourde comme la sidérurgie, et satisfaire les besoins des transports aériens et maritimes et les futures mégapoles à forte densité urbaine ? En 2050, la population mondiale atteindra 10 milliards d'êtres humains, dont 75 % seront concentrés dans de gigantesques mégapoles avec des besoins énormes : l'économie digitale, l'installation croissante de climatiseurs pour se protéger des canicules, les véhicules électriques ou à hydrogène, les transports en commun...

À titre d'exemple, il faudrait 400 éoliennes de 2 MW (la puissance de celles qui tournent dans nos campagnes) pour le métro et le RER à Paris, à condition qu'il y ait un vent minimal de 25 km/h ! Face à l'étendue des sécheresses, l'approvisionnement en eau de ces villes géantes, majoritairement développées sur les côtes, se fera par désalinisation de l'eau de mer, ce qui demande de grandes quantités d'énergie. Tant qu'on n'a pas trouvé de moyens de stockage de l'électricité à grande échelle, il faut accompagner les énergies renouvelables avec des productions équivalentes, mises en service rapidement, comme les centrales hydroélectriques et les centrales thermiques à flamme (gaz et fuel), mais à quel prix pour le climat ! Sans eau, c'est la guerre, sans énergie, c'est la misère.

Dans un futur proche, on va progressivement passer des énergies de stock – les fossiles – à des énergies de flux. Face aux besoins croissants en énergie de l'humanité, peut-on définitivement rayer l'atome du mix énergétique de demain ? Le génie d'Einstein a démontré que $E=mc^2$, simple et explosive formule, où E est l'énergie, m la masse de la matière et c^2 le carré de la vitesse de la lumière ! Dans une réaction de fission de noyaux lourds (uranium) ou de fusion de noyaux légers comme l'hydrogène (ce qui se passe à très haute température dans le soleil), la production d'énergie est proportionnelle au carré de la vitesse de la lumière ; c'est phénoménal et sans production de gaz à effet de serre. Je ne parle pas des réacteurs actuels (génération II) qui fournissent en France 70 % de nos besoins en électricité et qui ont encore pour certains quelques décennies devant eux, ni de l'EPR (génération III) qui leur succédera, mais de la recherche en cours sur les réacteurs de génération IV (digesteurs de déchets radioactifs) et du projet ITER – ce dernier visant à contrôler la fusion des atomes d'hydrogène et de leurs isotopes : recréer un soleil sur Terre, en quelque sorte. Le génie de l'homme est sans limite.

Mais en attendant, il y a urgence à atteindre la neutralité carbone. L'équation du siècle est de satisfaire les besoins croissants en énergie de l'humanité, tout en contenant le réchauffement climatique à 2 °C dans ce siècle. À condition que les énergies renouvelables soient produites et gérées par un « réseau intelligent » à l'échelle d'un territoire, elles peuvent en France couvrir à court terme les besoins domestiques et de mobilité d'écocitoyens bien au fait de la « préciosité de l'énergie ». De nos jours, on voit émerger une population d'autoproducteurs, des citoyens exigeants et passionnés en passe de devenir 100 % autonomes en énergie renouvelable pour l'habitat et leurs déplacements. À condition d'habiter une maison indépendante, l'objectif est réaliste et enthousiasmant. Mais c'est un investissement personnel qui demande d'avoir un talent certain pour le bricolage, et de consacrer du temps et une attention particulière à la production, au stockage et à la consommation d'énergie. J'imagine bien ces bricoleurs de génie entourés d'un jardin potager, de quelques arbres fruitiers et d'une basse-cour : de sympathiques Gaulois en transition vers les Robinson high-tech du XXIe siècle ! Un art de vivre enchanteur qui trouve aujourd'hui de plus en plus d'adeptes qui, par leurs initiatives et leur rayonnement, nous proposent des solutions audacieuses et élégantes pour réintégrer l'écosystème Terre, au plus proche de l'économie circulaire de la nature.

« En expédition,
l’énergie c’est la vie. »

« La nature n'est pas le décor de notre existence, nous sommes la nature. »

6

L'injonction des gènes

Dans le tumulte du monde, quelque chose de plus fort s'impose infailliblement à tous les êtres vivants de tous les règnes, plantes et animaux, trois règles infaillibles auxquelles l'homme ne semble pas échapper : reproduction, prospérité de l'espèce, défense et extension du territoire. Depuis l'Antiquité, l'histoire de l'humanité n'est qu'une succession de conflits, de guerres, de prises de possessions, d'invasions de territoires… Et ça continue pour les mêmes mobiles : affirmation de sa puissance, expansionnisme religieux, prédations politiques, guerres ethniques, territoriales et économiques, famines, jalousies assassines… Malgré les « plus jamais ça » ancestraux, les cycles démocratiques atteignent périodiquement des limites et l'humanité assiste impuissante à ces déchaînements de haine, d'injustice, de violence, de torture, de souffrance, d'élimination. Les historiens fouillent dans les archives, analysent les événements et apportent des explications factuelles qui font l'histoire de l'humanité, mue invariablement par les mêmes instincts basiques.

Parmi toutes les populations de la terre et de tous les règnes, l'homme, ce mutant surdoué de la Création, s'impose comme un super-prédateur, capable de destructions massives aux dépens des autres espèces et au mépris de ses congénères. Cela ne date pas d'hier, mais les choses s'accélèrent avec la rapidité et la puissance des flux qui traversent le monde : flux financiers, flux de marchandises, flux de communications produisant des courants d'influences massives instantanées. En un siècle, l'homme a pris possession des espaces et des espèces avec un appétit au-delà du besoin, qui est du domaine de la domination, de la conquête sous toutes ses formes. Au début du mois d'août 2018, l'humanité avait consommé en sept mois ce que la planète met un an à produire ! Comme si nous ne savions pas faire bon usage du progrès, préférer le mieux au superflu, producteur de gaspillage et de déchets.

Oui, quelque chose de plus fort semble s'imposer à l'homme pourtant doté d'une intelligence appliquée remarquable, de conscience, d'empathie pour ses semblables, quelque chose de plus fort que la raison. Qui préside à des déploiements de forces, à des conquêtes dévastatrices au-delà de l'entendement, qui pousse ses congénères à monter au front, à sacrifier des vies pour affirmer leur puissance ? Serait-ce la commande des gènes qui appliquent aveuglément le programme propre à toutes les espèces – reproduction, prospérité, défense et extension du territoire –, au détriment de toutes les autres espèces, à commencer par l'humain lui-même ?

Le génome est le disque dur de nos gènes, la matrice de la synthèse des protéines dont nous sommes faits. Chacun de nous est le produit de gènes hérités d'une mère et d'un père, qui nous façonnent, pilotent nos fonctions vitales, régulent nos équilibres biologiques. Les gènes impriment leur programme mais ne sont pas sourds aux injonctions de l'environnement dans lequel nous vivons, à nos habitudes alimentaires, à la gestion de toutes les formes de stress auxquelles nous sommes exposés – émotionnel, physique, professionnel –, aux agressions chimiques, toxiques, aux maladies, à l'hygiène de vie (alcool, tabac). Tous ces facteurs influent sur le métabolisme de nos cellules, parfois dans un sens adaptatif, pouvant même modifier l'expression de nos gènes ; on les appelle les facteurs *épigénétiques*. Ils sont matérialisés par des marqueurs biochimiques qui constituent le « groupement méthyle » et se fixent sur l'ADN, entraînant ainsi l'extinction ou des modifications de l'expression du gène. Contrairement aux mutations génétiques, ces marqueurs épigénétiques sont réversibles : ils peuvent influer transitoirement sur la descendance sur plusieurs générations, sans que cela modifie la structure de l'ADN. On parle alors de mémoire épigénétique.

Mises en évidence sur plusieurs générations chez des souris et des mouches, ces études confortent la théorie de Jean-Baptiste Lamarck[5] sur la transmission des caractères acquis. Chez l'homme, nous n'avons pas de preuve de la persistance des caractères acquis au-delà de quelques générations. Cela soulève une question centrale : quelle est l'importance des variations héréditaires acquises, fortuites, ces processus épigénétiques, dans la conception darwinienne de l'évolution des espèces par l'action sur le long terme de la sélection naturelle ?

L'exploration savante nous rapproche tous les jours de l'intimité des mystères de la vie, jusqu'à la frontière infranchissable de son apparition. Des alchimistes aux plus doués des savants, personne n'a encore transformé la matière minérale inerte en un organisme vivant et, qui plus est, doté d'une irrépressible envie de se reproduire, de se développer, de s'étendre. L'origine du vivant demeure un grand mystère.

À votre insu l'estomac digère, l'insuline régule les excès de friandises, le cœur bat régulièrement, la température centrale se maintient invariablement à 37 °C, les spermatozoïdes et les ovules se préparent pour répondre à l'élan vital de la reproduction qui s'impose à nous. Qui façonne, qui orchestre cette mécanique biochimique

---

5. Jean-Baptiste Lamarck, scientifique français qui a développé la théorie sur la transmission des caractères acquis, dans l'*Influence des circonstances sur les actions des animaux*, publié en 1810.

d'une précision diabolique, source d'émerveillements insoupçonnés ?

Du cosmos au chromosome, d'un bout à l'autre des compréhensibles, des accessibles et au-delà, tout s'inscrit dans un infini multiple, complexe, qui nous dépasse. Toute explication en appelle une autre dans une spirale sans fin, dont le seul fait du hasard dans l'évolution chère à Démocrite[6], Darwin ou Jacques Monod[7] apparaît comme un insuffisant déterminant pour l'élaboration de tant de perfection. Face à ces questions abyssales, Dieu est une hypothèse dont les théologiens se sont emparés pour inventer les religions, chacune revendiquant le sien. Dieu est un recours qui soulage : nous savons que l'on ne contrôle pas tout, rien d'essentiel en fait.

Les progrès de nos modes de vie et de la médecine repoussent l'échéance, mais la mort est inévitable, n'en déplaise aux illusionnistes de la vie éternelle qui capitalisent sur notre peur légitime de disparaître. La peur de la mort est inscrite dans la conscience de notre vulnérabilité et dans la certitude de notre fin. Aucune espèce n'échappe à l'obsolescence programmée de la vie. Dans tous les règnes, le « vivant » conserve dans son entourage l'indispensable à la pérennité de sa descendance, le temps nécessaire à la

---

6. Démocrite, « Tout ce qui existe dans l'univers est le fruit du hasard et de la nécessité. »

7. Lire Henri Gouyon, *Les Avatars du gène de Pierre*, Belin, 1997 ; Richard Dawkins, *Le Gène égoïste*, Odile Jacob, 2003 ; Jacques Monod, *Le Hasard et la Nécessité*, Seuil, 1973.

transmission des savoirs jusqu'à l'acquisition de l'autonomie. Deux générations chez la majorité des animaux, trois générations dans la famille traditionnelle chez l'homme : l'enfant, nourri par les fruits du travail des parents – la chasse, la cueillette, l'usine, le bureau… –, encadré par les grands-parents qui gardent activement le foyer jusqu'à l'envol des descendants. Au-delà, le maintien en vie n'a génétiquement plus de sens, même si l'éveil, l'intelligence, l'envie de vivre sont toujours présents. « Comment peut-on expliquer que l'on ait vingt ans dans sa tête alors que le corps vous lâche ? », s'insurgeait François Mitterrand.

Seule nous survit la part du génome transmise à nos enfants au moment de la fécondation. Du balcon de la mort nous regardons s'éloigner nos gènes dans le voyage éternel de la descendance. Qui préside à la persistance continue, inaliénable, de ce maillage génomique depuis des millénaires ? Les gènes seraient-ils détenteurs de cette injonction reproductrice, de cet irrépressible instinct parental et de son accomplissement dans la jouissance de l'acte sexuel ? Notre corps ne serait-il en fait qu'un passeur éphémère piloté par les gènes, porteurs du programme d'éternité de l'espèce : reproduction, prospérité, défense et extension du territoire ? La nature n'est pas le décor de notre existence, nous sommes la nature.

Certes, nous conservons une large part d'autodétermination, d'autonomie, le temps de notre existence. Chacun dans sa propre vie pilote son corps et ses actions, autant qu'il puisse le faire, avec plus ou moins d'attention, de vigilance, d'excès, de tolérance, d'ambition, d'empathie. Mais dès que l'on prend du champ et que l'on s'inscrit dans une réflexion plus profonde, lucide, apaisée, introspective, honnête, curieuse, exploratrice, sur l'évolution de l'humanité et la marche du monde, il semble bien que l'essentiel nous échappe. L'homme ne crée pas la vie, il l'emprunte. À chacun, le temps de son existence, d'inventer son chemin pour le meilleur du monde.

« Nous projetons tellement sur
la matière que nous accumulons
par facilité, par faiblesse.
Notre principal capital est celui
que nous portons en nous. »

7

S'alléger des fardeaux du passé

Après deux années passées à San Diego, en Californie, le retour à Paris est un choc culturel doublé d'un déménagement. Pas facile. Ce doit être mon dixième déménagement, mais celui-là est le plus chargé ; cela fait presque vingt ans que j'ai accumulé toutes sortes d'objets, de livres, d'équipements, des affaires de famille… La tâche s'annonce compliquée, car il faut tout vider dans la semaine pour un appartement plus petit sans dépendances. La cave et le garage sont pleins jusqu'au plafond : l'angoisse. J'interroge sur Internet les espaces de gardiennage, ce qui me vaut d'ailleurs de recevoir pendant longtemps des publicités de garde-meubles, de box à louer, de costockage…

Action : d'abord faire le tri. Certaines choses doivent de toute évidence disparaître. C'est le tas facile, direction la déchetterie. Elsa me rejoint.

« Tu ne vas pas jeter ça !

– Mais qu'est-ce qu'on va en faire ?

– C'est un souvenir auquel je tiens. »

Je comprends, mais ça n'avance pas, je vais d'abord m'occuper de mes affaires, les plus nombreuses et les plus encombrantes, d'ailleurs.

Un meuble plein de *National Geographic* ; vingt ans d'abonnement, ça pèse une tonne. Je commence à feuilleter, c'est magnifique, pédagogique, je m'évade… Dix minutes après, je n'ai pas avancé. Que faire de cette encyclopédie du monde ? Ça peut intéresser un collectionneur, me dit-on. Reste à le trouver et qu'il vienne les chercher. Je dois encore réfléchir. Sur l'étagère d'à côté, il y a des mètres de *La Recherche*, un magazine scientifique qui m'a beaucoup appris. Je tombe sur un vieux numéro spécial sur le réchauffement climatique. Je le mets de côté. Un autre intéressant sur la chimie du cerveau datant de mai 1981 ! Je n'avance pas. Comment s'y prendre ? Je vais peut-être faire appel à un transporteur et tout envoyer à la campagne dans le Tarn, où j'ai beaucoup de place pour stocker. Un jour plus calme, je ferai le tri. L'idée m'apaise mais, franchement, est-ce bien efficace ? Depuis combien d'années n'ai-je pas consulté l'un de ces magazines ? Il ne me vient plus jamais à l'idée de venir fouiller dans ces archives pour trouver une information. Une fois à la campagne, quand aurai-je envie de consacrer du temps à trier cette collection ? Le contenu est aujourd'hui si facilement accessible sur Internet, avec des réponses immédiates à la demande, qu'il n'est plus nécessaire de conserver ce papier. Le stockage informatique a pris le relais, la décision est prise : j'envoie tout au recyclage. Et tous ces beaux livres qui se sont amoncelés ! Il faudrait les apporter chez un bouquiniste, je sais bien que ça ferait plaisir à quelqu'un. Chaque carton pèse 25 kg ! Au dixième, je commence à en avoir plein le dos. Est-ce bien raisonnable de garder tout ça ? La poussette et les jouets de premier âge des enfants, le petit lit basculant en bois que j'avais fait moi-même, des caisses pleines d'objets mis là par respect pour ceux qui nous les ont donnés, qui ne servent à rien et dont on a oublié l'existence… Que fait-on avec tout ça ? Je me retrouve entouré de petits tas, des tas pour la déchetterie assurément et des tas d'indécision. Jeter ou garder, je dois décider tout de suite, sinon on repart pour un tour. À travers les objets, ce sont des personnes qui resurgissent, des visages, des moments de vie, la mémoire d'événements. Il faut de la détermination pour se défaire des liens du passé. Au fond de la cave, je retrouve les bobines des films en super 16 mm de mes expéditions, avec lesquels j'ai fait de nombreuses conférences : pôle Nord, Antarctique, Patagonie, Himalaya… Impensable de jeter ça ! Et pourtant, que valent ces rubans de matière plastique vieillis ? Ils sont aujourd'hui numérisés. Je suis seul à pouvoir prendre une décision ; je les pose sur le grand tas du départ. On verra sur place.

La fourgonnette est doublement chargée du poids et de la mémoire de tout ce matériel qui va disparaître. L'arrivée à la déchetterie est un choc, ambiance fin de guerre où l'on collecte tout ce qui a été détruit. Moi, j'ai l'impression d'apporter de la matière encore vivante, mais la déchetterie n'est pas un funérarium où l'on prend en compte vos sentiments. Faut pas traîner !

Je commence par jeter les magazines par paquets de dix. Par hasard, je tombe sur un spécial Antarctique de 1989 qu'inévitablement je feuillette et, quand je m'apprête à le mettre de côté, je suis saisi par un sursaut de lucidité. Ce n'est quand même pas un outrage au continent du pôle Sud et à ses découvreurs que de le jeter. L'Antarctique est en moi, dans mon cœur, pas dans ces feuilles de papier. La poussette usée, le petit lit fait de mes dix doigts, tout ça ne servira plus. Avant de m'en défaire, je les serre dans mes mains, comme pour en extraire les moments de bonheur passés avec les enfants. Je dois me persuader que ce n'est pas la vie de ces objets dont je me débarrasse, seulement du matériau dont ils sont faits et qui sera recyclé. Cela m'apaise.

Restent les films posés sur le sol, une bonne dizaine de rouleaux, ma vie d'expéditions en bobine. Je sais qu'ils sont décolorés, peut-être hors d'usage, que les appareils pour les projeter sont dans les musées… Première boîte, *Le Pôle Nord en solitaire*, un monument de ma vie. Les souvenirs remontent, les émotions, bon sang qu'est-ce que je fais avec ça…

Au même moment un employé de la déchetterie vient à moi :

« Monsieur, s'il vous plaît, vous pouvez accélérer, vous avez vu la queue des voitures qui attendent. »

Ce n'est effectivement pas un lieu de culte. J'embrasse la boîte et la lance dans un geste solennel ; les autres suivront.

En sortant de la déchetterie, je me sens léger, nourri de souvenirs et d'émotions ravivés par ce délestage. La fourgonnette vide glisse sur la route. À fond dans le casque, *Change the world* d'Eric Clapton efface mes derniers remords, insuffle un vent léger de liberté. Arrivé à la maison, j'éprouve un grand soulagement, je me sens plus fort d'avoir pris ces décisions audacieuses et nécessaires. On peut maintenant se déplacer sans avoir à traîner le fardeau matériel du passé, prêt à repartir pour une nouvelle vie.

Ce grand nettoyage était aussi la résolution personnelle de ne pas reporter sur mes enfants et mes proches la responsabilité de se débarrasser de mon bazar à ma disparition : « On le garde, ça, papa y tenait non ? »

Tout ce matériel dont je me suis séparé n'avait aucune valeur intrinsèque qui justifiait sa conservation. « Objets inanimés, avez-vous donc une âme, Qui s'attache à notre âme et la force d'aimer ?[8] » Pourquoi pas ? C'est une question que j'ai posée au bateau *Antarctica*[9] quand je l'ai vendu à Peter Blake. Droit devant l'étrave, seul avec lui, je l'ai interrogé :

« Tu ne m'oublieras pas ? »

J'avais besoin de ce moment intime pour acter ma séparation après dix ans de navigations polaires. Je conserve près de moi peu d'objets qui restent dans ma vue et avec lesquels j'entretiens un dialogue. Nous projetons tellement sur la matière que nous accumulons par facilité, par faiblesse. Notre principal capital est celui que nous portons en nous.

Il y a quelques mois, je rencontrai à Vannes le Canadien Mike Birch, navigateur de légende, vainqueur de la première route du Rhum en 1978 sur *Olympus*, un petit trimaran de 13 mètres. À 87 ans, il avait vendu tous ses biens pour aller vivre sur *Dolly*, un bateau de 10 mètres aménagé de ses mains qui l'attendait dans le Maine, sur la côte est des États-Unis. Il quittait la France où il avait vécu près de quarante ans avec une valise comme seul bagage. Quelle leçon de vie !

---

8. Alphonse de Lamartine, *Milly ou la Terre natale*, 1830.
9. *Antarctica* est un grand voilier polaire que j'ai fait construire en 1989 et qui s'appelle aujourd'hui *Tara*.

« Il faut de la détermination
pour se défaire des liens du passé. »

« C'est précieux, une idée qui
soudainement vous habite,
oriente vos pensées et vos forces. »

8

Sa décision, un territoire à soi

« Désormais, j'imaginerai et je monterai mes propres expéditions. Désormais, je ferai vivre mes rêves et je les partagerai. Le temps de mon existence sera celui de mes projets. Rien ne pourra arrêter le départ vers ces grands espaces qui portent mes rêves depuis longtemps. »

J'ai écrit ces lignes sur mon journal du pôle Nord le 14 mai 1986. Après 63 jours d'une épreuve d'endurance inouïe, tirant mon traîneau sur une banquise chaotique, je venais d'atteindre ce point immatériel où passe l'axe de rotation de la Terre. Il n'y a rien au pôle Nord. Seul au cœur de cet immense désert glacial Arctique, en apesanteur du monde, un bien-être jamais encore à ce point ressenti m'envahit. L'objectif atteint, je me sentais apaisé, libéré de cet encombrant projet qui avait porté toutes mes ambitions, toutes mes énergies depuis plus de deux ans, qui m'avait aussi souvent fait douter. Combien de fois avais-je failli abandonner ! À force de temps, de patience, de travail, de persévérance, j'avais traversé toutes les épreuves qui séparent l'idée de son accomplissement. Jamais je ne m'étais senti aussi confiant, libre, prêt à prendre mon destin en main.

Tout part de la force d'une idée, parfois fugitive, qui s'impose comme une évidence : « C'est ça que je veux faire. » Même si elle semble éphémère, il ne faut pas l'abandonner. Une idée de cette nature ne tombe pas du ciel, elle est une synthèse opportune, qui vient de son moi profond, qui surgit au confluent d'une nécessité intérieure et d'un besoin objectif, d'un désir d'engagement. C'est précieux, une idée qui soudainement vous habite, oriente vos pensées et vos forces. Cela n'arrive pas plus qu'une poignée de fois au cours d'une vie humaine ! Alors commence le long chemin vers sa réalisation personnelle : du temps, du travail et de la persévérance.

On me dit souvent : « Pour vous, c'est facile, vous avez la passion. » Mais la passion, c'est comme le feu : si vous ne mettez pas des bûches ça s'arrête, et les bûches ne sont pas toujours au fond du jardin, il faut parfois aller les chercher loin. La tentation de l'abandon est un test permanent à franchir, sinon rien ne se réalise. Dans les moments de doute, une rencontre, un bon film, une musique, une lecture redonnent l'envie. Quoi que l'on entreprenne, on a des seuils d'apprentissage à passer. C'est important de ne jamais perdre de vue cet instant où l'idée a surgi, montrant un chemin, parfois incertain, comme les oscillations indécises de l'aiguille aimantée de la boussole. Il faut le suivre, car on ne peut pas se réaliser sur des frustrations de projets inaccomplis, remettre sans cesse le rêve à la surface, accessible, nourrissant jusqu'à en atteindre la maîtrise, mère de la confiance, pour un départ vers une nouvelle vie, une vie à soi. Autonome dans ses décisions. Libre et enchaîné à la fois, mais libre !

« Prenons du recul pour
protéger notre libre arbitre. »

9

Autonomie d'opinion

Chaque jour, la radio est ce compagnon automate qui égraine d'une voix familière les faits politiques, les accidents, les opinions, les résultats sportifs... Certes, beaucoup d'infos glissent entre le sucre et le café, mais ce n'est pas sans conséquences. Cela passe par les oreilles, entre dans le cerveau, traverse nos corps sensibles, et après, ça va où ?

« Bonjour à tous. Un jeune rappeur inconnu crie son mal-être sur les réseaux sociaux : il n'appelle pas à l'amour, mais au bain de sang, il veut égorger les bébés blancs. »

À lui seul il mobilise toute la presse, il a réussi son coup, il est quelqu'un, maintenant. L'extravagance portée au sommet du *buzz*. Les plateaux se multiplient, sur lesquels les médiatiques subversifs du PAF s'engueulent à souhait et font le succès de l'émission qui en appellera d'autres. La France est toujours « black-blanc-beur », mais on s'ingénie à la fracturer à partir d'épiphénomènes médiatisés à l'extrême.

« Benalla reporte son audition ! » Mais qui peut bien encore s'intéresser à ce garde du corps du président de la République qui a « pété les plombs » il y a quelques mois ? Le gamin malin qui a grandi trop vite dans les cercles du pouvoir s'est fait prendre au piège tendu par sa patrouille. Agitation maximale à l'Assemblée nationale et au Sénat, les tribunes et les colonnes se régalent du feuilleton de la grenouille qui s'est crue plus grosse que le bœuf. Affaire d'État, s'insurgent certains. Alliances opportunes de toutes les oppositions fracturées jusqu'à l'os, qui croient tenir le bout de la mèche d'un gros pétard pour faire sauter le château. Avec un sérieux de circonstance, certains réclament « la peine maximale », des démissions au plus haut niveau de l'État. Les sangsues de la politique ordinaire ne sont jamais loin. Du pain bénit pour les journalistes qui, avec gourmandise, se font les animateurs de l'info. Manipulée, pavlovienne, l'opinion publique s'est abreuvée de Benalla jusqu'à la canicule d'août où chacun a repris ses priorités estivales. Quelles conséquences, quel impact sur l'opinion publique de ce fait divers qui traîne en longueur ?

Sans transition :

« On dénombre plus de 1 400 morts après le tsunami qui a succédé au tremblement de terre en Indonésie… Carnage au Yémen où l'on assassine les enfants… Poussée sans précédent de l'extrême droite en Europe. » Cela devient sérieux, tragique, menaçant. Cela dépasse nos capacités à tout métaboliser, nous laisse impuissants.

« La vue se dégage enfin sur la planète Mars. La tempête de poussière qui souffle depuis le mois de mai baisse en intensité et le robot *Curiosity* a repris une partie de ses activités. » Enfin une bonne nouvelle ! « Y a-t-il quelqu'un dans l'Univers / Qui puisse répondre à nos questions / À nos prières / [...] Dans ce monde / Qui ne nous ressemble pas ?[10] »

« Et maintenant, la route. Un accident entre un camion et une voiture s'est produit sur l'A68 en direction de Toulouse, à hauteur de la sortie n° 6. La voie de droite est neutralisée, avec un ralentissement de 2 kilomètres. » A-t-on besoin d'en informer tous les Français, dont une majorité à cette heure matinale est déjà coincée dans des bouchons anonymes ?

Ce n'est pas un inventaire à la Prévert, mais le reflet de la réalité des informations égrainées tous les jours, nous laissant seuls à la fin du journal après la météo, en espérant qu'il fera beau.

Comment filtrer, se protéger, s'informer sans être déformé, se forger une opinion ? Comment conserver un certain optimisme et une joie de vivre après un défilé de nouvelles quotidiennes rarement légères ? Je change de fréquence.

---

10. *Starmania*, paroles de Michel Berger.

« Nous consacrons aujourd'hui notre émission à la faillite de la banque Lehman Brothers qui a secoué la planète en 2008. » Où en est-on dix ans après, a-t-on tiré les leçons de ce séisme économique orchestré par les illusionnistes de la finance qui nous ont bien baladés, faisant croire à tout le monde qu'avec un œuf on pouvait faire deux œufs sans repasser par la poule ? Les initiés ont mis leurs biens à l'abri dans des ports francs où ils ont amarré leurs haussières en attendant la fin de la tempête. Et nous dans tout ça ? À qui confier nos maigres économies ?

Avec la multiplication des sources, où chacune court après la primeur et l'exclusivité, les nouvelles se bousculent. Il y en a toujours en réserve pour nourrir le flux tendu de l'info. En « politique instantanée », la forme prend le pas sur le fond, l'illusion sur la réalité, l'utopie sur les possibles. Nourrie de tweets échevelés, l'immédiateté de l'information, brutale, distordue, voire mensongère, ne laisse pas d'espace pour la réflexion entre l'émotion et l'action. Si les faits se relaient en cadence, les solutions s'enlisent dans l'inertie de la marche du monde, nous mettant face à nos impatiences, nos impuissances.

Les journalistes font leur travail, et la liberté de la presse garantit le bon fonctionnement de la démocratie. C'est indispensable. Mais nous, citoyens, comment hiérarchiser, mettre en perspective ? Quand j'habitais aux États-Unis, les informations que les chaînes américaines diffusaient sur la France (grèves, attentats, cortèges de manifestations violentes, incendies de voitures) donnaient l'image d'un pays peu sûr, en faillite, décourageant pour les touristes et les investisseurs. Mes voisins, des gens instruits, s'inquiétaient pour ma famille, qui habite dans un village tranquille du Tarn ; c'est dire le niveau de distorsion de la réalité si on ne fait pas l'effort de croiser les sources !

Nos neurones sont saturés sur tous les « créneaux » de la communication, de la politique, de l'environnement, de la peur du futur, de la rentabilité, de la consommation, de l'assurance, de la retraite, de la performance. En fait, ce n'est pas tant la vie qui est inquiétante au quotidien que l'accumulation de nouvelles qui nous submergent. Prenons du recul pour protéger notre libre arbitre, car l'information est, malgré nous, une caisse de résonance à nos craintes personnelles, nos convictions, nos détestations, nos jalousies toxiques. Elle peut déclencher de l'empathie comme consolider du rejet. Nous pouvons nous mettre en jachère des ondes, mais l'indifférence serait un échec, il n'y a pas d'échappatoire. Certains parlent avec aisance de changer de paradigme : autant dire changer de planète. Facile de se réfugier derrière des concepts inaccessibles ! « Il y a un autre monde mais il est dans celui-ci[11] » : chacun a le devoir d'en être l'acteur, de prendre sa part de responsabilité autonome afin d'être efficace sur sa zone d'influence.

11. Paul Éluard.

« Le métier nous fait grandir,
puis on le dépasse au gré de
sa créativité, de son ambition,
de sa curiosité, de ses rencontres,
de son audace, de son appétit. »

10

Tracer son propre chemin

Clément a 19 ans et vient d'avoir le bac, un bac professionnel option pêche : une formation en trois ans au métier de marin-pêcheur et à la gestion d'une entreprise maritime. Sur son visage juvénile s'affiche une volonté sans faille. Cet été, il embarque sur un fileyeur-caseyeur de Perros-Guirec : l'occasion de démarrer concrètement dans ce métier qu'il a choisi.

Cette nouvelle que j'ai lue dans *Le Marin* me ravit. À 19 ans, on est fort, encore insouciant, disposé à s'engager sans compter pour ce que l'on aime. C'est le bon âge pour entrer dans la vie active. Il est intelligent, Clément, et son cursus évoluera certainement dans le temps, sur des bases solides : l'expérience du terrain, des savoirs concrets et la perspective d'une autonomie professionnelle.

Savoir à 19 ans que l'on a un métier, que l'on peut travailler au pays ou partir l'exercer à la découverte du monde est un gage de liberté.

Il y a quelques mois, je passai devant la porte d'un lycée professionnel situé à proximité de chez moi. C'était l'heure de la sortie. Deux élèves s'interpellent assez fort :

« Tu fais quoi, toi ?

– Pâtisserie, franchement c'est génial. »

Il devait avoir une quinzaine d'années et, à la force qu'il dégageait dans sa réponse, on sentait qu'il avait trouvé une voie qui allait drainer son énergie, sa créativité, que l'école devenait un lieu d'apprentissage des choses de la vie.

Au XIXe siècle, le philosophe Bergson disait avec justesse que ce qui caractérise l'homme ce n'est pas tellement sa « sagesse » d'*Homo sapiens*, c'est plutôt qu'il fabrique des outils et des choses. L'homme est un *Homo faber*, l'homme qui fabrique des outils utiles à faire d'autres outils. En fabriquant, l'homme s'est fabriqué lui-même : son redressement progressif sur des millénaires l'a façonné de manière unique dans le genre animal. Quand il est devenu bipède, les pattes avant sont devenues les membres supérieurs. Libérés, les bras et les mains sont devenus disponibles pour mille activités : fabriquer des outils, construire, cultiver le sol… Ainsi, la station debout est-elle à l'origine du développement des technologies. Sans la bipédie, la main n'aurait pas acquis ce niveau d'expertise et n'aurait pas généré en retour l'ordonnancement de la pensée qu'induit le travail manuel. Le geste bien fait n'est-il pas le prolongement d'une pensée bien ordonnée ?

Les inventions techniques – robots, machines, moyens de transport – soulagent de la peine notre appareil locomoteur – squelette, articulations, muscles – et accroissent les performances, la productivité, la rentabilité. Ces outils de progrès demandent davantage d'administration, d'encadrement, de réglementation, de bureaux d'études, de normes, de prospectives économiques – de travail sédentaire, en quelque sorte.

La majorité des enfants vivent aujourd'hui en milieu urbain et cela va s'accentuer. Ils passent leur jeunesse assis sur les bancs de l'école, puis assis au collège, au lycée, à apprendre par imbibition, avançant à tâtons quant à leur avenir, sans trop savoir quel chemin prendre pour arriver à vivre dans le maelström de l'humanité. Les élèves qui, en troisième, ont du mal à s'intéresser à la scolarité ne sont pas de « mauvais élèves », ils ne sont simplement pas à leur place. Il faut les sortir de la spirale descendante des mauvaises notes. « Pourquoi les dominés acceptent-ils la domination ? » s'interroge La Boétie[12]. Je dis à ces élèves et surtout à leurs parents : engagez-vous dans une formation professionnelle. Devenez ajusteur, maçon, boucher, chaudronnier, cuisinier, boulanger, menuisier,

12. Étienne de La Boétie (1530-1563), *Discours de la servitude volontaire*, 1576.

plombier, mécanicien, frigoriste, soudeur, jardinier… La vie vous ouvre les bras. Le métier n'est pas une fin en soi, c'est le pied à l'étrier du long chemin de la vie professionnelle. Avoir un métier confère une légitimité sociale, une assurance personnelle. Il faut en être fier. Le métier nous fait grandir, puis on le dépasse au gré de sa créativité, de son ambition, de sa curiosité, de ses rencontres, de son audace, de son appétit. Alors, le travail devient source de vie, d'autonomie, de liberté de décision. Tels les compagnons, on peut l'exercer où l'on veut, aller ailleurs échanger ses savoir-faire, enrichir son potentiel. Séjourner dans un autre pays, découvrir d'autres cultures, apprendre l'anglais vivant, c'est multiplier par cent les perspectives de travail.

Après le succès du passage à la bipédie, voilà que l'homme debout, agile, l'encéphale bien rempli, entre dans l'ère du bipède assis. Nous en sommes là aujourd'hui. Savons-nous pour autant où nous allons ? Personne ne peut se prononcer sur ce que seront les métiers de demain. Mais dans cet avenir de « cul-de-plomb » à la tête bien pleine, l'*Homo faber* s'impose comme un être en éternel devenir, capable d'assurer sa pérennité en maintenant une adaptabilité au contact direct avec l'évolution du faire, des outils. Il est mieux armé pour échapper aux accélérations imprévisibles des courts-circuits algorithmiques du temps. Soyez des explorateurs engagés de votre temps pour devenir des acteurs du monde de demain.

« La vie vous ouvre les bras. »

« Je ne veux plus qu'être là où
j'avais rêvé d'être, entièrement là,
à la pointe du cristal de l'instant. »

11

Accéder à son « présent-intérieur »

Marcher seul, s'offrir au chemin, à toutes les sensations, expérimenter sa fragilité et y exercer son instinct jusqu'à franchir un seuil invisible, l'intime, se côtoyer au plus près de ses envies, de ses interrogations, de ses tourments, de ses rêves.

Pousser une porte, explorer ses limites – toujours plus éloignées qu'on ne l'imagine –, s'offrir un possible inconnu de soi et élargir sa part d'autonomie.

Marcher seul, c'est l'occasion d'entrer dans un plus vaste silence. Se ressentir vivant, pleinement disponible à soi, ne serait-ce qu'une heure, au long d'un itinéraire familier. Ouvrir une parenthèse temporelle, ralentir, revenir au rythme fondateur, le battement du cœur et du pas qui s'accordent. Retrouvailles du « présent-intérieur », celui qu'on abandonne trop souvent, où se déroule le vrai de notre vie.

C'est ma balade secrète où je vais seul passer des moments volés au camp de base installé à 6 000 mètres au pied du toit du monde. Ce versant tibétain de l'Everest est d'une telle sauvagerie minérale qu'il semble qu'en ces lieux secrets on soit éternellement au premier matin du monde. Je marche sur un chemin que j'invente, escaladant quelques rochers pour prendre de l'altitude. Un aigle tourne dans le ciel d'un bleu de pierre précieuse. Je vole avec lui. C'est intense à s'en crever le cœur. Immense à me faire géant ou bête sauvage. J'avance dans l'inconnu. Et si je ne revenais pas ? Si j'apprenais à vivre de ce qui est là ? On a besoin de si peu de choses, en fait ! En suis-je capable ? Ermite, aurais-je l'âme plus vaste et plus comblée, la vie serait-elle ici vécue en plénitude ?

Devant moi, des fragments de banquise voguent, suivant leurs routes secrètes. Bien à l'abri, je baigne dans la chaleur si douce et paisible de l'été arctique. Combien ai-je désiré recevoir la beauté vierge de ce monde, me laisser pénétrer par cette lumière éclatante de silence, sans l'altérer par l'ombre portée de mes pensées, de ma mémoire. Tout près de moi, une mouette ivoire se tient immobile, d'un ivoire immaculé, magnifique. Je convie les mots, ils ne tracent que des ombres. J'y renonce sans effort, je ne veux plus qu'être là où j'avais rêvé d'être, entièrement là, à la pointe du cristal de l'instant. Réconcilié, revenu dans la paix primordiale de la nature, notre pays perdu. J'en frémis. La mouette s'est curieusement rapprochée, presque à portée de main. Elle me contemple d'un intraduisible regard. Elle m'accueille dans sa tranquillité : apaise-toi, laisse le monde travailler, pourrait-elle me signifier. Comme si elle avait accompli une mystérieuse mission, elle saute sur ses pattes et prend son envol. Rasant l'eau, elle disparaît. Des vaisseaux de glace turquoise croisent toujours à l'horizon. Je garde l'enseignement de l'oiseau. Être là, débarrassé des soucis de soi, du tapage des mots. Être présent à l'instant, tel l'oiseau immaculé.

Depuis 24 jours dans ma « cabane perchée », je n'ai vu personne, à peine eu quelques conversations téléphoniques. J'écris tous les matins au lever du jour, un rituel. Soudain, une envie de café grandit en moi comme une future escale heureuse. Un martinet traverse le ciel et je le suis des yeux jusqu'à ce qu'il disparaisse, que la vibration de son cri se disperse dans le silence. Puis je me lève ; je vais faire un café, un café filtre. Je le prépare comme l'on bourre une pipe, lentement, le temps du désir aussi long que celui de le faire. Se laisser pénétrer par son fumet, bien avant de le porter aux lèvres. Accorder à chaque chose désirée, même la plus insignifiante, l'importance d'un moment essentiel. Ces instants minuscules, vécus dans toute leur étendue, font accéder à notre « temps profond », celui qui nous donne un ancrage dans le réel. Demain, tout à l'heure, il sera temps de retrouver l'agitation du quotidien, ne nous perdons plus.

« Le voyageur au long cours
est toujours hanté par ce lieu
imaginaire où subitement, en
accord avec tout son être, il aura la
révélation que c'est là, maintenant,
qu'il peut poser son sac. »

12

Trouver son port autonome

À 31 ans, j'ai enfin ma première adresse personnelle, à Toulouse, où j'ai un poste d'assistant à la faculté de médecine. J'habite un deux-pièces avec un contrat de location et une boîte aux lettres à mon nom. C'est la première fois. Sur le mur de la chambre, j'ai affiché une devise chère au navigateur Bernard Moitessier : « On n'empêche pas une mouette de prendre le large. » Trois mois à peine après mon installation je reçois une lettre d'Éric Tabarly qui me propose d'embarquer sur *Pen Duick VI* pour la course autour du monde à la voile. Je n'en crois pas mes yeux, je l'ai contacté il y a un an et voilà qu'il fait appel à mes services de médecin. Sans même réfléchir une seconde, je démissionne de mon poste à la fac et m'en vais parcourir les mers du monde. Je pars pour un an, ce n'est pas encore demain que j'aurai ma maison à moi. En fait, l'idée de vivre dans une maison classique, en dur, dans un lotissement ou une ville, ne m'a jamais effleuré l'esprit. J'imagine depuis toujours habiter une cabane en bois, une façon de repousser ma vie nomade, un rêve qui a pris corps pendant un séjour en Californie.

Quatre années auparavant, à la fin de mes études de médecine, mû par un instinct sûr, je m'enfuis à San Francisco. Les gens qui m'hébergeaient m'amenaient souvent du côté de Big Sur. En 1973, ce haut lieu de la culture hippie nourrissait mes désirs d'indépendance, de liberté. J'eus un coup de foudre pour l'architecture libre des maisons en bois, perchées sur des collines abruptes ou cachées dans les effluves enveloppants des forêts d'eucalyptus. J'y découvrais que la maison pouvait être un doux écrin, une enveloppe légère, fondue dans le paysage, transparente, un cocon qui laisse entrer la nature, de vraies habitations chaleureuses où s'affiche en toute liberté l'expression de ses envies, de ses fantaisies. Là, j'ai ressenti d'une façon rassurante qu'un jour je pouvais envisager d'avoir mon habitation. Je rapportai de Californie ce qui fut longtemps un livre de chevet, *Handmade Houses*[13], dont j'ai parcouru mille fois toutes les pages. Les plans de mise en œuvre et le choix des matériaux étaient clairs dans ma tête. Construire

13. *Handmade Houses: A Guide to the Woodbutcher's Art*, Art Boericke, 1985.

d'abord un atelier bien équipé pour être autonome, autour duquel se grefferaient des modules de bois et de verre, les toits couverts de terre où poussent toutes sortes de graines que le vent et les oiseaux apportent. Depuis cette période californienne, je n'ai cessé de voyager et, à chaque fois qu'un endroit m'inspirait – un lac au cœur d'une forêt, une falaise sur l'océan, une petite île perdue, une côte sauvage… –, je me disais que je reviendrais bien un jour ici, apaisé, construire ma cabane. Le voyageur au long cours est toujours hanté par ce lieu imaginaire où subitement, en accord avec tout son être, il aura la révélation que c'est là, maintenant, qu'il peut poser son sac.

C'est en rentrant de sept mois de traversée de l'immense désert glacial du continent antarctique que j'ai eu ce coup de foudre, en revenant au pays, tel Ulysse après un long voyage. Assis sur un coteau qui domine la vallée de l'Agout où je suis né, où j'ai grandi, où j'ai exercé la médecine, où je connais tout le monde, où tout le monde a entendu parler de mes expéditions lointaines, où, à l'entrée de Vielmur, « Village natal de Jean-Louis Étienne » est gravé sur une plaque, assis, serein, sur ce versant sud inondé de lumière, je reçus en ce lieu de campagne la conviction profonde qu'il ne fallait pas aller chercher plus loin. Aujourd'hui, ma cabane est perchée sur les flancs pentus d'une forêt de chênes parsemée d'essences méditerranéennes, une structure en pin Douglas de la montagne Noire, murs transparents, toits végétalisés… Voir sans être vu.

Cette cabane du Tarn est devenue mon port autonome où je peux à tout moment me réfugier, même sans y venir, et m'en aller en voyage, nourri par l'empreinte de ce bout de terre natale qui connaît mes pas, ma voix, mon odeur, tolère mes absences et me sait gré aussi de partir avec elle explorer d'autres mondes.

Table des matières

Crédit photo couverture : © Elsa Peny-Étienne

Direction : Guillaume Pô
Direction éditoriale : Élisabeth Pegeon
Conception et suivi éditorial : Dominique Pérot-Poussielgue
Corrections : Sophie Boucher-Delesalle
Relecture : Anne Guirado
Direction artistique : Julie Mathieu
Création couverture et maquette : Loïc Cimelière - Elypss
Mise en pages : Maryse Claisse
Direction de la fabrication : Thierry Dubus
Suivi de fabrication : Marie Guibert

IMPRIM'VERT®

IMPRIMÉ & RELIÉ EN FRANCE par sepec

PEFC
10-31-1470

Certifié PEFC

Ce produit est issu de forêts gérées durablement et de sources contrôlées.

pefc-france.org

Rustica éditions s'engage pour la planète : cet ouvrage est imprimé de façon écoresponsable avec des encres végétales, sur du papier issu de forêts gérées durablement, par un imprimeur français certifié PEFC™ (promouvant la gestion durable de la forêt).

Achevé d'imprimer en juin 2019
par SEPEC - ZA des Bruyères - 01960 Péronnas (France).
Numéro d'édition : R19154

Inhaltsverzeichnis

Vorwort

Liebe Schülerinnen und Schüler,

dieses Buch und die Videos sollen Sie dabei unterstützen,

- sich in den letzten beiden Schuljahren optimal auf Klausuren und auf das Abitur in Mathematik vorzubereiten.
- sich alle Lehrplaninhalte anhand verständlicher und übersichtlicher Stoffzusammenfassungen anzueignen.
- die Abitursaufgaben der vergangenen Jahrgänge zu bearbeiten, da Sie hiermit ein Nachschlagewerk zur Verfügung haben.
- durch Erfolge neue Motivation für das Fach Mathematik zu bekommen.

Liebe Fachkolleginnen und Fachkollegen,

dieses Buch und die Videos sollen Sie dabei unterstützen,

- die zeitintensive Stoffwiederholung, Klausur- und Abiturvorbereitung teilweise aus dem Unterricht auslagern zu können.
- auf diese Weise mehr Zeit für verständnisorientierten Unterricht zu gewinnen.
- sicherzustellen, dass Ihre Schülerinnen und Schüler über ausreichendes Basiswissen verfügen.

NEU

Über 80 Videos des Autors, in welchen alle Stoffzusammenfassungen nochmals erklärt werden. Zugriff über Kurzadresse oder QR-Code aus dem Buch.

I. Grundlagen Analysis

1. Funktionen

1.1 Ganzrationale Funktionen (Polynome)

1. Grades (Geraden)

Hauptform : $\boldsymbol{y = mx + b}$

Vorgehen zum Einzeichnen:

$y = \dfrac{\textit{hoch / runter}}{\textit{rechts}} \cdot x + \begin{matrix}\textit{y-Achsen-}\\ \textit{abschnitt}\end{matrix}$

Steigung aus 2 Punkten: $m = \dfrac{y_2 - y_1}{x_2 - x_1}$

Steigungswinkel aus Steigung bestimmen:
$m = \tan(\alpha)$

Parallele Geraden:
$m_1 = m_2$ (gleiche Steigung)

Senkrechte (orthogonale) Geraden:
Steigungen sind negative Kehrwerte voneinander: $m_2 = -\dfrac{1}{m_1}$ bzw. $m_1 \cdot m_2 = -1$

1. Winkelhalbierende: $y = x \quad (m = 1)$
2. Winkelhalbierende: $y = -x \quad (m = -1)$

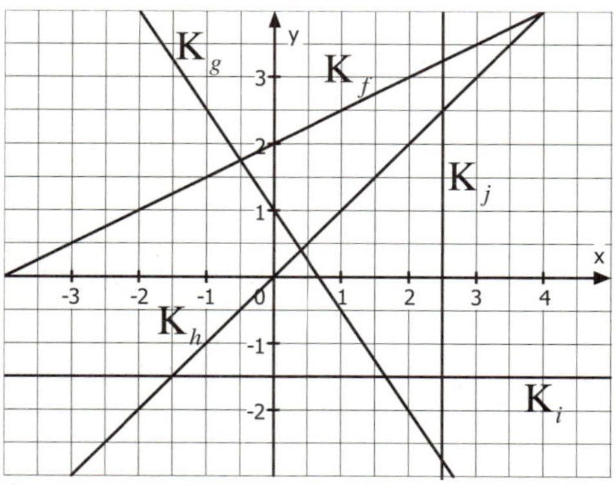

K_f: $y = \dfrac{1}{2}x + 2$ $\qquad$ K_g: $y = -\dfrac{3}{2}x + 1$

K_h: $y = x$ (1. Winkelhalbierende)

K_i: $y = -1{,}5$ $\qquad$ K_j: $x = 2{,}5$

2. Grades (Parabeln)

Allg.: $\boldsymbol{f(x) = ax^2 + bx + c}$

Scheitelpunkt-Ansatz:
$f(x) = a \cdot (x - x_s)^2 + y_s$ mit $S(x_s \mid y_s)$

$a > 0$: nach oben geöffnet bzw. Verlauf von II nach I

$a < 0$: nach unten geöffnet bzw. Verlauf von III nach IV

Schnittpunkt mit y-Achse: $S_y(0 \mid c)$

Bei Symmetrie zur y-Achse:
$f(x) = ax^2 + c$ (nur gerade Hochzahlen)

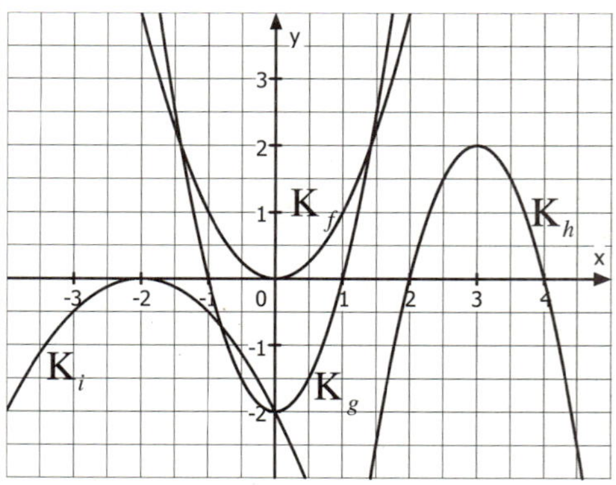

K_f: $f(x) = x^2$ $\qquad$ K_g: $g(x) = 2x^2 - 2$

K_h: $h(x) = -2(x-3)^2 + 2$

K_i: $i(x) = -0{,}5x^2 - 2x - 2$

http://frv.tv/5s

3. Grades	4. Grades
Allg.: $f(x)=ax^3+bx^2+cx+d$	**Allg.:** $f(x)=ax^4+bx^3+cx^2+dx+e$
$a>0$: Verlauf von III nach I	$a>0$: Verlauf von II nach I
$a<0$: Verlauf von II nach IV	$a<0$: Verlauf von III nach IV
Schnittpunkt mit y-Achse: $S_y(0\mid d)$	Schnittpunkt mit y-Achse: $S_y(0\mid e)$
Ansatz bei Symmetrie zum Ursprung: $f(x)=ax^3+cx$ (nur ungerade Hochzahlen)	Ansatz bei Symmetrie zur y-Achse: $f(x)=ax^4+cx^2+e$ (nur gerade Hochzahlen)
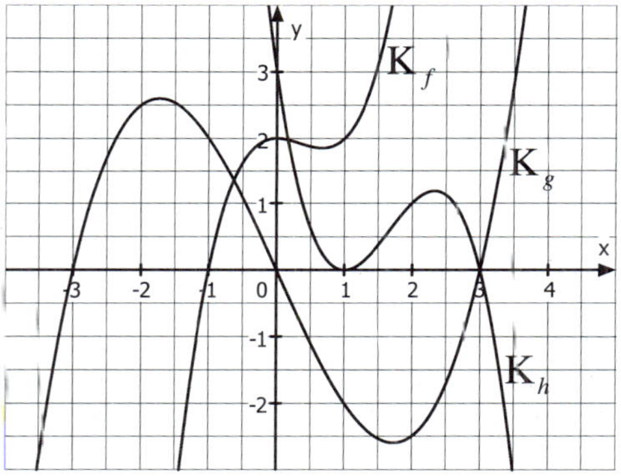	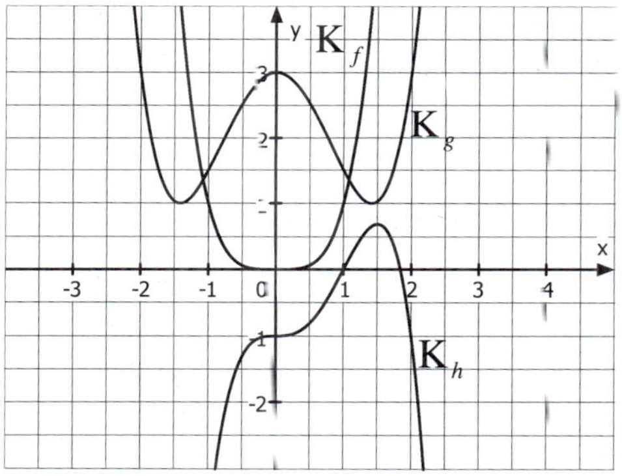
K_f: $f(x)=x^3-x^2+2$	K_f: $f(x)=x^4$
K_g: $g(x)=\frac{1}{4}x^3-\frac{9}{4}x$	K_g: $g(x)=0{,}5x^4-2x^2+3$
K_h: $h(x)=-x^3+5x^2-7x+3$	K_h: $h(x)=-x^4+2x^3-1$

Tipp (für alle ganzrationalen Funktionen)
***a* > 0**: Verlauf von ... nach **I** („endet **oben**")
***a* < 0**: Verlauf von ... nach **IV** („endet **unten**")

Die Quadranten

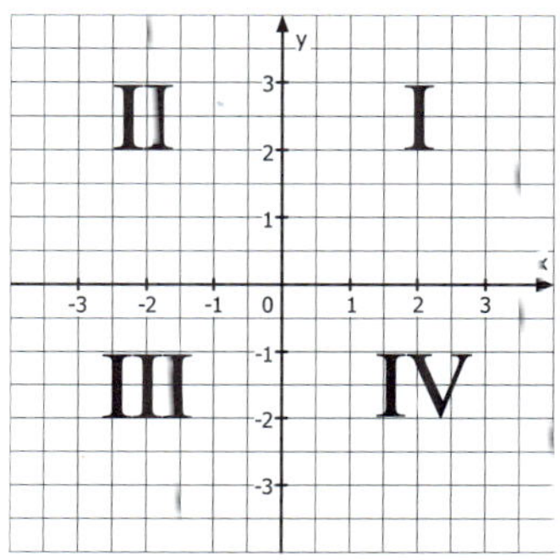

1.2 Der Nullstellenansatz und die Vielfachheit von Nullstellen

Beispiele

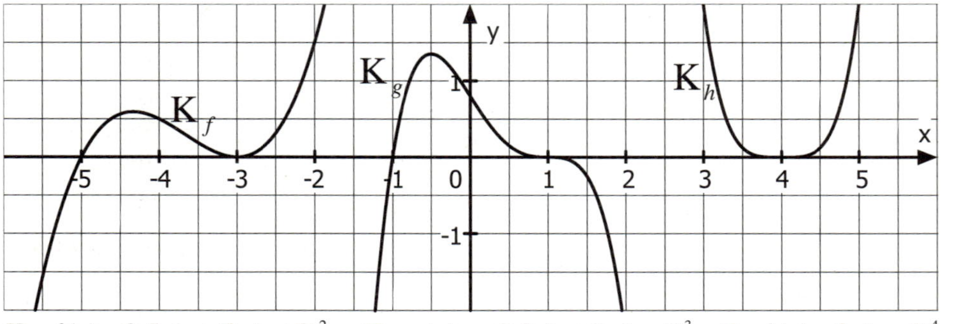

$K_f: f(x) = 0{,}5 \cdot (x+5) \cdot (x+3)^2$ $K_g: g(x) = -0{,}8 \cdot (x+1) \cdot (x-1)^3$ $K_h: h(x) = 2 \cdot (x-4)^4$

Aufbau des Nullstellenansatzes (am Beispiel)

$$g(x) = -0{,}8 \cdot (x+1) \cdot (x-1)^3$$

Verlauf von III nach IV	$x_0 = -1$ ist einfache Nullstelle	$x_{1/2/3} = +1$ ist dreifache Nullstelle

http://frv.tv/1b

Übersicht (für ganzrationale Funktionen)

Vielfachheit Nullstelle	**Faktor im Nullstellenansatz**	**Skizze**	**Beschreibung**
Einfache Nullstelle: x_0	$f(x) = \ldots \cdot (x - x_0) \cdot \ldots$	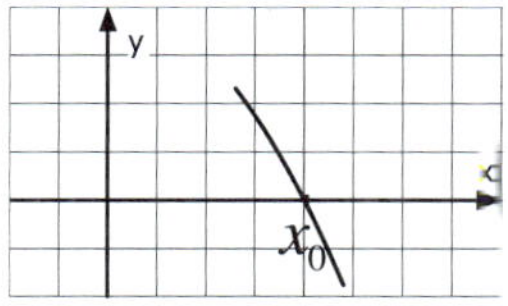	Schaubild **schneidet** x-Achse (mit Vorzeichenwechsel VZW)
Doppelte Nullstelle: x_0	$f(x) = \ldots \cdot (x - x_0)^2 \cdot \ldots$	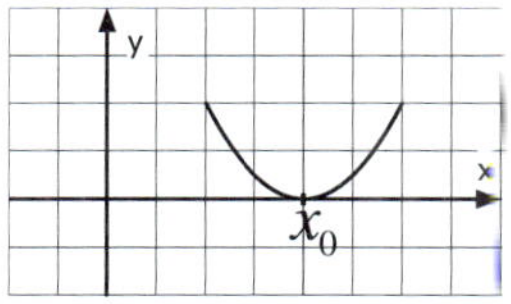	Schaubild **berührt** x-Achse (ohne VZW)
Dreifache Nullstelle: x_0	$f(x) = \ldots \cdot (x - x_0)^3 \cdot \ldots$	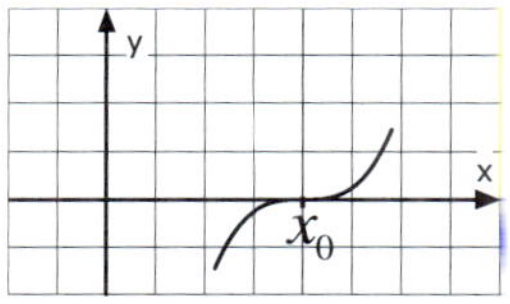	Schaubild **schneidet** und **berührt** x-Achse (mit VZW)
Vierfache Nullstelle: x_0	$f(x) = \ldots \cdot (x - x_0)^4 \cdot \ldots$	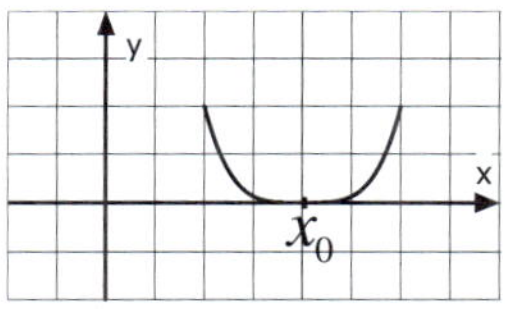	Schaubild **berührt** x-Achse (ohne VZW) („breiter“ geformt als doppelte Nullstelle)

1.3 Exponentialfunktionen

1. Verlauf : $f(x)=e^x$

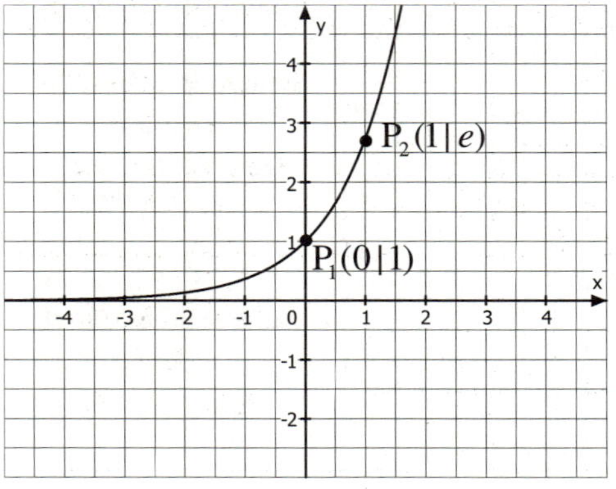

2. Spiegelungen

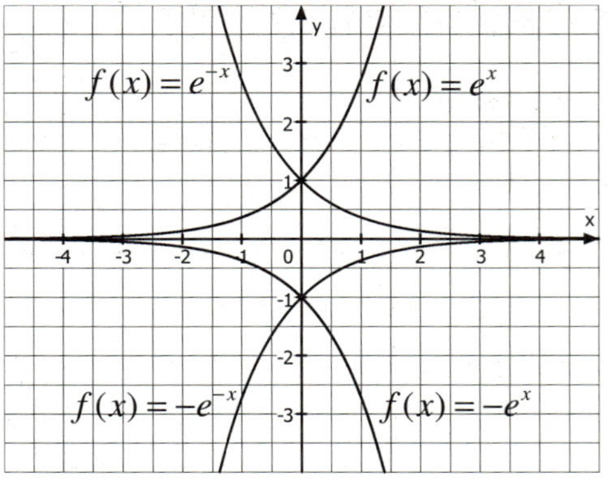

3. Koeffizienten in : $f(x)=a\cdot e^{b\cdot(x-c)}+d$

***a* - Streckung / Stauchung in *y*-Richtung**	$a>1$: „steiler“ $0<a<1$: „flacher“ ($a<0$: an der x-Achse gespiegelt)
***b* - ansteigendes oder fallendes Schaubild**	$b>0$: ansteigendes Schaubild $b<0$: fallendes Schaubild (bzw. an der y-Achse gespiegelt)
***c* - Verschiebung in *x*-Richtung**	$c>0$: nach rechts $c<0$: nach links
***d* - Verschiebung in *y*-Richtung** ($y=d$ ist Asymptote)	$d>0$: nach oben $d<0$: nach unten

Vorsicht beim Koeffizienten *c*

Das Schaubild zu $f(x)=e^{x-3}$ wurde um 3 Einheiten nach *rechts* verschoben!
Der Koeffizient c hat hier den Wert $+3$, das Minuszeichen kommt vom allgemeinen Ansatz der Funktion.

Entsprechend $f(x)=e^{x+2}$: Verschiebung um 2 nach *links*!

http://frv.tv/1d

4. Asymptoten (Näherungsgeraden)

Beispielfunktion	Asymptote	Schaubilder
$f(x)=e^x$	$y=0$ (x – Achse) für $x \to -\infty$	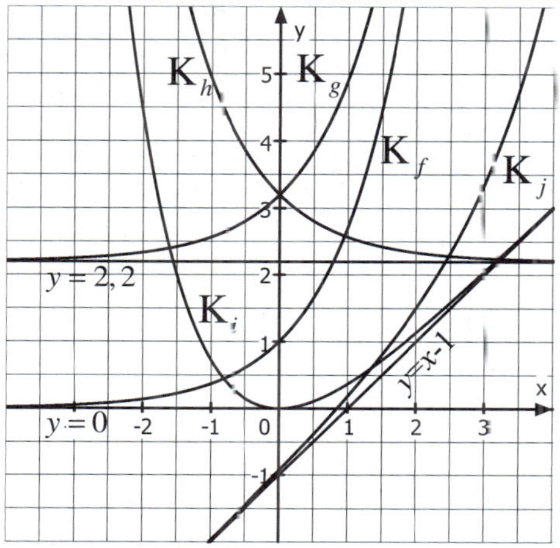
$g(x)=e^x+2,2$	$y=2,2$ für $x \to -\infty$	
$h(x)=e^{-x}+2,2$	$y=2,2$ für $x \to +\infty$	
$i(x)=e^{-x}+x-1$	$y=x-1$ für $x \to +\infty$	
$j(x)=0,5e^{x-2}+x-1$	$y=x-1$ für $x \to -\infty$	

1. Regel (Asymptotengleichung) : y =„Exponentialgleichung ohne $e^{...x}$"
Man erhält die Asymptotengleichung, indem man die Gleichung der Exponentialfunktion schlicht übernimmt, jedoch hierbei auf den Summanden im Funktionsterm, der $e^{...x}$ enthält (dieser strebt gegen 0), verzichtet.

2. Regel (Annäherungsrichtung) : Bei $e^{,,+x"}$ für $x \to -\infty$ bzw. **bei $e^{,,-x"}$ für $x \to +\infty$**
Die Annäherungsrichtung wird durch den Summanden im Funktionsterm, der $e^{...x}$ enthält, festgelegt: Steht vor dem x im Exponenten ein Pluszeichen, so nähert sich die Asymptote für große negative x-Werte („links" im Koordinatensystem) dem Schaubild an.
Steht hier hingegen ein Minuszeichen, so findet die Annäherung bei großen positiven x-Werten („rechts" im Koordinatensystem) statt.

Natürliche Logarithmusfunktion (nur LK)

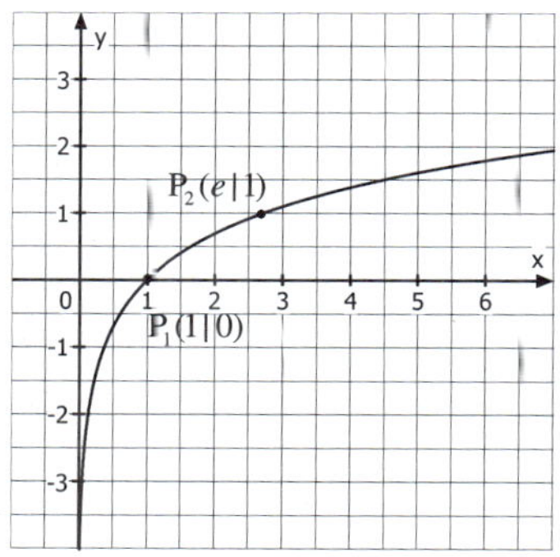

Allg. $f(x)=\ln(x)$

- **Definitionsmenge :** $D=\{x \in \mathbb{R} \mid x>0\}$
Es dürfen nur positive x-Werte eingesetzt werden.
(Der Logarithmus ist nur für positive Zahlen definiert.)
- **Wertemenge :** Man erhält alle reellen Zahlen als y-Werte.
- **Wichtige Grenzwerte**
Für $x \to 0$ $(x>0)$ gilt: $f(x) \to -\infty$
Für $x \to \infty$ gilt: $f(x) \to +\infty$

1.4 Zusatz: Trigonometrische Funktionen

1. Verlauf

$f(x) = \sin(x)$

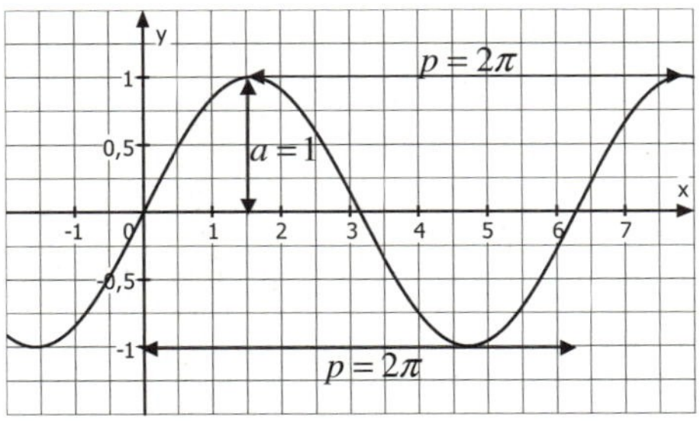

$f(x) = \cos(x)$

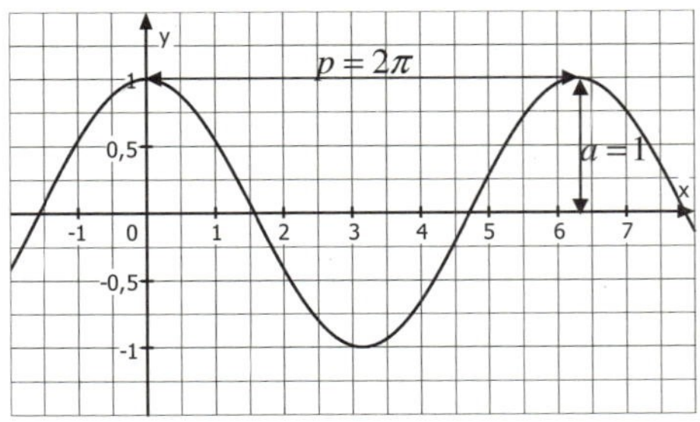

2. Koeffizienten: $f(x) = a \cdot \sin\big(b \cdot (x-c)\big) + d$ und $f(x) = a \cdot \cos\big(b \cdot (x-c)\big) + d$

a **- Amplitude**
($|a|$, also „Zahl a ohne Vorzeichen“, gibt max. Abstand zur „Mittellinie“ an)
(Streckung in y-Richtung)

$\left(a < 0: \text{ an der } x\text{-Achse gespiegelt} \right)$ $\left(a = \frac{y_{\max} - y_{\min}}{2} \right)$

b **- entscheidet Periodenlänge**
(„Dauer eines Durchlaufes“)
$\left(\text{Streckung in } x\text{-Richtung um } \frac{1}{b} \right)$

$b = \frac{2\pi}{p}$ $\left(p \text{ entspricht der Periodenlänge} \right)$

c **- Verschiebung in *x*-Richtung**

$c > 0$: nach rechts
$c < 0$: nach links

d **- Verschiebung in *y* - Richtung**
(„Höhe der Mittellinie“)

$d > 0$: nach oben
$d < 0$: nach unten

$\left(d = \frac{y_{\max} + y_{\min}}{2} \right)$

Vorsicht beim Koeffizienten *c*

Das Schaubild zu $f(x) = \sin(x-3)$ wurde um 3 Einheiten nach *rechts* verschoben!
Der Koeffizient c hat den Wert $+3$, das Minuszeichen kommt vom allgemeinen Ansatz der Funktion.

Entsprechend $f(x) = \sin(x+2)$: Verschiebung um 2 nach *links*!

http://frv.tv/1e

Beispiel 1 (Zusätzlich ist das Schaubild von $f(x) = \sin(x)$ gestrichelt eingezeichnet.)

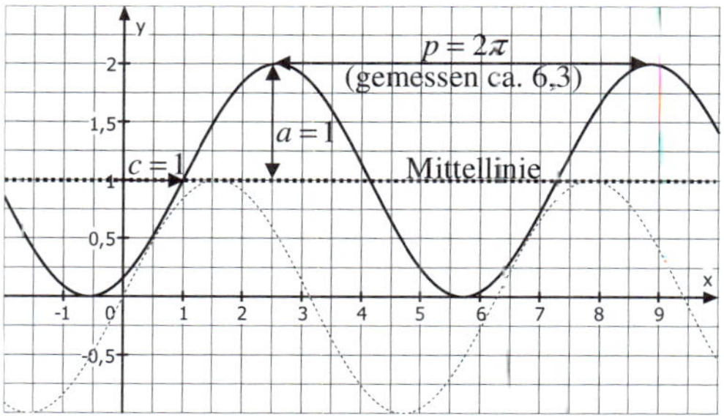

$\Rightarrow f(x) = \sin(x-1)+1$

$\left(\text{Alternativ: } f(x) = \cos(x-2{,}57)+1\right)$

Mit $\boldsymbol{f(x) = a \cdot \sin\left(b \cdot (x-c)\right) + d}$:

- $d = 1$ Mittellinie auf Höhe $+1$ $\left(\text{oder mit } \frac{2+0}{2} = \frac{2}{2} = 1\right)$
- $a = 1$ (max. Abstand von 1 zur Mittellinie) $\left(\text{oder mit } \frac{2-0}{2} = \frac{2}{2} = 1\right)$
- $c = 1$ Verschiebung um 1 nach rechts
- $b = \frac{2\pi}{p} = \frac{2\pi}{2\pi} = 1$

Beispiel 2

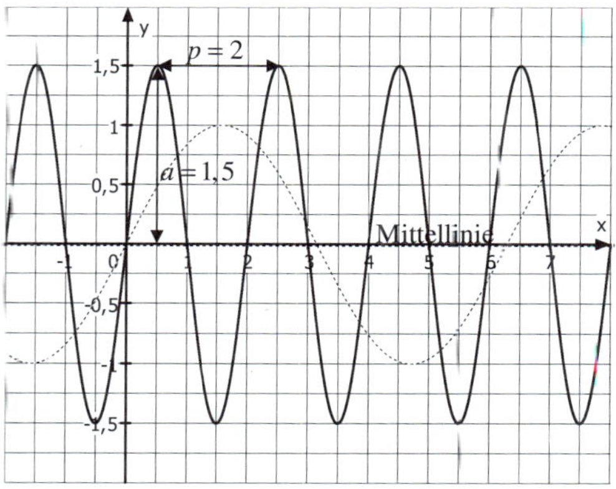

$\Rightarrow f(x) = 1{,}5 \cdot \sin(\pi \cdot x)$

$\left(\text{Alternativ: } f(x) = 1{,}5 \cdot \cos\left(\pi \cdot (x-0{,}5)\right)\right)$

Mit $\boldsymbol{f(x) = a \cdot \sin\left(b \cdot (x-c)\right) + d}$:

- $d = 0$ Mittellinie auf Höhe 0 $\left(\text{oder mit } \frac{1{,}5+(-1{,}5)}{2} = \frac{0}{2} = 0\right)$
- $a = 1{,}5$ max. Abstand von 1,5 zur Mittellinie $\left(\text{oder mit } \frac{1{,}5-(-1{,}5)}{2} = \frac{3}{2}\right)$
- $c = 0$ keine Verschiebung bei sin
- $b = \frac{2\pi}{p} = \frac{2\pi}{2} = \pi$

Tipp

Arbeiten Sie die Koeffizienten in dieser Reihenfolge ab!

Hilfe

Äußere Koeffizienten regeln Eigenschaften, die an der **y - Achse** gemessen werden.

$f(x) = a \cdot \sin\left(b \cdot (x-c)\right) + d$

$f(x) = a \cdot \cos\left(b \cdot (x-c)\right) + d$

Innere Koeffizienten regeln Eigenschaften, die an der **x - Achse** gemessen werden.

3. Anwendungen

Periodische Vorgänge, also Vorgänge, die sich in gleichen Zeitabschnitten wiederholen, werden oft mit trigonometrischen Funktionen modelliert.

1.5 Übersicht: Spiegeln, Strecken und Verschieben $f(x) \rightarrow$

	Spiegeln an ...		**Strec -**
	... x - Achse	**... y - Achse**	**... y - Richtung**
$f(x)=x^2$	$g(x)=-x^2$ 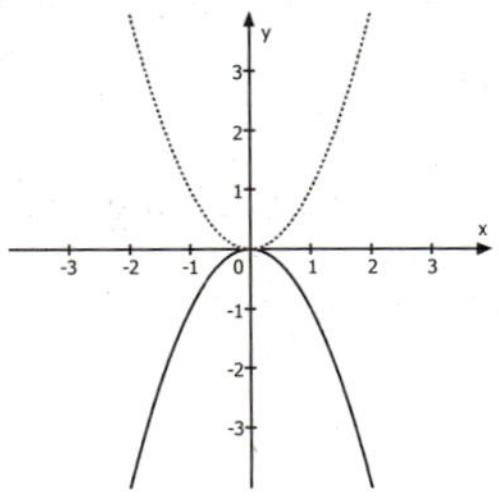	$g(x)=(-x)^2=x^2$ 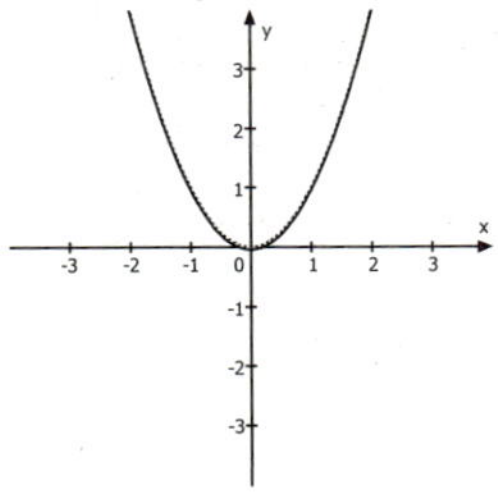	$g(x)=2\cdot x^2$ 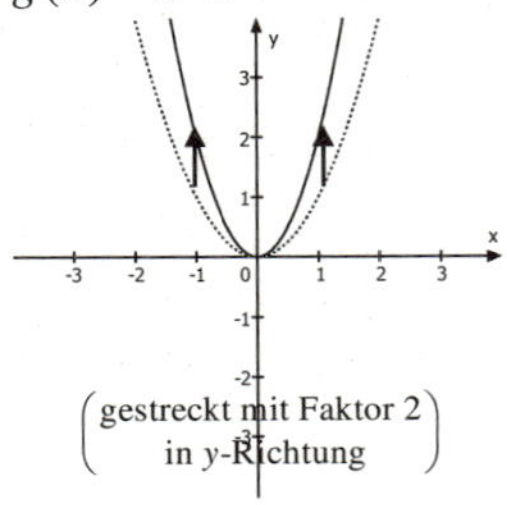
$f(x)=e^x$	$g(x)=-e^x$ 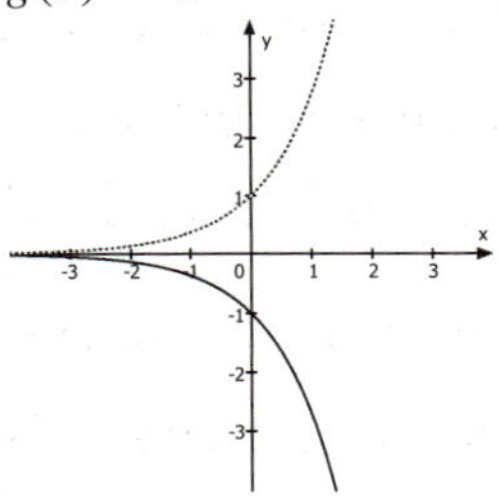	$g(x)=e^{-x}$ 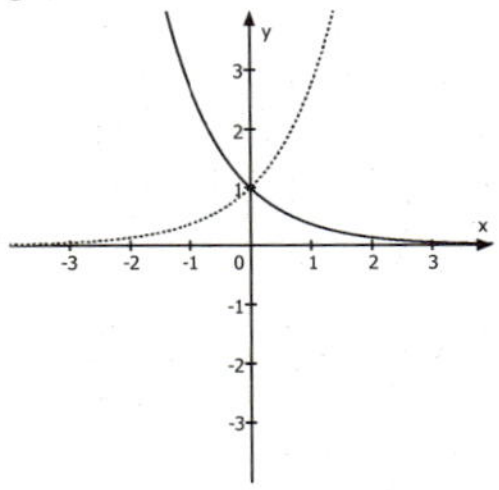	$g(x)=0,5\cdot e^x$ 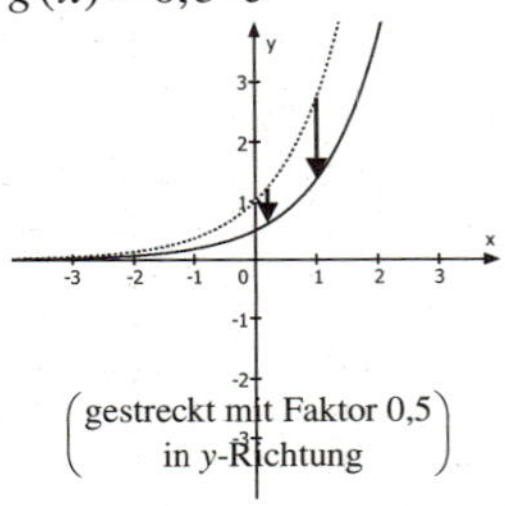
$f(x)=\sin(x)$	$g(x)=-\sin(x)$ 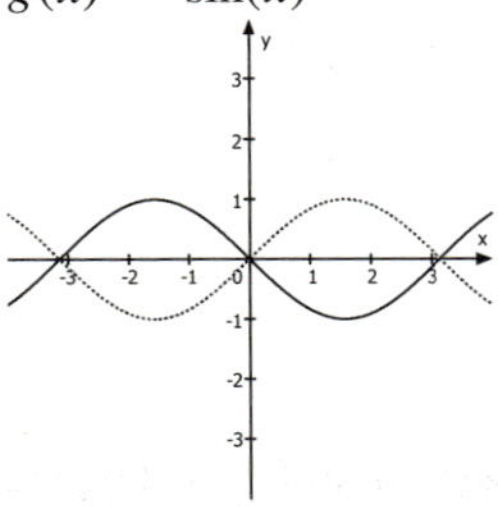	$g(x)=\sin(-x)$ 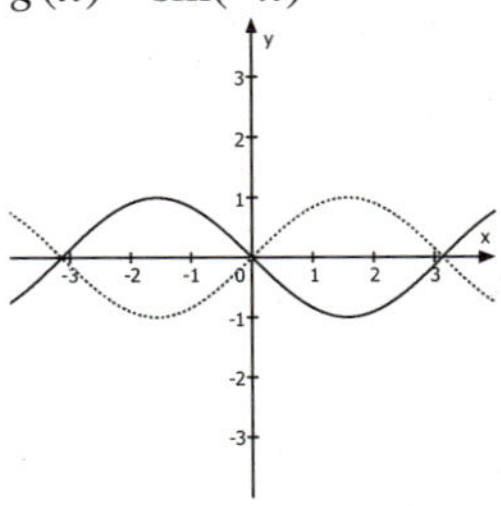	$g(x)=2\cdot\sin(x)$ 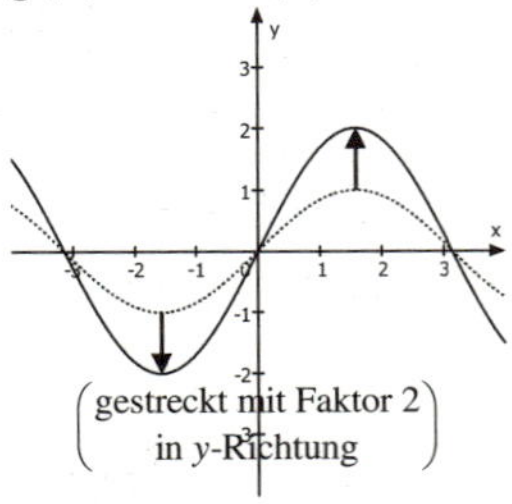
	$g(x)=-f(x)$ „ – “ vor Funktionsterm	$g(x)=f(-x)$ „x“ durch „ $-x$“ ersetzt	$g(x)=\boldsymbol{a}\cdot f(x)$ Streckung mit Faktor $\lvert\boldsymbol{a}\rvert$ in y-Richtung

http://frv.tv/1f

$\rightarrow \quad g(x) = a \cdot f(b \cdot (x - c)) + d$

ken in ...	**Verschieben in ...**	
... *x* - Richtung	**... *y* - Richtung**	**... *x* - Richtung**
$g(x) = (2x)^2 = 4x^2$ 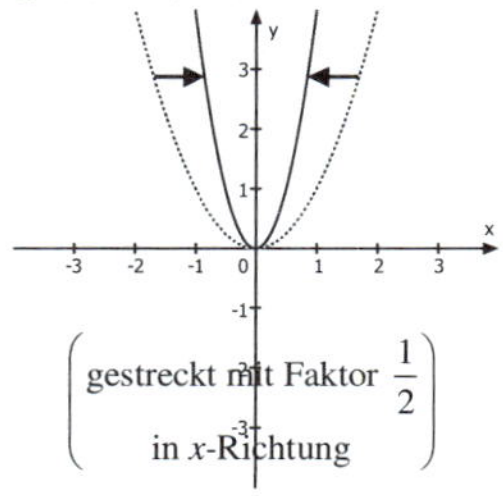 (gestreckt mit Faktor $\frac{1}{2}$ in *x*-Richtung)	$g(x) = x^2 - 2$ 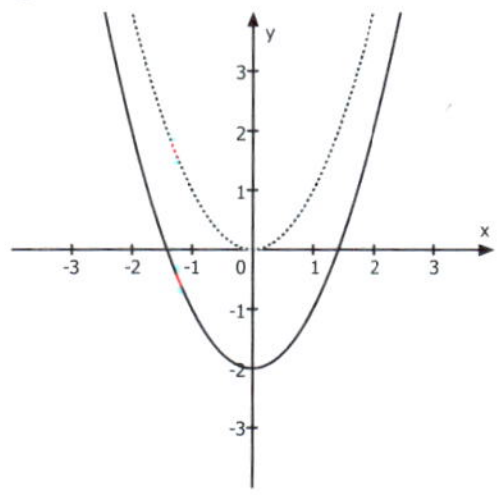	$g(x) = (x-2)^2$ 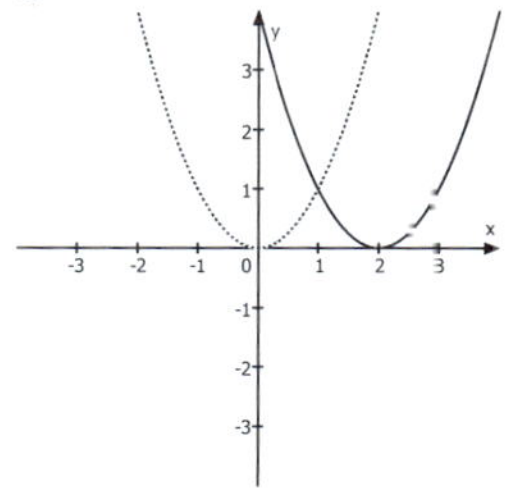
$g(x) = e^{0,5x}$ 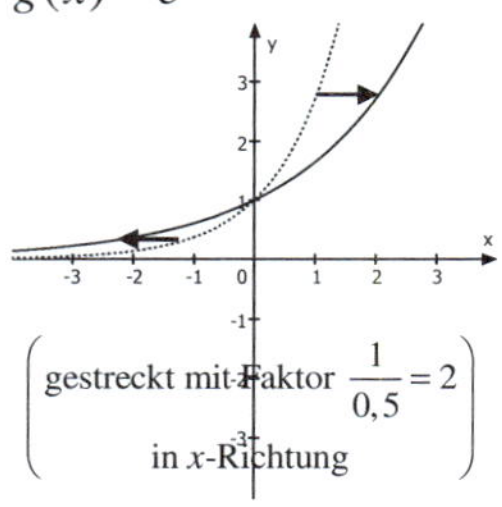 (gestreckt mit Faktor $\frac{1}{0,5} = 2$ in *x*-Richtung)	$g(x) = e^x + 2$ 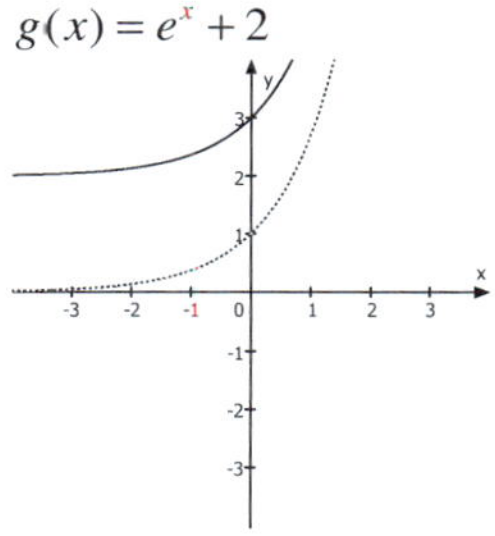	$g(x) = e^{x-2}$ 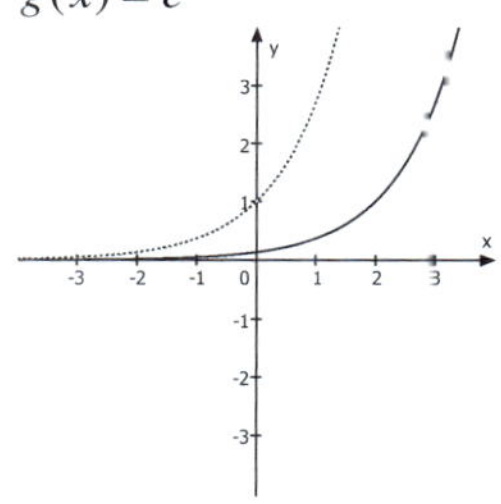
$g(x) = \sin(2x)$ 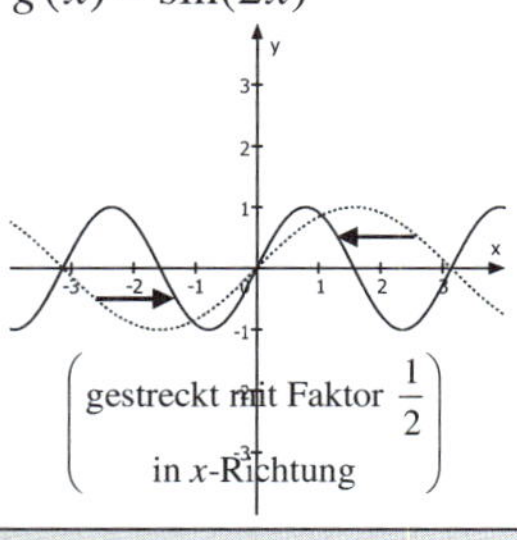 (gestreckt mit Faktor $\frac{1}{2}$ in *x*-Richtung)	$g(x) = \sin(x) + 2$ 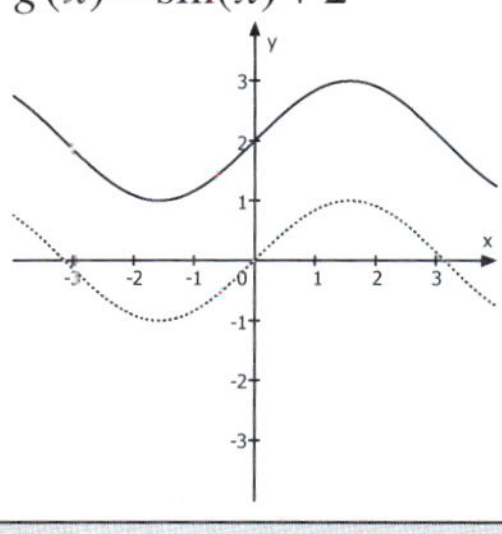	$g(x) = \sin(x+2)$ 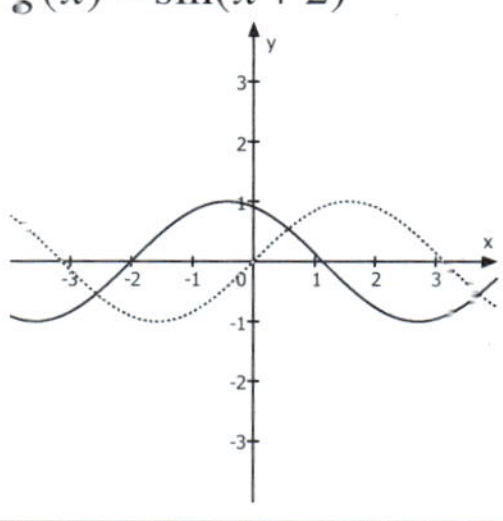
$g(x) = f(\boldsymbol{b} \cdot x)$ Streckung mit Faktor $\frac{\mathbf{1}}{\mathbf{\lvert b \rvert}}$ in *x*-Richtung	$g(x) = f(x) \pm \boldsymbol{d}$ z.B. $... + 2$: Versch. nach oben $... - 2$: Versch. nach unten	$g(x) = f(x \pm \boldsymbol{c})$ z.B. $(x-2)$: V. nach rechts $(x+2)$: V. nach links

1.6 Funktionenscharen

1. Begriffserklärung

Eine Funktionenschar besteht aus vielen einzelnen Funktionen, welche durch eine gemeinsame Schargleichung $f_t(x)$ beschrieben werden können.
Man erhält eine bestimmte Funktion aus der Schar, indem man „ihren" t-Wert (ihren Parameterwert) in $f_t(x)$ einsetzt.

Beispiel

Gleichung der Funktionenschar: $f_t(x) = x^2 + t \quad (t \in \mathbb{R})$

Einzelne Funktionen hieraus (z.B): $t = 1$: $f_1(x) = x^2 + 1$

$t = 3$: $f_3(x) = x^2 + 3$

$t = -1$: $f_{-1}(x) = x^2 - 1$

...

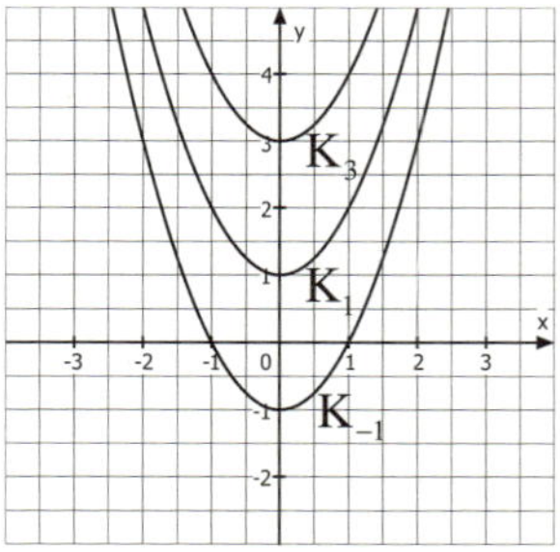

2. Wirkung des Parameters auf die Schaubilder

Wenn eine bestimmte Funktion aus der Schar ausgewählt wird, geschieht dies, indem deren t-Wert in die Schargleichung eingesetzt wird (s.o.). Durch das Einsetzen dieser Zahl bildet sich der spezielle Funktionsterm der ausgewählten Funktion, der sich von allen anderen Funktionen der Schar unterscheidet.
Ebenso unterscheidet sich das Schaubild der ausgewählten Funktion von allen anderen Schaubildern der Schar. Die Art dieses Unterschiedes wird von der Position bestimmt, an welcher der Parameter in der Schargleichung steht.

Beispiele

$f_t(x) = x^2 + t$

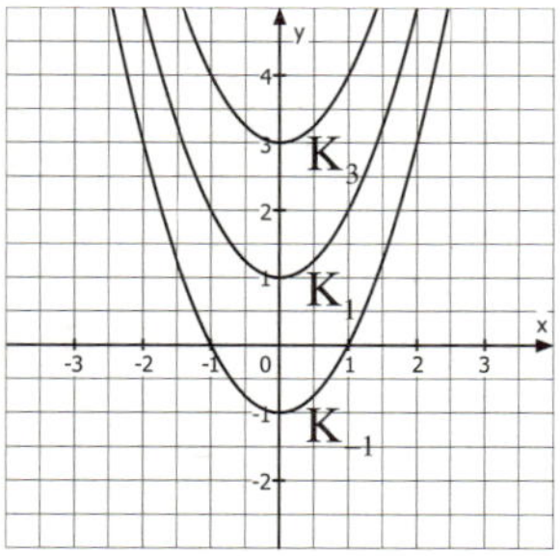

Parameter verschiebt die Schaubilder nach oben bzw. unten

$f_t(x) = tx^2$

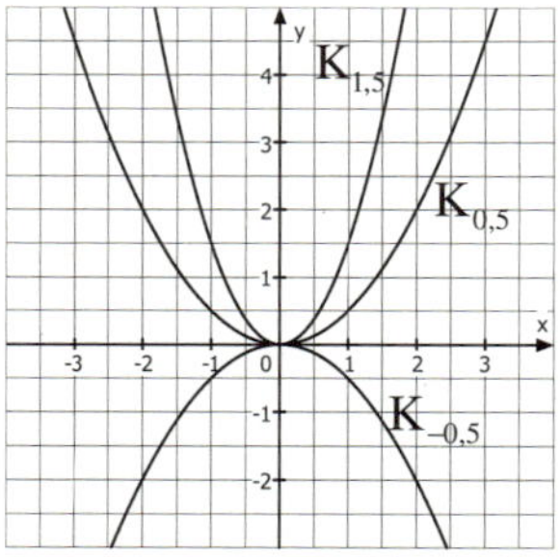

Parameter verändert den Verlauf und die Streckung des Schaubildes in y - Richtung

$f_t(x) = -0,2tx^3 + 0,2t^2x - t$

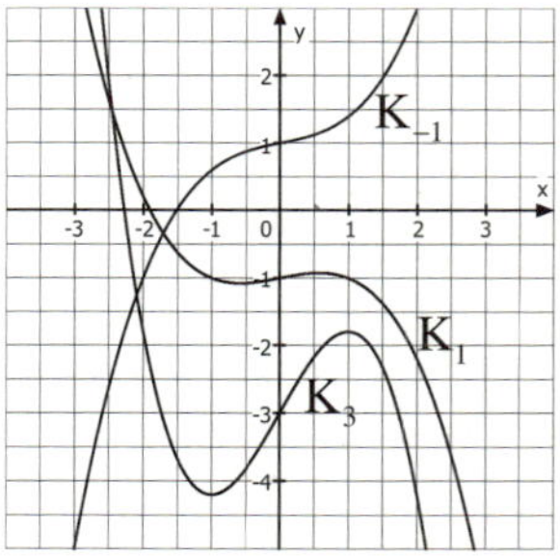

Parameter besitzt eine komplexe Wirkung (u.a. auf Verlauf, Verschiebung, Streckung,...)

http://frv.tv/1g

3. Umgang mit Funktionenscharen

Dieser ist deutlich schwieriger als der Umgang mit Funktionen, was vor allem an den nachfolgenden Punkten liegt. Diese sollten beachtet werden.

	Funktion $f(x)$	**Funktionenschar $f_t(x)$**
Schaubilder	ein konkretes Schaubild (mit GTR/CAS darstellbar)	unendlich viele Schaubilder
Lösen von Gleichungen	stets mit GTR/CAS lösbar	nicht mit GTR lösbar (nur mit CAS)
Interpretation der Ergebnisse	z.B. Schnittpunkt mit x-Achse: $N(2\,\vert\,0)$; Konkreter Punkt im Koordinatensystem	z.B. Schnittpunkt mit x-Achse: $N_t(2t-1\,\vert\,0)$; Parameterabhängige „Vorschrift", die erst durch das Einsetzen von einem t-Wert zu einem konkreten Punkt führt

4. Grundregel für das Rechnen mit Funktionenscharen

Rechnungen mit Funktionenscharen werden meist zunächst allgemein, also ohne das Einsetzen einer Zahl für t, durchgeführt. Dies hat den Vorteil, dass so die Rechenergebnisse für alle Funktionen aus der Schar gelten.
Erst in diese Rechenergebnisse wird dann eine Zahl für t eingesetzt, um ein konkretes Ergebnis für eine einzelne Funktion aus der Schar zu erhalten.
Der Parameter t ist somit lediglich ein „Platzhalter" für eine einzusetzende Zahl. Deshalb lautet die Grundregel für das Rechnen mit Funktionenscharen:

Grundregel	**Der Parameter (t) wird beim „Rechnen" stets selbst wie eine Zahl behandelt!**

1.7 Symmetrie zur *y*-Achse bzw. zum Ursprung

Bei **ganzrationalen Funktionen** kann anhand der **Hochzahlen** (nur **gerade** bzw. **ungerade** Hochzahlen oder gemischt) entschieden werden, ob ein gegebenes Schaubild symmetrisch zur *y*-Achse bzw. zum Ursprung ist, oder ob keine dieser beiden Symmetriearten vorliegt.

Bei **anderen Funktionstypen** müssen hingegen die **allgemeinen Bedingungen** zur Symmetrieuntersuchung verwendet werden.

1. Allgemeine Bedingung für Achsensymmetrie zur *y*-Achse: $f(-x)=f(x)$

Bedingung in Worten

An den Stellen x und $-x$ sind die y-Werte gleich groß.

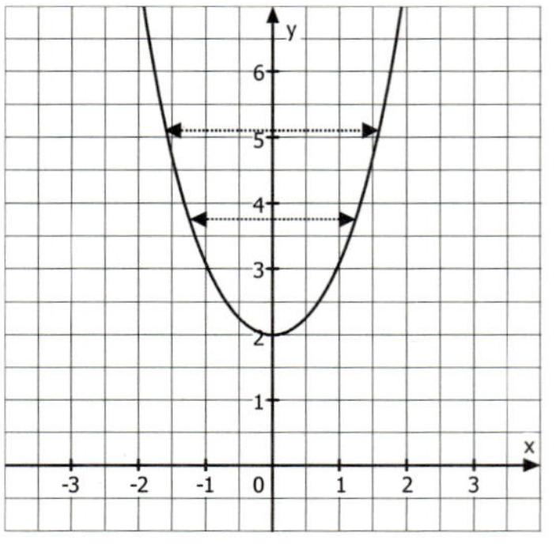

Beispiel

Ist das Schaubild der Funktion f mit $f(x)=e^{-x}+e^{x}$ achsensymmetrisch zur y-Achse?

$$\left.\begin{aligned} f(-x) &= e^{-(-x)}+e^{-x}=\underline{e^{x}+e^{-x}} \\ f(x) &= \underline{e^{-x}+e^{x}} \end{aligned}\right\} \begin{aligned} &\text{Es gilt:} \\ &f(-x)=f(x) \end{aligned}$$

$\Rightarrow$ Somit symmetrisch zur y-Achse!

2. Allgemeine Bedingung für Punktsymmetrie zum Ursprung: $f(-x)=-f(x)$

Bedingung in Worten

An den Stellen x und $-x$ haben die y-Werte den gleichen „Zahlenwert“, jedoch mit verschiedenen Vorzeichen. Mit dem Minuszeichen vor $f(x)$ sind die Werte gleich.

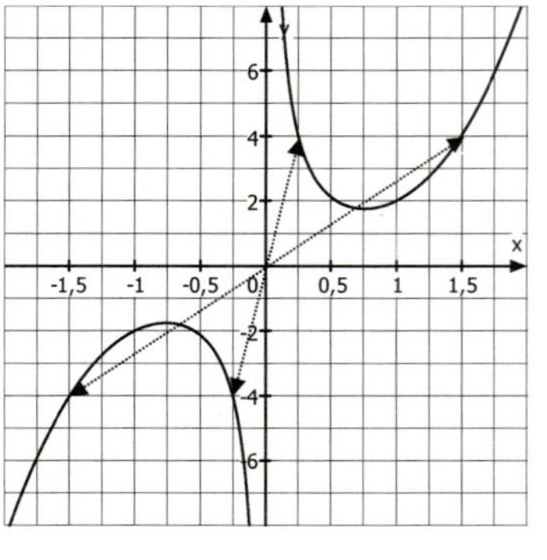

Beispiel

Ist das Schaubild der Funktion f mit $f(x)=x^{3}+\dfrac{1}{x}$ punktsymmetrisch zum Ursprung?

$$\left.\begin{aligned} f(-x) &= (-x)^{3}+\frac{1}{-x}=\underline{-x^{3}-\frac{1}{x}} \\ -f(x) &= -\left(x^{3}+\frac{1}{x}\right)=\underline{-x^{3}-\frac{1}{x}} \end{aligned}\right\} \begin{aligned} &\text{Es gilt:} \\ &f(-x)=-f(x) \end{aligned}$$

$\Rightarrow$ Somit punktsymmetrisch zum Ursprung!

http://frv.tv/1h

1.8 Umgang mit Funktionen: Rechenansätze

Aufgabenstellung	Rechenansatz	
y-Wert bei $x = 2$?	$\boldsymbol{f(2)} = \ldots$	(*x - Wert einsetzen, ausrechnen*)
Schnittpunkt mit y-Achse?	$\boldsymbol{f(0)} = \ldots$	(*0 für x einsetzen, ausrechnen*)
x-Wert bei $y = 5$?	$\boldsymbol{f(x) = 5}$	(*$f(x)$ gleich y - Wert setzen, Gleichung lös.*)
Schnittpunkt mit x-Achse?	$\boldsymbol{f(x) = 0}$	(*$f(x)$ gleich 0 setzen, Gleichung lösen*)
Liegt P(2 | 3) auf K_f?	$\boldsymbol{f(2) = 3}$	(Punktprobe: *x - und y - Wert einsetzen*)
Schnittpunkt von K_f mit K_g?	$\boldsymbol{f(x) = g(x)}$	(*gleichsetzen, Gleichung lösen*)

2. Gleichungen

2.1 Gleichungstypen: Übersicht

	Typ 1	**Typ 1S**
Gleichung 1. Grades (linear) (S. 24)	$2x-4=0$	
Gleichung 2. Grades (quadratisch) (S. 24)	$2x^2-4=0$	
Gleichung 3. Grades (S. 24)	$2x^3-4=0$	
Gleichung 4. Grades (S. 25)	$2x^4-4=0$	
Exponentialgleichung (S. 25)	$e^x=0{,}5$ oder $e^{2x-1}=0{,}5$	
Sinusgleichung (S. 26) **(Zusatz)**	$\sin(x)=0{,}5$	$\sin(2x-1)=0{,}5$
Kosinusgleichung (S. 26) **(Zusatz)**	$\cos(x)=0{,}5$	$\cos(2x-1)=0{,}5$
Logarithmusgleichung (S. 29) **(nur LK)**	$2\ln(x)-1=5$	
Merkmal	umformbar auf $\left\{\begin{matrix} x \\ x^2 \\ x^3 \\ x^4 \\ e^x \text{ oder } e^{\text{„nicht nur } x\text{“}} \\ \sin(x) \\ \cos(x) \\ \sqrt{x} \end{matrix}\right\} = \ldots$	umformbar auf $\left\{\begin{matrix} \sin(\text{„}\mathit{nicht\ nur\ x}\text{“}) \\ \cos(\text{„}\mathit{nicht\ nur\ x}\text{“}) \end{matrix}\right\} = \ldots$
Lösungsvorgehen	**Gegenoperation** $\left\{\begin{matrix} : \\ \sqrt{} \\ \sqrt[3]{} \\ \sqrt[4]{} \\ \ln \\ \sin^{-1} \\ \cos^{-1} \\ (\ldots)^2 \end{matrix}\right\}$	**Substitution:** $u=$„*nicht nur x*“ **führt zu** $\left\{\begin{matrix} \sin(u) \\ \cos(u) \end{matrix}\right\} = \ldots$; Trig. Gleichung vom Typ 1 lösen; **Rücksubstitution**

Abkürzung: ... steht für eine Zahl.

http://frv.tv/4q

Typ 2	Typ 3	Typ S
$2x^2-4x=0$	$x^2-8x+15=0$	
$2x^3-4x=0$		
$2x^4-4x=0$		$x^4-8x^2+15=0$
$2e^{2x}-e^x=0$		$e^{2x}-8e^x+15=0$
$(\sin(x))^2-0{,}5\sin(x)=0$		
$(\cos(x))^2-0{,}5\cos(x)=0$		
Alle Summanden enthalten mindestens x (bzw. $e^x/\sin(x)/\cos(x)$). Kein Summand besteht nur aus einer „Zahl“. Somit kann „etwas mit x“ ausgeklammert werden.	umformbar auf $\ldots x^2+\ldots x+\ldots=0$	umformbar auf $\left\{\begin{matrix}\ldots x^4 & + & \ldots x^2 & + & \ldots \\ \ldots e^{2x} & + & \ldots e^x & + & \ldots\end{matrix}\right\}=0$
(evtl.) Ausklammern; **Satz vom Nullprodukt** (S. 30)	**abc -** bzw. **pq - Formel**	**Substitution führt zu $\ldots u^2+\ldots u+\ldots=0$;** abc- bzw. pq-Formel; **Rücksubstitution**

Bemerkung: Eine Gleichung, die keinem dieser Gleichungstypen zuordenbar ist, kann meist nur durch GTR/CAS gelöst werden.

2.2 Gleichungstypen: Konkretes Lösungsvorgehen

1. Polynomgleichungen

Typ 1 **Gegenoperation**	**Typ 2** **Satz vom Nullprodukt**	**Typ 3** **abc -** bzw. **pq - Formel**
$2x-4=0 \quad \vert +4$ $2x=4 \quad \vert :2$ $x=2$		
$2x^2-4=0 \quad \vert +4$ $2x^2=4$ $x^2=2 \quad \vert \sqrt{}$ $x_1=\sqrt{2}\approx 1,41$ $x_2=-\sqrt{2}\approx -1,41$	$2x^2-4x=0$ $x\cdot(2x-4)=0$ **S. v. Nullpr.** (S. 30) $x_1=0 \qquad 2x-4=0$ $2x=4$ $x_2=2$	$x^2-8x+15=0$ mit **abc - Formel**: $(a=1;\ b=-8;\ c=15)$ $x_{1/2}=\frac{-b\pm\sqrt{b^2-4ac}}{2a}$ $=\frac{8\pm\sqrt{8^2-4\cdot 15}}{2}$ $=\frac{8\pm 2}{2}$ $x_1=5; \quad x_2=3$ oder mit **pq - Formel**: $x_{1/2}=-\frac{p}{2}\pm\sqrt{\left(\frac{p}{2}\right)^2-q}$ (*Bei dieser Formel muss vor dem* x^2 *stets eine* $+1$ *stehen!*)
$2x^3-4=0$ $2x^3=4$ $x^3=2 \quad \vert \sqrt[3]{}$ $x=\sqrt[3]{2}$ $x\approx 1,26$	$2x^3-4x=0$ $x\cdot(2x^2-4)=0$ **S. v. Nullpr.** $x_1=0 \qquad 2x^2-4=0$ $2x^2=4$ $x^2=2 \quad \vert \sqrt{}$ $x_2=\sqrt{2}\approx 1,41$ $x_3=-\sqrt{2}\approx -1,41$	

http://frv.tv/1j

Typ 1 **Gegenoperation**	**Typ 2** **Satz vom Nullprodukt**	**Typ S** **Substitution führt zu** $\ldots u^2 + \ldots u + \ldots = 0$
$2x^4 - 4 = 0 \quad \vert +4$ $2x^4 = 4 \quad \vert :2$ $x^4 = 2 \quad \vert \sqrt[4]{}$ $x_1 = \sqrt[4]{2} \approx 1{,}19$ $x_2 = -\sqrt[4]{2} \approx -1{,}19$	$2x^4 - 4x = 0$ $x \cdot (2x^3 - 4) = 0$ **S. v. Nullpr.** $x_1 = 0 \qquad 2x^3 - 4 = 0$ $2x^3 = 4$ $x^3 = 2$ $x_2 = \sqrt[3]{2}$ $x_2 \approx 1{,}26$	$x^4 - 8x^2 + 15 = 0$ **Substitution :** $(x^4 = u^2;\ x^2 = u)$ $u^2 - 8u + 15 = 0$ $u_{1/2} = \frac{8 \pm \sqrt{8^2 - 4 \cdot 15}}{2}$ (abc-Formel) $= \frac{8 \pm 2}{2}$ $u_1 = 5; \qquad u_2 = 3$ **Rücksubstitution :** $x^2 = 5 \qquad x^2 = 3$ $x_1 = \sqrt{5} \approx 2{,}34 \qquad x_3 = \sqrt{3} \approx 1{,}73$ $x_2 = -\sqrt{5} \approx -2{,}34 \qquad x_4 = -\sqrt{3} \approx -1{,}73$

2. Exponentialgleichungen

Typ 1 **Gegenoperation**	**Typ 2** **Satz vom Nullprodukt**	**Typ S** **Substitution führt zu** $\ldots u^2 + \ldots u + \ldots = 0$
$e^x = 0{,}5 \quad \vert \ln$ $x = \ln(0{,}5)$ $x \approx -0{,}69$ oder $e^{2x-1} = 0{,}5 \quad \vert \ln$ $2x - 1 = \ln(0{,}5) \quad \vert +1$ $2x = \ln(0{,}5) + 1 \quad \vert :2$ $x = \frac{\ln(0{,}5) + 1}{2}$ $x \approx 0{,}153$	$2e^{2x} - e^x = 0$ $e^x \cdot (2e^x - 1) = 0$ **S. v. Nullpr.** $e^x = 0 \qquad 2e^x - 1 = 0$ $x = \ln(0) \qquad e^x = 0{,}5$ keine Lösung $\qquad x = \ln(0{,}5)$ $x \approx -0{,}69$	$e^{2x} - 8e^x + 15 = 0$ **Substitution :** $(e^{2x} = u^2;\ e^x = u)$ $u^2 - 8u + 15 = 0$ $u_{1/2} = \frac{8 \pm \sqrt{8^2 - 4 \cdot 15}}{2}$ (abc-F.) $= \frac{8 \pm 2}{2}$ $u_1 = 5; \qquad u_2 = 3$ **Rücksubstitution :** $e^x = 5 \qquad e^x = 3$ $x_1 = \ln(5) \approx 1{,}6 \qquad x_2 = \ln(3) \approx 1{,}1$

3. Trigonometrische Gleichungen (Zusatz)

Vorgehen und Erklärung am Beispiel

Sinusgleichung $\sin(x)=0{,}5$	**Kosinusgleichung** $\cos(x)=0{,}5$

1. Schritt : x_1 mit GTR / CAS berechnen (Einstellung: *rad*)	
$\sin(x)=0{,}5 \quad \vert \sin^{-1}$ $x=\sin^{-1}(0{,}5)$ $x_1=\frac{1}{6}\pi\approx 0{,}52$	$\cos(x)=0{,}5 \quad \vert \cos^{-1}$ $x=\cos^{-1}(0{,}5)$ $x_1=\frac{1}{3}\pi\approx 1{,}05$

2. Schritt : x_2 aus x_1 berechnen	
$x_2=\boldsymbol{\pi}-x_1\approx\boldsymbol{\pi}-0{,}52\approx 2{,}62$	$x_2=\boldsymbol{2\pi}-x_1\approx\boldsymbol{2\pi}-1{,}05\approx 5{,}23$

Erklärung

In den unten stehenden Koordinatensystemen werden die Gleichungen $\sin(x)=0{,}5$ und $\cos(x)=0{,}5$ veranschaulicht.

Jeder x-Wert, welcher eine Lösung der Gleichung $\sin(x)=0{,}5$ darstellt, muss beim Schaubild der Sinusfunktion zum y-Wert 0,5 führen. Bei $x_1\approx 0{,}52$, der ersten Lösung der Gleichung, erreicht das Schaubild der Sinusfunktion diesen y-Wert. Bevor das Schaubild bei $x=\pi$ die x-Achse durchquert, erreicht es jedoch abermals, beim gesuchten x-Wert x_2, den y-Wert $0{,}5$.

Aufgrund der Achsensymmetrie des Schaubildes muss der Abstand zwischen x_2 und π dem Abstand zwischen 0 und x_1 entsprechen und damit x_1 bzw. 0,52 betragen. Hierdurch kann x_2 errechnet werden: $x_2=\boldsymbol{\pi}-x_1\approx\boldsymbol{\pi}-0{,}52\approx 2{,}62$.

Im Unterschied hierzu führt die Achsensymmetrie des Schaubildes der Kosinusfunktion dazu, dass x_2 errechnet werden kann, indem x_1 von 2π subtrahiert wird: $x_2=\boldsymbol{2\pi}-x_1$.

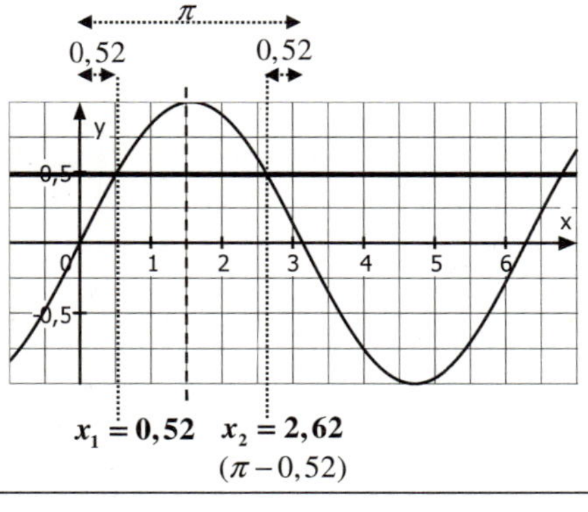

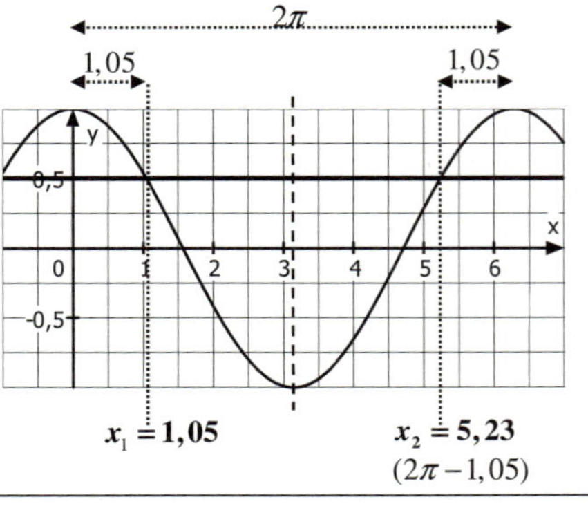

http://frv.tv/1k

3. Schritt : Alle Lösungen der Gleichung beschreiben	
$x \approx 0,52 + k \cdot 2\pi$ und $x \approx 2,62 + k \cdot 2\pi$ (mit $k = ..., -1, 0, 1, 2, ...$, also $k \in \mathbb{Z}$)	$x \approx 1,05 + k \cdot 2\pi$ und $x \approx 5,23 + k \cdot 2\pi$ (mit $k = ..., -1, 0, 1, 2, ...$, also $k \in \mathbb{Z}$)

Erklärung (Am Beispiel: $\sin(x) = 0,5$)

Das Schaubild einer Sinus- oder Kosinusfunktion besitzt eine Periodenlänge von 2π ($\approx 6,3$). Nach dem Durchlaufen einer Periode wiederholt sich stets ihr Ablauf.
Das Schaubild der Sinusfunktion erreicht beim x-Wert von 0,52 den y-Wert 0,5. 0,52 stellt also die erste Lösung der Gleichung dar. Eine Periode „später“, beim x-Wert von $0,52 + 1 \cdot 2\pi$ ($\approx 6,8$) erreicht das Schaubild jedoch ebenfalls diesen y-Wert. Damit ist 6,8 eine weitere Lösung der Gleichung.
Ebenso gelangt man zu einer weiteren Lösung, indem man beispielsweise 4 Periodenlängen subtrahiert und beim x-Wert $0,52 - 4 \cdot 2\pi \approx -24,61$ landet.
Insgesamt gesehen erhält man aus den beiden Basislösungen $x_1 \approx 0,52$ und $x_2 \approx 2,62$ alle weiteren Lösungen, indem man zu diesen schlicht eine beliebige Anzahl von Periodenlängen (2π) addiert oder subtrahiert, was mathematisch durch $x \approx 0,52 + k \cdot 2\pi$ bzw. $x \approx 2,62 + k \cdot 2\pi$ ausgedrückt wird.
k kann alle positiven und negativen ganzen Zahlen annehmen und steht für die Anzahl der addierten oder subtrahierten Periodenlängen.

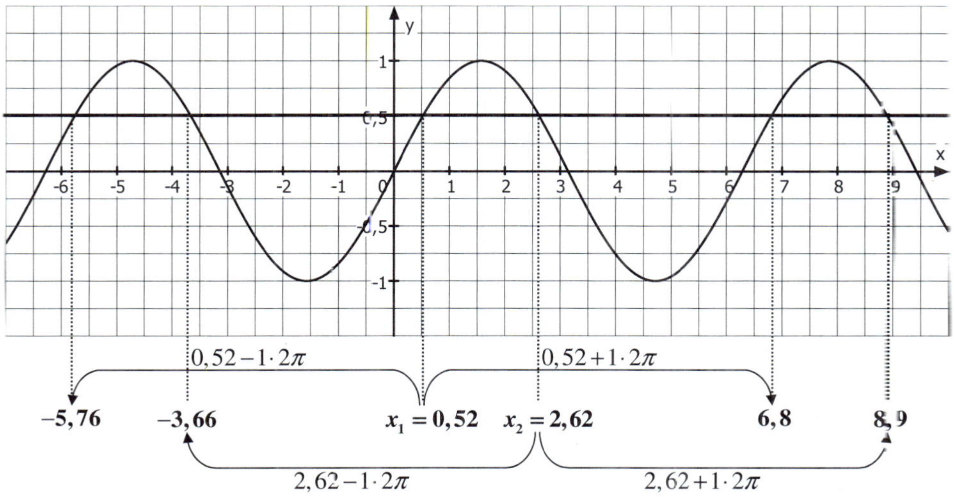

Konkretes Lösungsvorgehen bei trigonometrischen Gleichungen

Das Vorgehen zur Lösung von Sinus- und Kosinusgleichungen erfolgt weitgehend analog.
Ein grundsätzlicher Unterschied besteht lediglich im 2. Schritt bei der Berechung von x_2.
Deshalb werden hier die Gleichungstypen nur anhand von Sinusgleichungen dargestellt.

> **Einziger Unterschied**
>
> Sinusgleichung: $\boldsymbol{x_2 = \pi - x_1}$
>
> Kosinusgleichung: $\boldsymbol{x_2 = 2\pi - x_1}$

Typ 1 **Gegenoperation**	**Typ 1S** **Substitution führt zu** $\left\{\begin{matrix} sin(u) \\ cos(u) \end{matrix}\right\} = ...$
$\sin(x) = 0{,}5 \quad \mid \sin^{-1}$ $x = \sin^{-1}(0{,}5)$ $x_1 = \frac{1}{6}\pi$ (TR) $x_2 = \pi - x_1 = \pi - \frac{1}{6}\pi = \frac{5}{6}\pi$ alle Lösungen: $x = \frac{1}{6}\pi + k \cdot 2\pi$ und $\quad (k = ..., -1, 0, 1, 2, ...)$ $x = \frac{5}{6}\pi + k \cdot 2\pi$	$\sin(2x-1) = 0{,}5$ **Substitution:** $(2x - 1 = u)$ $\sin(u) = 0{,}5 \quad \mid \sin^{-1}$ $u = \sin^{-1}(0{,}5)$ $u_1 = \frac{1}{6}\pi$ (TR) $u_2 = \pi - u_1 = \pi - \frac{1}{6}\pi = \frac{5}{6}\pi$ alle Lösungen: $u = \frac{1}{6}\pi + k \cdot 2\pi$ und $\quad (k = ..., -1, 0, 1, 2, ...)$ $u = \frac{5}{6}\pi + k \cdot 2\pi$ **Rücksubstitution:** $2x - 1 = \frac{1}{6}\pi + k \cdot 2\pi \quad \mid +1$ $2x = \frac{1}{6}\pi + 1 + k \cdot 2\pi \quad \mid :2$ $x = \frac{1}{12}\pi + 0{,}5 + k \cdot \pi$ $x \approx 0{,}76 + k \cdot \pi$ und $\quad (k = ..., -1, 0, 1, 2, ...)$ $2x - 1 = \frac{5}{6}\pi + k \cdot 2\pi \quad \mid +1$ $2x = \frac{5}{6}\pi + 1 + k \cdot 2\pi \quad \mid :2$ $x = \frac{5}{12}\pi + 0{,}5 + k \cdot \pi$ $x \approx 1{,}81 + k \cdot \pi$

http://frv.tv/11

Typ 2 (Satz vom Nullprodukt)

$$(\sin(x))^2 - 0{,}5\sin(x) = 0$$

$$\sin(x) \cdot (\sin(x) - 0{,}5) = 0$$

S. v. Nullpr.

$\sin(x) = 0$	$\sin(x) - 0{,}5 = 0 \quad \vert +0{,}5$
$x = \sin^{-1}(0)$	$\sin(x) = 0{,}5 \quad \vert \sin^{-1}$
$x_1 = 0$ (TR)	$x = \sin^{-1}(0{,}5)$
$x_2 = \pi - 0 = \pi$	$x_3 = \frac{1}{6}\pi$ (TR)
	$x_4 = \pi - \frac{1}{6}\pi = \frac{5}{6}\pi$

alle Lösungen:

$x = 0 + k \cdot 2\pi \qquad x = \frac{1}{6}\pi + k \cdot 2\pi$

und

$x = \pi + k \cdot 2\pi \qquad x = \frac{5}{6}\pi + k \cdot 2\pi$

(mit $k = \ldots, -1, 0, 1, 2, \ldots$)

4. Logarithmusgleichungen (nur LK)

Typ 1
Gegenoperation

Beispiel 1	Beispiel 2
$2\ln(x) - 1 = 5 \quad \vert +1$	$\ln(x-1) - 1 = 0 \quad \vert +1$
$2\ln(x) = 6 \quad \vert :2$	$\ln(x-1) = 1 \quad \vert e^{\cdots}$
$\ln(x) = 3 \quad \vert e^{\cdots}$	$(e^{\ln(x-1)} = e^1)$
$(e^{\ln(x)} = e^3)$	$x - 1 = e \quad \vert +1$
$x = e^3$	$x = e + 1$
$x \approx 20{,}09$	$x \approx 3{,}72$

2.3 Goldene Regeln zum Lösen von Gleichungen

1. Regel: Gleichungen mit einem Parameter

- Eine Gleichung löst man immer nach der Variablen (x) auf, niemals nach dem Parameter (t).
- Der Parameter wird hingegen wie eine Zahl behandelt.
- Zu welchem Typ eine Gleichung gehört, hängt nur von der Variablen, nicht vom Parameter ab. Beispiel: $t^3 - t^2 \cdot e^x + 1 = 0 \rightarrow$ Exponentialgleichung!

2. Regel: Gleichungen und GTR/CAS

- Mit dem GTR können keine Gleichungen gelöst werden, die einen Parameter (t) enthalten. (Dies ist nur mit einem CAS möglich.)
- Gleichungen ohne Parameter dürfen mit dem GTR gelöst werden, falls nicht nach „exakten Lösungen" gefragt wird oder gleichwertige Formulierungen verwendet werden.
- Alle Gleichungen ohne Parameter können mit dem GTR gelöst werden, indem die Schnittpunkte der zugehörigen Schaubilder mit der x-Achse ermittelt werden.

Beispiel: Um die Gleichung $e^x = x^3 + x$ zu lösen, wird diese zu $e^x - x^3 - x = 0$ umgeformt.
Nun wird das Schaubild der Funktion $f(x) = e^x - x^3 - x$ mit dem GTR auf Schnittpunkte mit der x-Achse untersucht: $N_1(1{,}37\,|\,0); N_2(4{,}67\,|\,0)$.
Somit hat die Ausgangsgleichung die beiden Lösungen $x_1 \approx 1{,}37$ und $x_2 \approx 4{,}67$.

3. Regel: Der Satz vom Nullprodukt als wichtiges Werkzeug

- **Wozu?**

Eine schwierige Gleichung kann hiermit in zwei (oder mehr) einfache Gleichungen zerlegt werden.

- **Beispiel** $e^{2x}x^2 - 2x^2 = 0$ *(schwierige Gleichung)*

$$x^2 \cdot (e^{2x} - 2) = 0$$

S. v. Nullpr.

(1. einfache Gleichung)

$$x^2 = 0 \quad |\sqrt{\ }$$
$$x_{1/2} = 0$$

(2. einfache Gleichung)

$$e^{2x} - 2 = 0 \quad |+2$$
$$e^{2x} = 2 \quad |\ln$$
$$2x = \ln(2) \quad |:2$$
$$x_3 = \frac{\ln(2)}{2}$$

- **Wann anwendbar?**

Wenn eine Gleichung in der Form: $\underline{\text{Faktor 1} \cdot \text{Faktor 2} \cdot \ldots = 0}$ gegeben ist, oder durch Ausklammern auf diese Form gebracht werden kann.
Die Gleichung sollte also insbesondere kein Absolutglied („keine Zahl ohne x") enthalten.
„Mischgleichungen" wie $e^x x^2 - 2x^2 = 0$, die beispielsweise sowohl Polynombausteine (x^2) als auch Exponentialbausteine (e^x) enthalten, können in der Regel nur über den Satz vom Nullprodukt von Hand gelöst werden.

- **Weshalb gilt der Satz vom Nullprodukt?**

Wenn zwei Zahlen multipliziert werden, sodass das Ergebnis die Zahl 0 ist, kann dies nur gelingen, wenn die eine oder die andere der beiden Zahlen selbst 0 ist. (*Oder haben Sie ein Gegenbeispiel?*)
Übertragen auf die obige Gleichung $x^2 \cdot (e^{2x} - 2) = 0$ kann das Produkt aus x^2 und $(e^{2x} - 2)$ nur dann zu 0 werden, wenn entweder x^2 oder $(e^{2x} - 2)$ den Wert 0 annimmt. Deshalb werden alle x-Werte berechnet, die mindestens einen dieser beiden Faktoren zu 0 machen.

4. Regel: Das Teilen durch x ist VERBOTEN

- **Falsch**

$$\begin{aligned} 4x^2 &= x \quad && |:x \\ 4x &= 1 && |:4 \\ x &= \frac{1}{4} \end{aligned}$$

- **Grund**

$x_2 = 0$ ist eine weitere Lösung dieser Gleichung (Probe!), diese ging jedoch im Lösungsvorgang „verloren", da durch x geteilt wurde.

- **Stattdessen: Satz vom Nullprodukt**

$$\begin{aligned} 4x^2 &= x \quad && |-x \\ 4x^2 - x &= 0 \\ x \cdot (4x-1) &= 0 \end{aligned}$$

S. v. Nullpr.

$$x_1 = 0 \qquad \begin{aligned} 4x - 1 &= 0 \quad && |+1 \\ 4x &= 1 && |:4 \\ x_2 &= \frac{1}{4} \end{aligned}$$

- **Bemerkung**

Hingegen ist das Teilen durch e^x erlaubt (da $e^x \neq 0$).

2.4 Lineare Gleichungssysteme

1. Lösungsvorgehen (an Beispielen)

Beispiel 1

$$\begin{aligned} 2x_1 + x_2 + x_3 &= 5 \\ -2x_1 + 3x_3 &= -1 \\ 2x_1 + 2x_2 - 2x_3 &= 2 \end{aligned}$$

$$\left(\begin{array}{ccc|c} 2 & 1 & 1 & 5 \\ -2 & 0 & 3 & -1 \\ 2 & 2 & -2 & 2 \end{array}\right) \begin{array}{l} \\ \mathrm{I}+\mathrm{II} \\ \mathrm{II}+\mathrm{III} \end{array}$$

$$\left(\begin{array}{ccc|c} 2 & 1 & 1 & 5 \\ 0 & 1 & 4 & 4 \\ 0 & 2 & 1 & 1 \end{array}\right) \begin{array}{l} \\ \\ 2\cdot\mathrm{II}-\mathrm{III} \end{array}$$

$$\left(\begin{array}{ccc|c} 2 & 1 & 1 & 5 \\ 0 & 1 & 4 & 4 \\ \mathbf{0} & \mathbf{0} & \mathbf{7} & \mathbf{7} \end{array}\right)$$

LGS hat
eindeutige Lösung

$$\begin{aligned} \mathrm{III}:\ 7x_3 &= 7 \\ x_3 &= 1 \end{aligned}$$

$$\begin{aligned} \text{in II}:\ x_2 + 4\cdot 1 &= 4 \\ x_2 &= 0 \end{aligned}$$

$$\begin{aligned} \text{in I}:\ 2x_1 + 0 + 1 &= 5 \\ x_1 &= 2 \end{aligned}$$

Lösungsvektor: $\vec{x} = \begin{pmatrix} 2 \\ 0 \\ 1 \end{pmatrix}$

Beispiel 2

$$\begin{aligned} 2x_1 - 2x_2 + x_3 &= -2 \\ x_1 - x_3 &= 1 \\ -x_1 - 2x_2 + 4x_3 &= 0 \end{aligned}$$

$$\left(\begin{array}{ccc|c} 2 & -2 & 1 & -2 \\ 1 & 0 & -1 & 1 \\ -1 & -2 & 4 & 0 \end{array}\right) \begin{array}{l} \\ \mathrm{I}-2\cdot\mathrm{II} \\ \mathrm{II}+\mathrm{III} \end{array}$$

$$\left(\begin{array}{ccc|c} 2 & -2 & 1 & -2 \\ 0 & -2 & 3 & -4 \\ 0 & -2 & 3 & 1 \end{array}\right) \begin{array}{l} \\ \\ \mathrm{II}-\mathrm{III} \end{array}$$

$$\left(\begin{array}{ccc|c} 2 & -2 & 1 & -2 \\ 0 & -2 & 3 & -4 \\ \mathbf{0} & \mathbf{0} & \mathbf{0} & \mathbf{-5} \end{array}\right)$$

LGS hat
keine Lösung

da $\mathrm{III}:\ 0x_3 = -5$
(Widerspruch)

Beispiel 3

$$\begin{aligned} 2x_1 - 3x_2 + 4x_3 &= 1 \\ -2x_1 + 2x_2 - 2x_3 &= 2 \\ x_1 - x_2 + x_3 &= -1 \end{aligned}$$

$$\left(\begin{array}{ccc|c} 2 & -3 & 4 & 1 \\ -2 & 2 & -2 & 2 \\ 1 & -1 & 1 & -1 \end{array}\right) \begin{array}{l} \\ \mathrm{I}+\mathrm{II} \\ \mathrm{I}-2\cdot\mathrm{III} \end{array}$$

$$\left(\begin{array}{ccc|c} 2 & -3 & 4 & 1 \\ 0 & -1 & 2 & 3 \\ 0 & -1 & 2 & 3 \end{array}\right) \begin{array}{l} \\ \\ \mathrm{II}-\mathrm{III} \end{array}$$

$$\left(\begin{array}{ccc|c} 2 & -3 & 4 & 1 \\ 0 & -1 & 2 & 3 \\ \mathbf{0} & \mathbf{0} & \mathbf{0} & \mathbf{0} \end{array}\right)$$

LGS hat
unendlich viele Lösungen

Setzen von $x_3 = t \quad (t \in \mathbb{R})$

in II:

$$\begin{aligned} -x_2 + 2t &= 3 \\ -x_2 &= -2t + 3 \\ x_2 &= 2t - 3 \end{aligned}$$

in I:

$$\begin{aligned} 2x_1 - 3\cdot(2t-3) + 4t &= 1 \\ 2x_1 - 6t + 9 + 4t &= 1 \\ 2x_1 &= 2t - 8 \\ x_1 &= t - 4 \end{aligned}$$

Lösungsvektor:

$$\vec{x} = \begin{pmatrix} t-4 \\ 2t-3 \\ t \end{pmatrix};\ t \in \mathbb{R}$$

Hinweis: Sobald bei zwei Gleichungen in der ersten Spalte eine Null steht, sollte nur noch mit diesen beiden Gleichungen gerechnet werden. Grund: Wenn die andere Gleichung mit einbezogen wird, verschwindet eine Null aus der ersten Spalte wieder.

http://frv.tv/3o

2. Übersicht (vereinfacht)

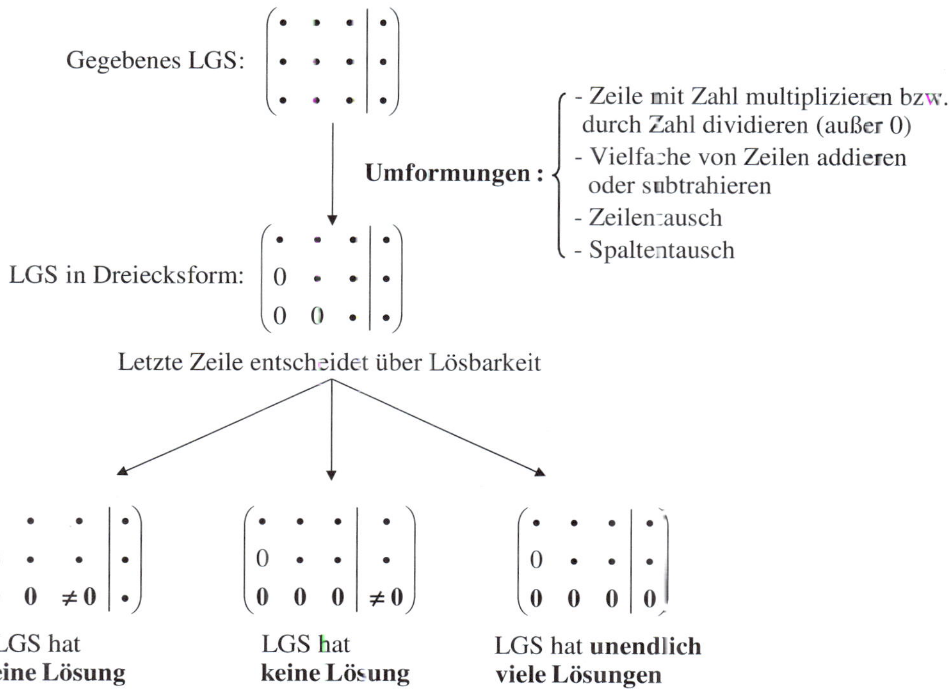

3. Eingabe in GTR/CAS (am Beispiel 1)

$$\left(\begin{array}{ccc|c} 2 & 1 & 1 & 5 \\ -2 & 0 & 3 & -1 \\ 2 & 2 & -2 & 2 \end{array}\right) \to \text{Befehl: } \mathbf{Rref} \to \left(\begin{array}{ccc|c} 1 & 0 & 0 & 2 \\ 0 & 1 & 0 & 0 \\ 0 & 0 & 1 & 1 \end{array}\right) \begin{array}{l} \Rightarrow x_1 = 2 \\ \Rightarrow x_2 = 0 \\ \Rightarrow x_3 = 1 \end{array}$$

Bemerkungen

- Vor allem in der Vektorgeometrie werden oft LGS behandelt, die mehr (oder weniger) Variablen als Gleichungen enthalten. Hier ist bzgl. der GTR/CAS-Ausgabe zu beachten:
1. Bei einer Zeile: **0 0 ... 0 | 1** liegt **stets** ein **unlösbares** LGS vor.
2. Bei einer Zeile: **0 0 ... 0 | 0** (Nullzeile) liegt **meistens** ein LGS mit **unendlich vielen** Lösungen vor. Ausnahme: Falls in der GTR/CAS-Ausgabe genau so viele Nicht-nullzeilen wie Variablen vorhanden sind, ist das LGS eindeutig lösbar (z.B. S. 85).
- Falls auf der „rechten Seite“ eines LGS alle Zahlen den Wert 0 haben, wird das LGS als **homogen** bezeichnet. Ein homogenes LGS hat entweder eine eindeutige Lösung oder unendlich viele Lösungen, aber niemals keine Lösung. Falls ein homogenes LGS eine eindeutige Lösung hat, lautet diese stets $x_1 = 0;\ x_2 = 0;\ x_3 = 0$.

3. Differenzialrechnung

3.1 Ableitungsregeln

Nr.	Beispiel	Vorgehen
Elementarregeln		
1	$f(x) = x^5$ $f'(x) = 5 \cdot x^{5-1} = 5x^4$ $f(x) = x^2$ $f'(x) = 2 \cdot x^1 = 2x$ $f(x) = x$ $f'(x) = 1 \cdot x^0 = 1 \cdot 1 = 1$ $f(x) = \frac{1}{x^2} = x^{-2}$ $f'(x) = -2 \cdot x^{-3} = -\frac{2}{x^3}$ $f(x) = \sqrt{x} = x^{\frac{1}{2}}$ $f'(x) = \frac{1}{2} \cdot x^{-\frac{1}{2}} = \frac{1}{2 \cdot x^{\frac{1}{2}}} = \frac{1}{2 \cdot \sqrt{x}}$	$f(x) = x^{Exponent}$ $f'(x) = Exponent \cdot x^{Exponent-1}$ (Potenzregel) **Vor dem Ableiten** $\frac{1}{x^n} = x^{-n}$ $\sqrt{x} = x^{\frac{1}{2}}$
2	$f(x) = e^x$ $f'(x) = e^x$	*Abschreiben*
3	$f(x) = \ln(x)$ $f'(x) = \frac{1}{x}$ (nur LK)	*„In den Nenner"*
4	$f(x) = \sin(x)$ $f'(x) = \cos(x)$	sin ↗ ↘ −cos cos ↖ ↙ −sin (*Im Uhrzeigersinn!*)
5	$f(x) = \cos(x)$ $f'(x) = -\sin(x)$	

Nr.	Beispiel	Vorgehen
Vorgehensregeln		
6	$f(x) = \mathbf{3} \cdot x^2$ $f'(x) = \mathbf{3} \cdot 2x = 6x$	*„Zahlen“ mit · oder : „bleiben“* (Faktorregel)
7	$f(x) = x^2 + \mathbf{2}$ $f'(x) = 2x$	*„Zahlen“ mit + oder – „verschwinden“*
8	$f(x) = x^2 - 4x$ $f'(x) = 2x - 4$	*+ und – Zeichen unterteilen die Funktion in Teilfunktionen, welche einzeln abgeleitet werden* (Summenregel)

Hinweis : Ableiten bei Funktionenscharen

Der Parameter t wird beim Ableiten wie eine Zahl und nicht wie die Variable x behandelt.

Beispiel: $f_t(x) = t^2 x^3 + t$

$f_t'(x) = 3t^2 x^2$

Nr.	Beispiel	Vorgehen
Produktregel		
9	$f(x) = x^2 \cdot \sin(x)$ $f'(x) = 2x \cdot \sin(x) + x^2 \cdot \cos(x)$	$f(x) = u(x) \cdot v(x)$ $f'(x) = u'(x) \cdot v(x) + u(x) \cdot v'(x)$ *Ableiten · Abschreiben + Abschreiben · Ableiten*

Aber: Die Produktregel nur dann anwenden, wenn zwei Faktoren, die **beide *x*** enthalten, miteinander **multipliziert** werden.

$f(x) = 3x + \sin(x)$
$f'(x) = 3 + \cos(x)$
(Keine Produktregel, da keine Multiplikation)

$f(x) = 3 \cdot \sin(x)$
$f'(x) = 3 \cdot \cos(x)$
(Produktregel unnötig, Faktor 3 enthält kein x)

$f(x) = 3x \cdot \sin(x)$
$f'(x) = 3 \cdot \sin(x) + 3x \cdot \cos(x)$
(Produktregel)

Nr.	Beispiel	Vorgehen
	Anwendungen der Kettenregel	
10	$f(x) = (2x+3)^5$ $f'(x) = 5\cdot(2x+3)^4\cdot 2$ $= 10\cdot(2x+3)^4$ $f(x) = \frac{1}{(x^2+3)^5}$ $= (x^2+3)^{-5}$ $f'(x) = -5\cdot(x^2+3)^{-6}\cdot 2x$ $= -\frac{10x}{(2x+3)^6}$	$f(x) = (Klammerinhalt)^{Exponent}$ $f'(x) = Exponent\cdot(Klammerinhalt)^{Exponent-1}\cdot$ *Klammerinhalt abgeleitet*
11	$f(x) = e^{2x+3}$ $f'(x) = e^{2x+3}\cdot 2$	$f(x) = e^{Exponent}$ $f'(x) = e^{Exponent}\cdot$ *Exponent abgeleitet*
12	$f(x) = \ln(2x+3)$ $f'(x) = \frac{1}{2x+3}\cdot 2$ (nur LK)	$f(x) = \ln(Klammerinhalt)$ $f'(x) = \frac{1}{Klammerinhalt}\cdot$ *Klammerinhalt abgeleitet*
13	$f(x) = \sin(2x+3)$ $f'(x) = \cos(2x+3)\cdot 2$	$f(x) = \sin(Klammerinhalt)$ $f'(x) = \cos(Klammerinhalt)\cdot$ *Klammerinhalt abgeleitet*
14	$f(x) = \cos(2x+3)$ $f'(x) = -\sin(2x+3)\cdot 2$	$f(x) = \cos(Klammerinhalt)$ $f'(x) = -\sin(Klammerinhalt)\cdot$ *Klammerinhalt abgeleitet*

Die allgemeine Kettenregel, aus welcher sich die Regeln 10-14 ergeben, lautet:

$$f(x) = u(v(x))$$

$$f'(x) = \underbrace{u'(v(x))}_{\text{Äußere Abl.}} \cdot \underbrace{v'(x)}_{\text{Innere Abl.}}$$

3.2 Tangente und Normale

1. Aufgabentyp

Gegeben ist die Funktion f mit $f(x)=x^2+0,5$.
Bei dem x-Wert 1 werden eine Tangente und eine Normale an das Schaubild angelegt.
Berechnen Sie deren Gleichungen.

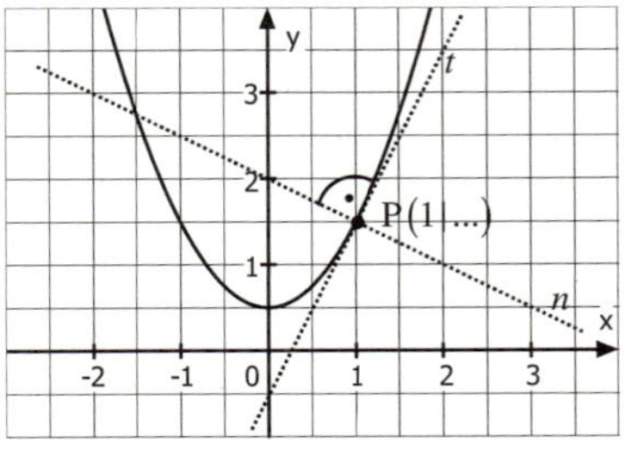

Tangente im Kurvenpunkt (geg. $f(x)$ und x-Wert des Kurvenpunktes)	**Normale im Kurvenpunkt** (geg. $f(x)$ und x-Wert des Kurvenpunktes)
Vorgehen **1. y - Wert des Kurvenpunktes berechnen** $f(1)=1^2+0,5=1,5 \quad \rightarrow \mathrm{P}(1\,\|\,1,5)$ **2. Tangentensteigung berechnen** $f'(x)=2x$ $f'(1)=2\cdot 1=2 \quad (=m_t)$ **3. Tangentengleichung berechnen** $y=m_t\cdot x+b$ $1,5=2\cdot 1+b$ $1,5=2+b \quad \|-2$ $-0,5=b$ $\Rightarrow$ Tangente: $y=2x-0,5$ $\left(\begin{array}{l}\text{Alternativ mit:}\\ y=f'(u)\cdot(x-u)+f(u)\end{array}\right)$ **Hinweis:** Diese Aufgabenstellung kann direkt mithilfe des **GTR/CAS** bearbeitet werden.	**Vorgehen** **1. y - Wert des Kurvenpunktes berechnen** $f(1)=1^2+0,5=1 \quad \rightarrow \mathrm{P}(1\,\|\,1,5)$ **2. Tangentensteigung berechnen** $f'(x)=2x$ $f'(1)=2\cdot 1=2 \quad (=m_t)$ **3. Normalensteigung berechnen** **(senkrecht zu m_t $\rightarrow$ neg. Kehrwert)** $m_n=-\frac{1}{m_t}=-\frac{1}{2}=-0,5$ **4. Normalengleichung berechnen** $y=m_n\cdot x+b$ $1,5=-0,5\cdot 1+b$ $1,5=-0,5+b \quad \|+0,5$ $2=b$ $\Rightarrow$ Normale: $y=-0,5x+2$ $\left(\begin{array}{l}\text{Alternativ mit:}\\ y=-\frac{1}{f'(u)}\cdot(x-u)+f(u)\end{array}\right)$

http://frv.tv/1p

2. Aufgabentyp

Gegeben ist die Funktion f mit $f(x) = x^2 + 0,5$.
Eine Tangente und eine Normale, jeweils mit Steigung 2, werden an das Schaubild angelegt. Berechnen Sie deren Gleichungen.

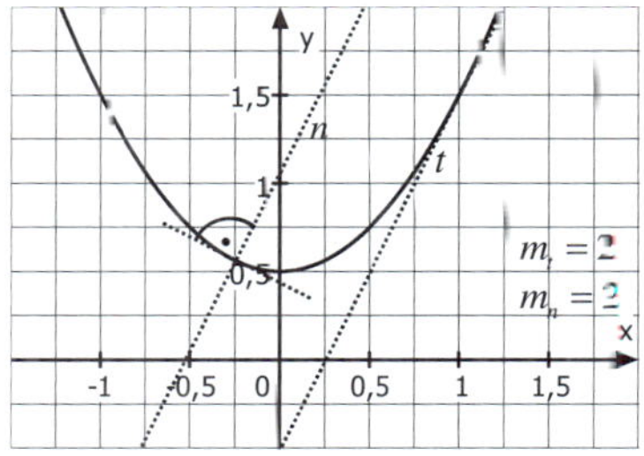

Tangente mit gegebener Steigung (geg. $f(x)$ und Steigung der Tangente)	**Normale mit gegebener Steigung** (geg. $f(x)$ und Steigung der Normale)
Vorgehen	**Vorgehen**
	1. Zu m_n senkrechte Steigung berechnen $m = -\frac{1}{m_n} = -\frac{1}{2} = -0,5$
1. $f'(x) = m_t$ liefert x - Wert des Kurvenpunktes $f'(x) = 2x$ $f'(x) = m_t$ $2x = 2$ $x = 1$ *(An dieser Stelle hat die Parabel die gegebene Steigung.)*	**2. $f'(x) = m$ liefert x - Wert des Kurvenpunktes** $f'(x) = 2x$ $f'(x) = m$ $2x = -0,5$ $x = -0,25$ *(An dieser Stelle hat die Parabel die Steigung $-0,5$ und ist damit senkrecht zur gesuchten Normalen.)*
2. y - Wert des Kurvenpunktes berechnen $f(1) = 1^2 + 0,5 = 1,5 \quad \rightarrow B(1\|1,5)$	**3. y - Wert des Kurvenpunktes berechnen** $f(-0,25) = (-0,25)^2 + 0,5 = 0,5625$ $\rightarrow P(-0,25\|0,5625)$
3. Tangentengleichung berechnen $y = m_t \cdot x + b$ $1,5 = 2 \cdot 1 + b$ $1,5 = 2 + b \quad \|-2$ $-0,5 = b$ $\Rightarrow$ Tangente: $y = 2x - 0,5$	**4. Normalengleichung berechnen** $y = m_n \cdot x + b$ $0,5625 = 2 \cdot (-0,25) + b$ $0,5625 = -0,5 + b \quad \|+0,5$ $1,0625 = b$ $\Rightarrow$ Normale: $y = 2x + 1,0625$

3.3 Schnittpunkte (Berührpunkt, senkrechter Schnitt, Schnittwinkel)

Zwischen Schaubild und x - Achse $\left(\textbf{Ansatz}: f(x)=0\right)$		
Berührpunkt	**Senkrechter Schnitt**	**Schnittwinkel**
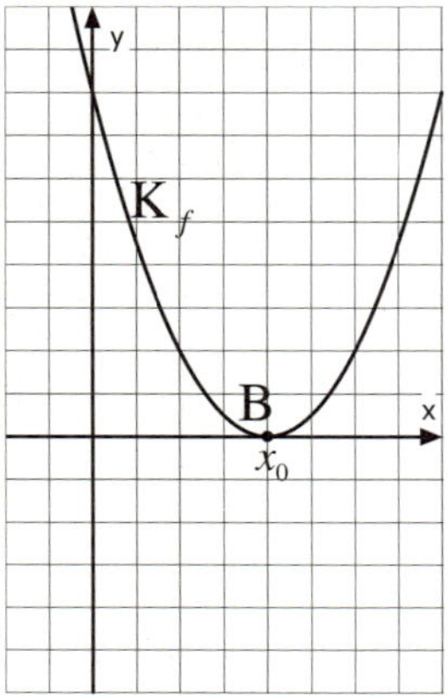 	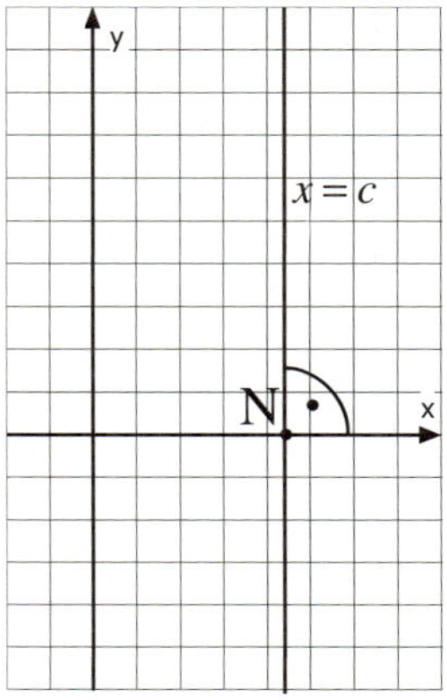 	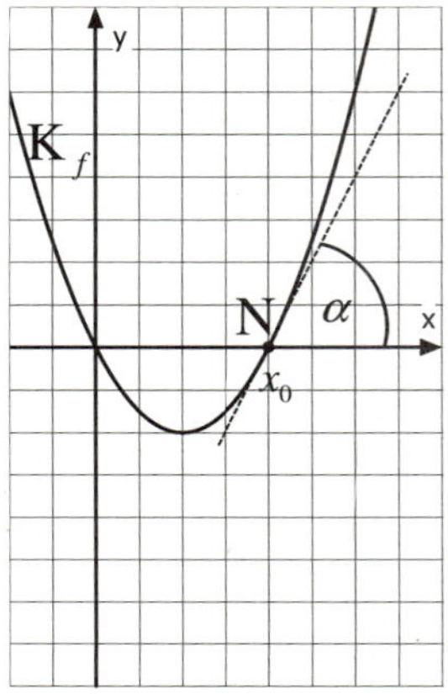
Beschreibung mit $f'(x)$ Hier gelten: **1. $f(x_0)=0$ (*Nullstelle*)** **2. $f'(x_0)=0$ (*Steigung* 0)** bzw. **Beschreibung ohne $f'(x)$** (für ganzrat. Funktionen) x_0 ist **doppelte** (bzw. dreifache oder vierfache, S. 11) **Lösung von $f(x)=0$** (*Diskriminante = 0 bei quadratischer Gleichung für doppelte Lösung!*)	**Bemerkung** Bei Geraden, die parallel zur y-Achse verlaufen, möglich. (z.B. $x=2,2$)	**Vorgehen zur Berechnung** **1. m berechnen** $f'(x_0)=m$ (Steigung K_f) **2. α berechnen** $m=\tan(\alpha)$ $\quad \vert \tan^{-1}$ $\alpha=\left\vert\tan^{-1}(m)\right\vert$ ($\vert\ \vert$ *steht für den Betrag. Dieser wird verwendet, da das Vorzeichen des Winkels nicht relevant ist.*) **Achtung** GTR/CAS hierfür von Bogenmaß (*rad*) auf Winkelmaß (*deg*) stellen!

http://frv.tv/1r

Zwischen zwei Schaubildern $\left(\textbf{Ansatz: } f(x) = g(x)\right)$

Berührpunkt

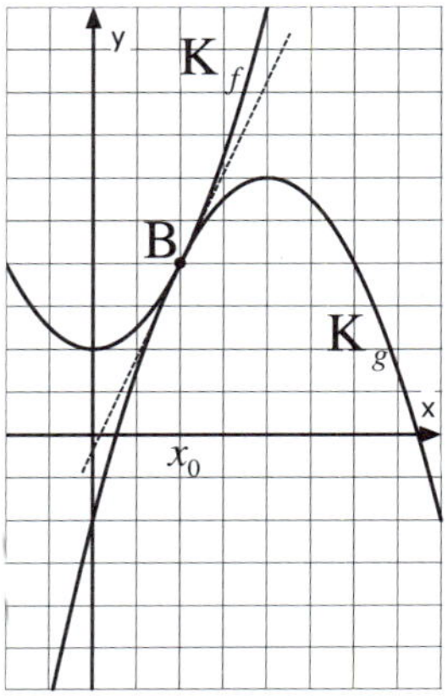

Beschreibung mit $f'(x)$

Hier gelten:

1. $f(x_0) = g(x_0)$
(gemeinsamer Punkt)

2. $f'(x_0) = g'(x_0)$
(gleiche Steigung)

bzw.

Beschreibung ohne $f'(x)$
(für ganzrat. Funktionen)

x_0 ist **doppelte** (bzw. dreifache oder vierfache)
Lösung von $f(x) = g(x)$
(Diskriminante = 0 bei quadratischer Gleichung für doppelte Lösung!)

Senkrechter Schnitt

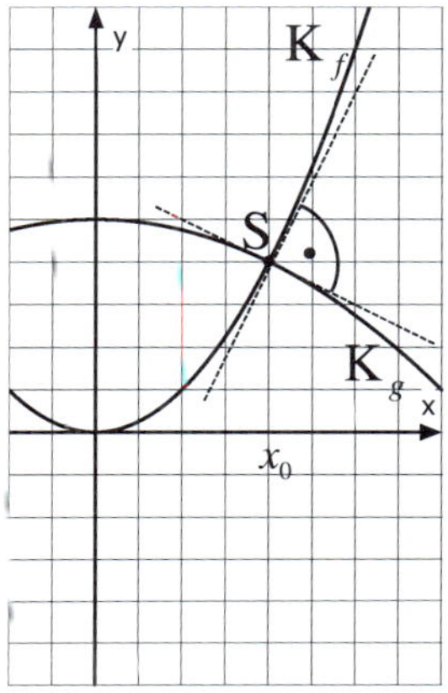

Beschreibung (mit $f'(x)$)

Hier gelten:

1. $f(x_0) = g(x_0)$
(gemeinsamer Punkt)

2. $f'(x_0) = \dfrac{-1}{g'(x_0)}$

(allg. $m_2 = \dfrac{-1}{m_1}$ *bzw.*
Steigungen sind negative Kehrwerte voneinander)

Schnittwinkel

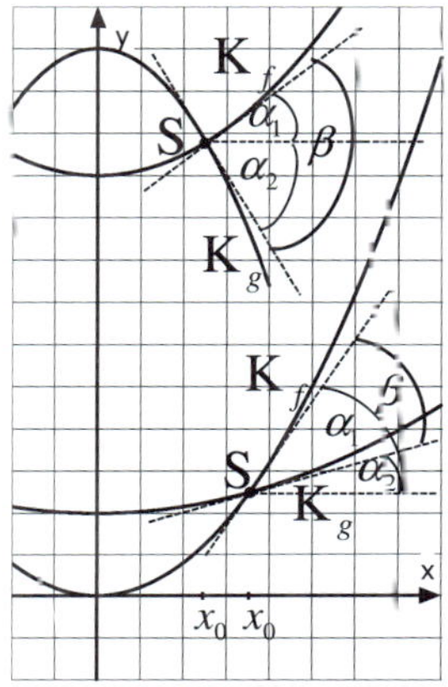

Vorgehen zur Berechnung

1. m_1 und m_2 berechnen
$f'(x_0) = m_1$ *(Steigung* K_f*)*
$g'(x_0) = m_2$ *(Steigung* K_g*)*

2. α_1 und α_2 berechnen
$m_1 = \tan(\alpha_1)$ $\quad | \tan^{-1}$
$\alpha_1 = \left|\tan^{-1}(m_1)\right|$
(Steigungswinkel K_f*)*
$m_2 = \tan(\alpha_2)$ $\quad | \tan^{-1}$
$\alpha_2 = \left|\tan^{-1}(m_2)\right|$
(Steigungswinkel K_g*)*

3. β berechnen
$\beta = \alpha_1 + \alpha_2$ *(oberes Bsp.)*
bzw.
$\beta = \alpha_1 - \alpha_2$ *(unteres Bsp.)*

Alternativ kann auch mit nachfolgender Formel gearbeitet werden:

$$\beta = \tan^{-1}\left|\frac{f'(x_0) - g'(x_0)}{1 + f'(x_0) \cdot g'(x_0)}\right|$$

3.4 Monotonie

(Vereinfachte) Definition	Beispiel
Gilt am x-Wert: $\boldsymbol{x_0}$ $f'(x_0) > 0$ → so nennt man die Funktion hier → **streng monoton steigend** → Männchen geht bergauf $f'(x_0) < 0$ → so nennt man die Funktion hier → **streng monoton fallend** → Männchen geht bergab	**Einzunehmende Perspektive**: Sie sehen **von der Seite** auf das Männchen, welches ein hügeliges Gelände durchläuft. Das Gelände sehen Sie im Profil. 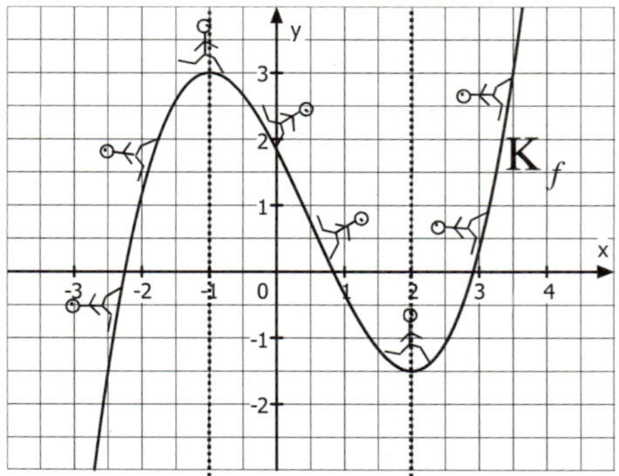 streng monoton steigend: $f'(x) > 0$ | streng monoton fallend: $f'(x) < 0$ | streng monoton steigend: $f'(x) > 0$ 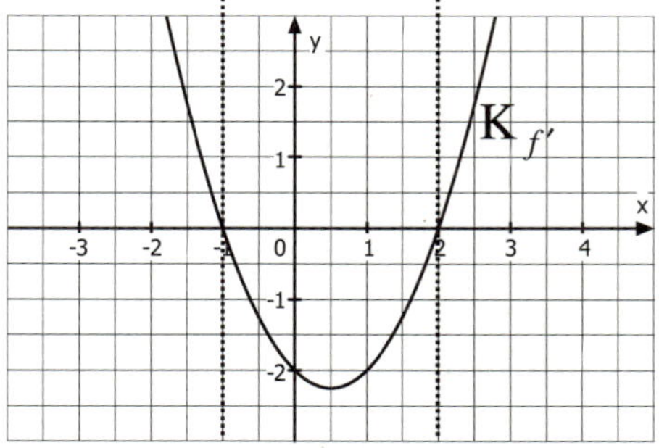

„Normale" Monotonie

Die Funktion ist nicht (überall) streng monoton steigend, jedoch (überall) monoton steigend.
Unterschied zwischen „normaler" und strenger Monotonie?
Bei normaler Monotonie sind auch Stellen, an welchen das Schaubild die **Steigung 0** besitzt, **erlaubt**.

$f'(x_0) \geq 0 \rightarrow$ monoton steigend
$f'(x_0) \leq 0 \rightarrow$ monoton fallend

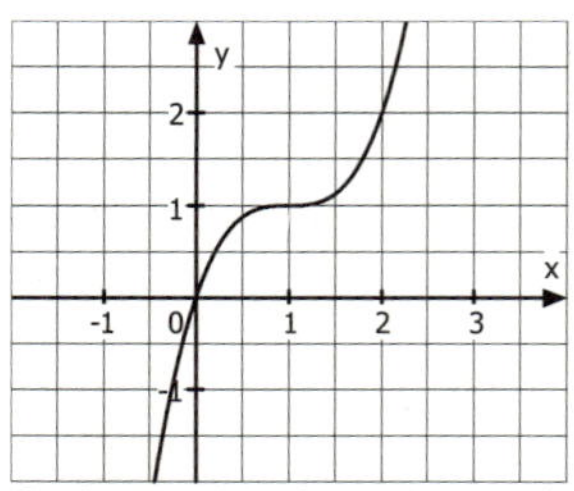

Steigung 0 bei $x = 1$

http://frv.tv/1s

3.5 Krümmung

(Vereinfachte) Definition

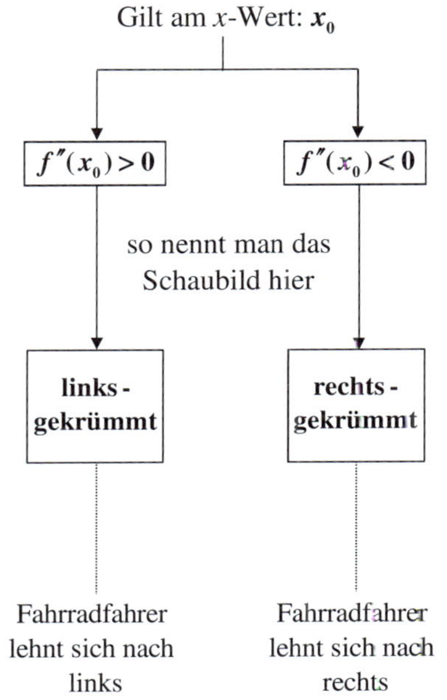

Beispiel

Einzunehmende Perspektive:
Sie sehen **von oben (Vogelperspektive)** auf den Fahrradfahrer, welcher eine kurvige Straße durchfährt und sich hierbei zunächst nach rechts, dann nach links lehnt.

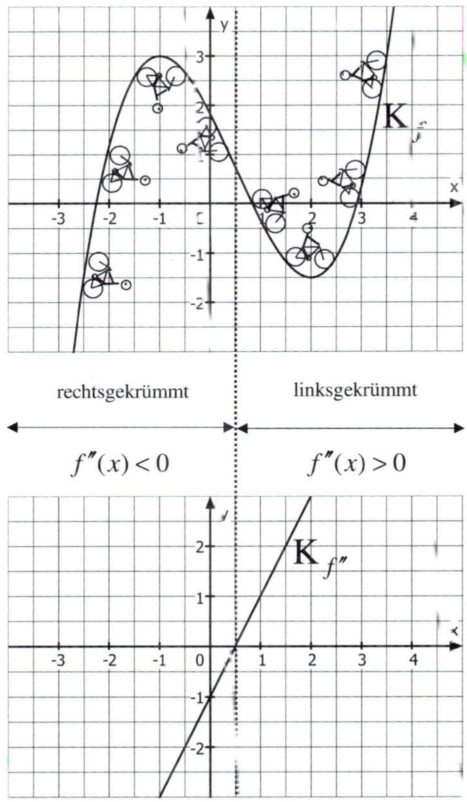

$f''(x)$ n**e**gativ $\Rightarrow$ r**e**chtsgekrümmt
($f''(x)$ pos**i**tiv $\Rightarrow$ l**i**nksgekrümmt)

3.6 Extrempunkte (Hochpunkte und Tiefpunkte)

Vorgehen zur Ermittlung von Hoch- und Tiefpunkten (am Beispiel)	
1. Schritt: $\boldsymbol{f'(x)=0}$ Stellen mit waagrechter Tangente (Steigung von 0) ermitteln.	$f(x)=\frac{1}{3}x^3-\frac{1}{2}x^2-2x+\frac{11}{6}$ (Beispiel) $f'(x)=x^2-x-2$ $f''(x)=2x-1$ $\boldsymbol{f'(x)=0}$ $x^2-x-2=0$ $x_{1/2}=\frac{-(-1)\pm\sqrt{(-1)^2-4\cdot1\cdot(-2)}}{2\cdot1}$ $=\frac{1\pm\sqrt{1+8}}{2}=\frac{1\pm3}{2}$ $\Rightarrow \boldsymbol{x_1=-1;\ x_2=2}$
2. Schritt: Einsetzen in $\boldsymbol{f''(x)}$ Falls $\begin{cases}\boldsymbol{f''(x)<0}\\\boldsymbol{f''(x)>0}\end{cases}$ liegt $\begin{cases}\textbf{Hochpunkt}\\\textbf{Tiefpunkt}\end{cases}$ vor.	$f''(-1)=2\cdot(-1)-1=-3$ $\boldsymbol{<0}$ $\rightarrow$ **H** $f''(2)=2\cdot2-1=3$ $\boldsymbol{>0}$ $\rightarrow$ **T**
3. Schritt: Einsetzen in $\boldsymbol{f(x)}$ y-Koordinaten der Hoch- bzw. Tiefpunkte bestimmen.	$\boldsymbol{f(-1)}=\frac{1}{3}\cdot(-1)^3-\frac{1}{2}\cdot(-1)^2-2\cdot(-1)+\frac{11}{6}$ $=\boldsymbol{3}$ $\rightarrow$ $\boldsymbol{H(-1\,\vert\,3)}$ $\boldsymbol{f(2)}=\frac{1}{3}\cdot2^3-\frac{1}{2}\cdot2^2-2\cdot2+\frac{11}{6}$ $=\boldsymbol{-1{,}5}$ $\rightarrow$ $\boldsymbol{T(2\,\vert\,-1{,}5)}$

Alternative zum 2. Schritt: Untersuchung auf Vorzeichenwechsel

Hat f' eine Nullstelle mit Vorzeichenwechsel, dann hat das Schaubild von f hier einen Extrempunkt.

Bei einem Vorzeichenwechsel von $\begin{cases}+\text{ nach }-\\-\text{ nach }+\end{cases}$ liegt ein $\begin{cases}\text{Hochpunkt}\\\text{Tiefpunkt}\end{cases}$ vor.

z.B. bei $x_2=2$:

$f'(1)=1^2-1-2=-2\ <0$

$f'(3)=3^2-3-2=4\ >0$

VZW von $-$ nach $+$

$\Rightarrow$ somit Tiefpunkt

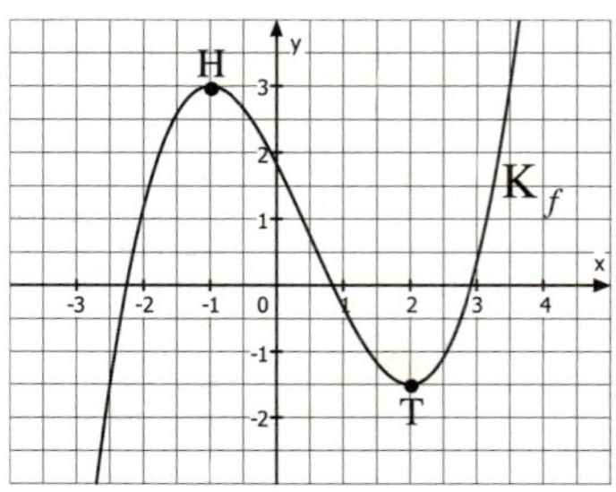

http://frv.tv/1t

3.7 Wendepunkte

Vorgehen zur Ermittlung von Wendepunkten (am Beispiel)	
1. Schritt: $f''(x)=0$ Stellen „ohne Krümmung" ermitteln.	$f(x)=\frac{1}{3}x^3-\frac{1}{2}x^2-2x+\frac{11}{6}$ (Beispiel) $f'(x)=x^2-x-2$ $f''(x)=2x-1$ $f'''(x)=2$ $\mathbf{f''(x)=0}$ $2x-1=0 \quad \vert +1$ $2x=1 \quad \vert :2$ $\mathbf{x=0,5}$
2. Schritt: Einsetzen in $f'''(x)$ Wendepunkt, falls $f'''(x)\neq 0$.	$f'''(0,5)=2 \quad \neq 0 \quad \rightarrow$ **W**
3. Schritt: Einsetzen in $f(x)$ y-Koordinaten der Wendepunkte bestimmen.	$f(0,5)=\frac{1}{3}\cdot 0,5^3-\frac{1}{2}\cdot 0,5^2-2\cdot 0,5+\frac{11}{6}$ $=\mathbf{0,75} \rightarrow \mathbf{W(0,5 \mid 0,75)}$

Alternative zum 2. Schritt: Untersuchung auf Vorzeichenwechsel

Hat f'' eine Nullstelle mit Vorzeichenwechsel, dann hat das Schaubild von f hier einen Wendepunkt.

am Beispiel: $x=0,5$:

$f''(0)=2\cdot 0-1=-1 \quad <0$

$f''(1)=2\cdot 1-1=1 \quad >0$

VZW

$\Rightarrow$ somit Wendepunkt

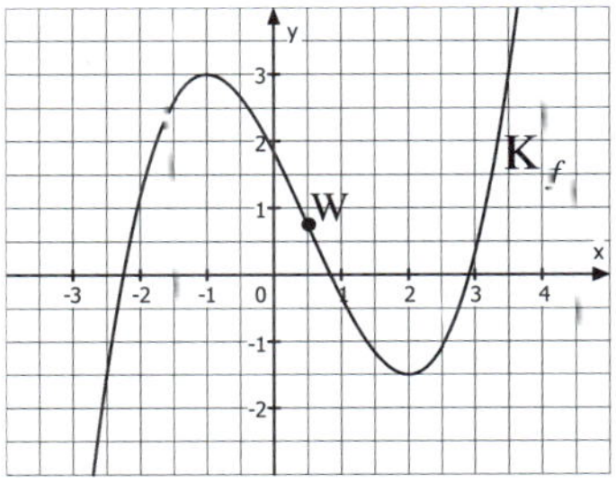

Bemerkungen

- Als **Wendetangente** wird eine Tangente bezeichnet, welche das Schaubild im Wendepunkt berührt. Die **Wendenormale** steht senkrecht zur Wendetangente und verläuft ebenfalls durch den Wendepunkt.
- An einer **Wendestelle** hat das Schaubild entweder die **größte** oder die **kleinste Steigung**. Das Schaubild von f' hat hier deshalb entweder einen Hochpunkt oder einen Tiefpunkt.

http://frv.tv/1u

3.8 Sattelpunkte

Ein Sattelpunkt ist ein **Wendepunkt mit waagrechter Tangente**, also mit einer Steigung von 0.
Somit hat ein Sattelpunkt neben den Eigenschaften eines Wendepunktes $\left(f''(x)=0 \text{ und } f'''(x)\neq 0\right)$ noch die **zusätzliche Eigenschaft** $\boldsymbol{f'(x)=0}$.

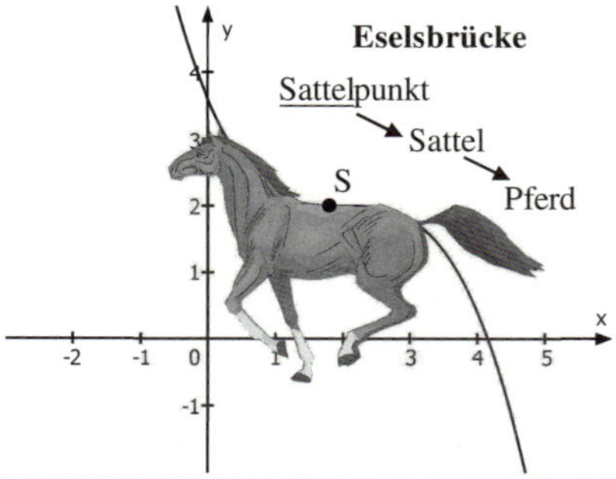

Vorgehen zur Ermittlung von Sattelpunkten (am Beispiel)

(1. bis 3. Schritt: Ebenso wie bei der Ermittlung von Wendepunkten)

1. Schritt: $\boldsymbol{f''(x)=0}$ Stellen „ohne Krümmung" ermitteln.	$f(x)=\frac{1}{4}x^4-\frac{2}{3}x^3+2$ (Beispiel) $f'(x)=x^3-2x^2$ $f''(x)=3x^2-4x$ $f'''(x)=6x-4$ $\boldsymbol{f''(x)=0}$ $3x^2-4x=0$ $x\cdot(3x-4)=0$ **S. v. Nullpr.** $\boldsymbol{x_1=0}$ $3x-4=0$ $3x=4$ $\boldsymbol{x_2=\frac{4}{3}}$
2. Schritt: Einsetzen in $\boldsymbol{f'''(x)}$ Wendepunkt, falls $\boldsymbol{f'''(x)\neq 0}$.	$\boldsymbol{f'''(0)}=6\cdot 0-4=-4$ $\boldsymbol{\neq 0 \rightarrow W}$ $\boldsymbol{f'''\left(\frac{4}{3}\right)}=6\cdot\frac{4}{3}-4=4$ $\boldsymbol{\neq 0 \rightarrow W}$
3. Schritt: Einsetzen in $\boldsymbol{f(x)}$ y-Koordinaten der Wendepunkte bestimmen.	$\boldsymbol{f(0)}=\frac{1}{4}\cdot 0^4-\frac{2}{3}\cdot 0^3+2=\boldsymbol{2}$ $\boldsymbol{\rightarrow W(0\mid 2)}$ $\boldsymbol{f\left(\frac{4}{3}\right)}=\frac{1}{4}\cdot\left(\frac{4}{3}\right)^4-\frac{2}{3}\cdot\left(\frac{4}{3}\right)^3+2=\boldsymbol{\frac{98}{81}}$ $\boldsymbol{\rightarrow W\left(\frac{4}{3}\mid\frac{98}{81}\right)}$

(4. Schritt: **Zusätzlich**)

4. Schritt: Gilt $\boldsymbol{f'(x)=0}$**?** In diesem Fall liegt ein Sattelpunkt vor. Ansonsten handelt es sich um einen „gewöhnlichen" Wendepunkt.	$\boldsymbol{f'(0)}=0^3-2\cdot 0^2$ $\boldsymbol{=0 \rightarrow S(0\mid 2)}$ $\boldsymbol{f'\left(\frac{4}{3}\right)}=\left(\frac{4}{3}\right)^3-2\cdot\left(\frac{4}{3}\right)^2=-\frac{32}{27}$ $\boldsymbol{\neq 0} \rightarrow$ W

Im Koordinatensystem finden Sie das Schaubild der Funktion f mit $f(x)=\frac{1}{4}x^4-\frac{2}{3}x^3+2$ und den berechneten Sattelpunkt.

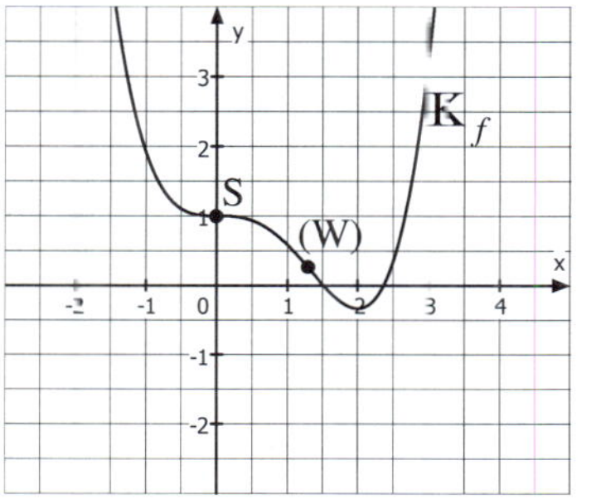

Jeder Sattelpunkt ist auch ein Wendepunkt, aber nicht jeder Wendepunkt ist auch ein Sattelpunkt!

Alternative Ermittlung von Sattelpunkten bei ganzrationalen Funktionen

Grundsätzlich gilt :

Falls das Schaubild der Ableitungsfunktion f' an einem bestimmten x-Wert eine doppelte Nullstelle (gerade Vielfachheit) aufweist, besitzt das Schaubild der Funktion f an diesem x-Wert einen Sattelpunkt (S. 52).

Untersuchung auf Sattelpunkte

$f(x)=\frac{1}{4}x^4-\frac{2}{3}x^3+2$ (Beispiel)

$f'(x)=x^3-2x^2$

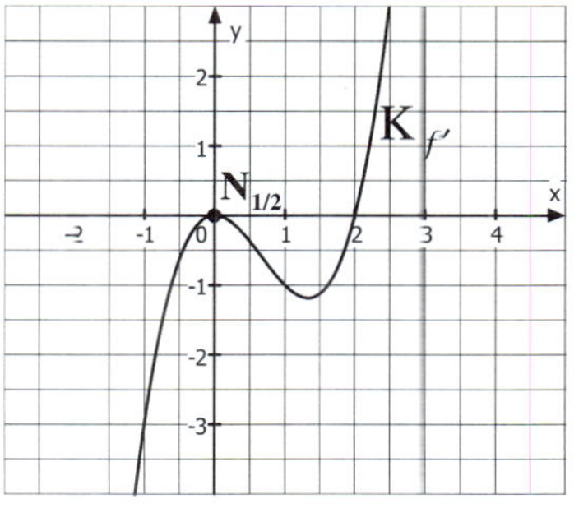

$$f'(x)=0$$
$$x^3-2x^2=0$$
$$x^2\cdot(x-2)=0$$

S. v. Nullpr.

$x^2=0 \quad |\sqrt{\ }$ $\qquad$ $x-2=0$

$\boldsymbol{x_{1/2}=0}$ $\qquad$ $(x_3=2)$

(doppelte Lösung)

$\rightarrow$ $\mathbf{S(0\,|\,f(0))}$

Bemerkung

Falls bei einer quadratischen Gleichung die Diskriminante den Wert 0 annimmt, liegt eine doppelte Lösung vor.

Beispiel: Gegeben ist die Funktion f mit $f(x) = 0,25x^4 - 2x^3 + 4x^2 - 1$.

a) Geben Sie die Schnittpunkte des Schaubildes mit der x-Achse durch GTR/CAS an.

b) Berechnen Sie den Schnittpunkt des Schaubildes mit der y-Achse.

c) Berechnen Sie die Koordinaten der Extrempunkte.

d) Berechnen Sie die Koordinaten der Wendepunkte.

e) Berechnen Sie die Gleichung einer Wendetangente.

Lösung

a) Ansatz:
$$f(x) = 0$$
$$0,25x^4 - 2x^3 + 4x^2 - 1 = 0$$

Lösungen mit GTR/CAS (Gleichung ist nicht „von Hand" lösbar):

$x_1 \approx -0,45;\ x_2 \approx 0,59;\ x_3 \approx 3,41;\ x_4 \approx 4,45$

$N_1(-0,45\,|\,0);\ N_2(0,59\,|\,0);\ N_3(3,41\,|\,0);\ N_4(4,45\,|\,0)$

b) Ansatz: $f(0) = 0,25 \cdot 0^4 - 2 \cdot 0^3 + 4 \cdot 0^2 - 1$
$= -1 \quad \rightarrow \quad S_y(0\,|\,-1)$

c) $f(x) = 0,25x^4 - 2x^3 + 4x^2 - 1$

$f'(x) = x^3 - 6x^2 + 8x$

$f''(x) = 3x^2 - 12x + 8$

1. Schritt:
$$f'(x) = 0$$
$$x^3 - 6x^2 + 8x = 0$$
$$x \cdot \left(x^2 - 6x + 8\right) = 0$$

S. v. Nullpr.

$x_1 = 0 \qquad x^2 - 6x + 8 = 0$

$$x_{2/3} = \frac{-(-6) \pm \sqrt{(-6)^2 - 4 \cdot 1 \cdot 8}}{2 \cdot 1}$$
$$= \frac{6 \pm \sqrt{36 - 32}}{2} = \frac{6 \pm 2}{2}$$
$$x_2 = \frac{6-2}{2} = 2;$$
$$x_3 = \frac{6+2}{2} = 4$$

2. Schritt:

$f''(0) = 3 \cdot 0^2 - 12 \cdot 0 + 8 = 8 \quad > 0 \quad \rightarrow \text{T}$

$f''(2) = 3 \cdot 2^2 - 12 \cdot 2 + 8 = -4 \quad < 0 \quad \rightarrow \text{H}$

$f''(4) = 3 \cdot 4^2 - 12 \cdot 4 + 8 = 8 \quad > 0 \quad \rightarrow \text{T}$

3. Schritt:

$f(0) = 0,25 \cdot 0^4 - 2 \cdot 0^3 + 4 \cdot 0^2 - 1 = -1 \quad \rightarrow \text{T}(0|-1)$

$f(2) = 0,25 \cdot 2^4 - 2 \cdot 2^3 + 4 \cdot 2^2 - 1 = 3 \quad \rightarrow \text{H}(2|3)$

$f(4) = 0,25 \cdot 4^4 - 2 \cdot 4^3 + 4 \cdot 4^2 - 1 = -1 \quad \rightarrow \text{T}(4|-1)$

d) 1. Schritt:

$$f''(x) = 0$$
$$3x^2 - 12x + 8 = 0$$

$$x_{1;2} = \frac{-(-12) \pm \sqrt{(-12)^2 - 4 \cdot 3 \cdot 8}}{2 \cdot 3} = \frac{12 \pm \sqrt{48}}{6}$$

$$x_1 = \frac{12 - \sqrt{48}}{6} \approx 0,85;$$

$$x_2 = \frac{12 + \sqrt{48}}{6} \approx 3,15$$

2. Schritt:

$f'''(x) = 6x - 12$

$f'''(0,85) = 6 \cdot 0,85 - 12 = -6,9 \quad \neq 0 \rightarrow \text{W}$

$f'''(3,15) = 6 \cdot 3,15 - 12 = 6,9 \quad \neq 0 \rightarrow \text{W}$

3. Schritt:

$f(0,85) = 0,25 \cdot 0,85^4 - 2 \cdot 0,85^3 + 4 \cdot 0,85^2 - 1 \approx 0,79 \rightarrow \text{W}_1(0,85|0,79)$

$f(3,15) = 0,25 \cdot 3,15^4 - 2 \cdot 3,15^3 + 4 \cdot 3,15^2 - 1 \approx 0,79 \rightarrow \text{W}_2(3,15|0,79)$

e) Berechnung der Wendetangente in $\text{W}_1(0,85|0,79)$:

1. Schritt: $\text{W}_1(0,85|0,79)$ (Berührpunkt)

2. Schritt: Tangentensteigung berechnen

$f'(0,85) = 0,85^3 - 6 \cdot 0,85^2 + 8 \cdot 0,85 \approx 3,08 \; (= m_t)$

3. Schritt: Tangentengleichung berechnen

$$y = m_t \cdot x + b$$
$$0,79 = 3,08 \cdot 0,85 + b$$
$$0,79 = 2,62 + b \qquad |-2,62$$
$$-1,83 = b$$

$\Rightarrow$ Tangente: $y = 3,08x - 1,83$

3.9 Ortskurve

Begriffserklärung

Bei einer Funktionenschar $f_t(x)$ sind die Koordinaten besonderer Punkte, wie Hochpunkte, Tiefpunkte und Wendepunkte, meist vom Wert des Parameters t abhängig.

Für jeden Wert des Parameters, also für jede Funktion aus der Schar, haben diese Punkte deshalb verschiedene Koordinaten.
Eine **„Verbindungslinie“**, die beispielsweise durch alle Tiefpunkte der Schar verläuft, wird als die Ortskurve der Tiefpunkte bezeichnet.

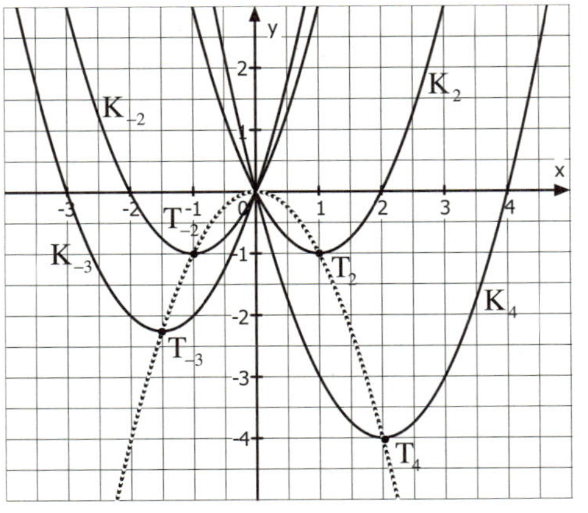

Beispiel

Die Parabelschar $f_t(x) = x^2 - tx$ mit $t \in \mathbb{R}$

hat den allgemeinen Tiefpunkt $T_t\left(\frac{t}{2}\middle|-\frac{t^2}{4}\right)$

$\left(\text{z.B. } T_2(1|-1);\ T_4(2|-4);\ \ldots\right)$.

Die **Ortskurve der Tiefpunkte** hat die Funktionsgleichung: $\boldsymbol{y = -x^2}$

Ermittlung der Koordinaten des allgemeinen Tiefpunktes

$f_t(x) = x^2 - tx$

$f_t'(x) = 2x - t$

$f_t''(x) = 2$

1. Schritt:
$$\begin{aligned} f_t'(x) &= 0 \\ 2x - t &= 0 \quad |+t \\ 2x &= t \quad |:2 \\ x &= \frac{t}{2} \end{aligned}$$

2. Schritt: $f_t''\left(\frac{t}{2}\right) = 2\ > 0 \rightarrow \text{T}$

3. Schritt: $f_t\left(\frac{t}{2}\right) = \left(\frac{t}{2}\right)^2 - t \cdot \frac{t}{2} = \frac{t^2}{4} - \frac{t^2}{2} = -\frac{t^2}{4} \quad \rightarrow \quad T_t\left(\frac{t}{2}\middle|-\frac{t^2}{4}\right)$

http://frv.tv/1w

Vorgehen zur Ermittlung der Funktionsgleichung der Ortskurve	
1. Schritt Koordinaten des allg. Tiefpunktes bestimmen	$T_t\left(\frac{t}{2}\middle\vert -\frac{t^2}{4}\right)$ (siehe Vorseite)
2. Schritt x- und y-Koordinaten explizit notieren, man erhält ein Gleichungssystem	$x = \frac{t}{2}$ $y = -\frac{t^2}{4}$
3. Schritt x- Gleichung nach t auflösen	$x = \frac{t}{2} \quad \vert \cdot 2$ $2x = t$
4. Schritt t-Wert in y-Gleichung einsetzen	$y = -\frac{t^2}{4}$ $y = -\frac{(2x)^2}{4}$ $y = -\frac{4x^2}{4}$ $\boldsymbol{y = -x^2}$ (Gleichung der Ortskurve)

Einschränkungen im Parameter und Wirkung auf Ortskurve

- Falls der Parameter t laut Aufgabenstellung beispielsweise nur positive Werte annehmen kann ($t > 0$), haben alle Tiefpunkte $T_t\left(\frac{t}{2}\middle\vert \ldots\right)$ einen positiven x-Wert.

  Somit ist auch nur der Teil des Schaubildes von $y = -x^2$ Ortskurve, welcher rechts von der y-Achse ($x > 0$) liegt.

- Falls der Parameter t laut Aufgabenstellung hingegen alle reellen Werte annehmen kann ($t \in \mathbb{R}$), gibt es sowohl Tiefpunkte $T_t\left(\frac{t}{2}\middle\vert \ldots\right)$ mit positiven, als auch mit negativen x-Werten und ebenfalls einen Tiefpunkt mit dem x-Wert 0.

  Somit ist hier das gesamte Schaubild von $y = -x^2$ Ortskurve.

3.10 Zusammenhang zwischen den Schaubildern von Funktion und Ableitung

1. Grundsätzlicher Zusammenhang

Der y-Wert des Schaubildes von f' entspricht an jedem x-Wert der Steigung des Schaubildes von f.

2. Zusammenhang zwischen den besonderen Punkten

Kurzversion (Merkregel: In jeder Zeile steht das englische Wort für „neu“; 3-stufig)

$f(x)$	**N**	**E**	**W**		
$f'(x)$		**N**	**E**	**W**	
$f''(x)$			**N**	**E**	**W**

Ausführliche Version (nur 2-stufig dargestellt)

$f(x)$ bzw. $f'(x)$	**N**	**H**	**T**	**W** (von **Lk** zu **Rk**)	**W** (von **Rk** zu **Lk**)	**S**
$f'(x)$ bzw. $f''(x)$		**N** „von + nach –“	**N** „von – nach +“	**H**	**T**	**N** ohne **VZW** (z.B. doppelte N) bzw. **H** oder **T** auf der x-Achse

Abkürzungen

Nullstelle
Extrempunkt (**H**och- oder **T**iefpunkt)
Links**k**rümmung / **R**echts**k**rümmung
Wendepunkt
Sattelpunkt
Vor**Z**eichen**W**echsel

Bemerkungen

- Die obigen Zusammenhänge gelten natürlich auch zwischen der Stammfunktion $F(x)$ und der zugehörigen Funktion f.
- Die Symmetrieart eines Schaubildes „pendelt“ beim Ableiten.

Beispiel: K_f ist symmetrisch zur y-Achse $\Rightarrow K_{f'}$ ist symmetrisch zum Ursprung $\Rightarrow K_{f''}$ ist symmetrisch zur y-Achse $\Rightarrow$ ...

http://frv.tv/1x

Beispiel

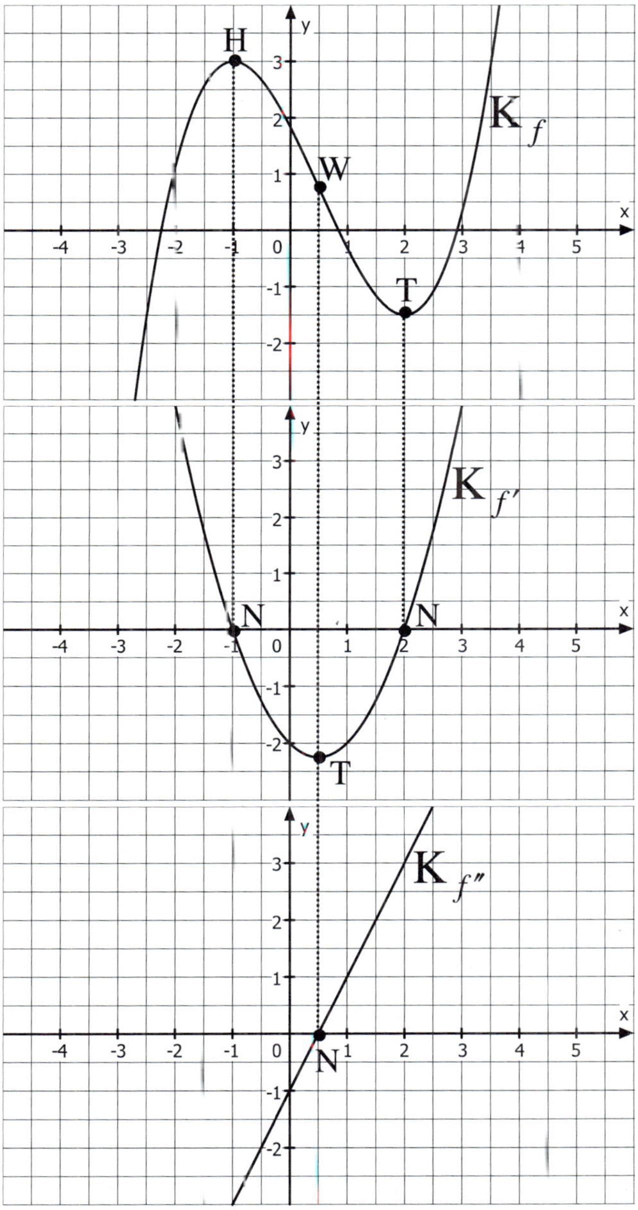

3.11 Ermittlung von Funktionsgleichungen

1. Möglichkeit: Nullstellenansatz bei ganzrationalen Funktionen

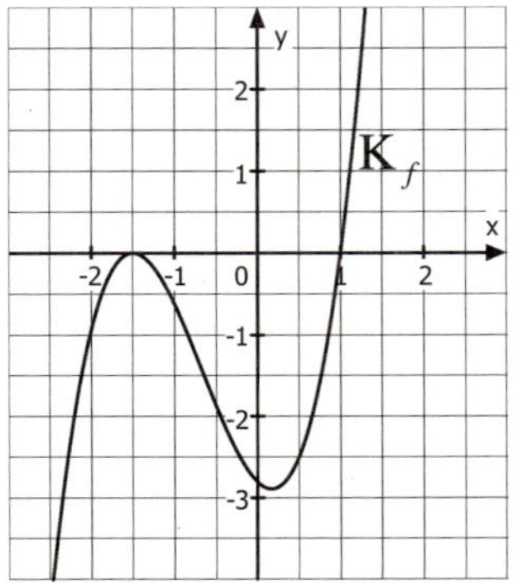

Beispiel : Gesucht ist die Funktionsgleichung zum nebenstehenden Schaubild.

Da die Nullstellen $\left(x_{1/2}=-1{,}5;\ \ x_3=1\right)$ des Schaubildes ablesbar sind, kann der Nullstellenansatz der Funktion (S. 10) weitgehend aufgestellt werden:

$f(x)=a\cdot(x+1{,}5)^2\cdot(x-1)$

Dann werden die Koordinaten eines weiteren Punktes, der kein Schnittpunkt mit der x-Achse ist, eingesetzt.

P(0,5 | −2,5):

$$\begin{aligned} f(x) &= a\cdot(x+1{,}5)^2\cdot(x-1)\\ -2{,}5 &= a\cdot(0{,}5+1{,}5)^2\cdot(0{,}5-1)\\ -2{,}5 &= -2a\\ \frac{5}{4} &= a \end{aligned}$$

$$\Rightarrow f(x)=\frac{5}{4}\cdot(x+1{,}5)^2\cdot(x-1)$$

Notwendig : $\begin{cases}2\\3\\4\end{cases}$ Nullstellen bei einer ganzrationalen Funktion $\begin{cases}2.\\3.\\4.\end{cases}$ Grades und mindestens ein weiterer Punkt.

2. Möglichkeit: Differenzialrechnung („Steckbriefaufgaben“)

Beispiel : Gesucht ist die Gleichung einer Funktion 3. Grades, deren Schaubild den Hochpunkt H(3 | 4) und den Wendepunkt W(1 | 2) besitzt.

Allg. Ansatz:

$$\begin{aligned} f(x) &= ax^3+bx^2+cx+d\\ f'(x) &= 3ax^2+2bx+c\\ f''(x) &= 6ax+2b \end{aligned}$$

H(3 | 4) (*Punktprobe*):	$f(3)=4$	$27a+9b+3c+d=4$
H(3 | 4) (*Bed.* $f'(x)=0$):	$f'(3)=0$	$27a+6b+c=0$
W(1 | 2) (*Punktprobe*):	$f(1)=2$	$a+b+c+d=2$
W(1 | 2) (*Bed.* $f''(x)=0$):	$f''(1)=0$	$6a+2b=0$

Das Lösen des LGS durch GTR/CAS ergibt: $f(x)=-\frac{1}{8}x^3+\frac{3}{8}x^2+\frac{9}{8}x+\frac{5}{8}$

Notwendig : Mindestens so viele Bedingungen bzw. Gleichungen wie unbekannte Koeffizienten im Ansatz vorhanden sind (im Beispiel: 4 Bedingungen bzw. Koeffizienten).

http://frv.tv/1y

Typische Beschreibungen von Schaubildern und zugehörige math. Bedingungen

Beschreibungen des Schaubildes	Mathematische Bedingungen
Schaubild ist punktsymmetrisch zum Ursprung	$f(x)$ *enthält nur ungerade Hochzahlen* *z.B.* $f(x)=ax^3+cx$ *bei Grad 3*
Schaubild ist achsensymmetrisch zur y-Achse	$f(x)$ *enthält nur gerade Hochzahlen* *z.B.* $f(x)=ax^4+cx^2+e$ *bei Grad 4*
Schaubild verläuft durch P(3 | 8)	$f(3)=8$
Schaubild besitzt an der Stelle 2 die Steigung 5 (oder: besitzt am x-Wert 2 eine Tangente mit Steigung 5)	$f'(2)=5$
Schaubild berührt an der Stelle 3 die x-Achse	$\begin{cases} f(3)=0 & (\textit{verläuft durch } \mathrm{P}(3 \mid 0)) \\ f'(3)=0 & (\textit{hier Steigung } 0) \end{cases}$
Schaubild besitzt den Hochpunkt H(−2 | 3)	$\begin{cases} f(-2)=3 & (\textit{verläuft durch } \mathrm{P}(-2 \mid 3)) \\ f'(-2)=0 & (\textit{hier Steigung } 0) \end{cases}$
Schaubild besitzt den Tiefpunkt T(−2 | 3)	*gleiche Bedingungen wie bei* H(−2 | 3)
Schaubild besitzt den Wendepunkt W(5 | 7)	$\begin{cases} f(5)=7 & (\textit{verläuft durch } \mathrm{P}(5 \mid 7)) \\ f''(5)=0 & (\textit{hier „keine Krümmung"}) \end{cases}$
Schaubild besitzt den Sattelpunkt S(1 | 4)	$\begin{cases} f(1)=4 & (\textit{verläuft durch } \mathrm{P}(1 \mid 4)) \\ f'(1)=0 & (\textit{hier Steigung } 0) \\ f''(1)=0 & (\textit{hier „keine Krümmung"}) \end{cases}$
Schaubild schneidet das Schaubild der bekannten Funktion $g(x)$ an der Stelle 2	$f(2)=g(2)$ $(\textit{hier gleicher } y\textit{-Wert})$
Schaubild berührt das Schaubild der bekannten Funktion $g(x)$ an der Stelle 4	$\begin{cases} f(4)=g(4) & (\textit{hier gleicher } y\textit{-Wert}) \\ f'(4)=g'(4) & (\textit{hier gleiche Steigung}) \end{cases}$
Schaubild schneidet das Schaubild der bekannten Funktion $g(x)$ an der Stelle 5 senkrecht	$\begin{cases} f(5)=g(5) & (\textit{hier gleicher } y\textit{-Wert}) \\ f'(5)=\dfrac{-1}{g'(5)} & \left(\begin{array}{l}\textit{Bedingung für senkrecht:} \\ m_2=-1/m_1 \textit{ bzw. } m_1\cdot m_2=-1\end{array}\right) \end{cases}$

3.12 Extremwertaufgaben

Beispiel

Gegeben ist die Funktion f mit $f(x) = -\frac{1}{8}x^3 + \frac{3}{4}x^2$ und dem Schaubild K_f.

Eine Parallele zur y-Achse mit der Gleichung $x = u$ $(\text{mit } -1 \leq u \leq 6)$ schneidet K_f im Punkt A und die x-Achse im Punkt B. Die Punkte A, B und der Punkt C(−1 | 0) bilden ein Dreieck.

Für welchen Wert von u wird der Flächeninhalt des Dreiecks maximal?

Das Rezept

Zutaten

1. Skizze machen: Alles einzeichnen was in der Aufgabe beschrieben wird.

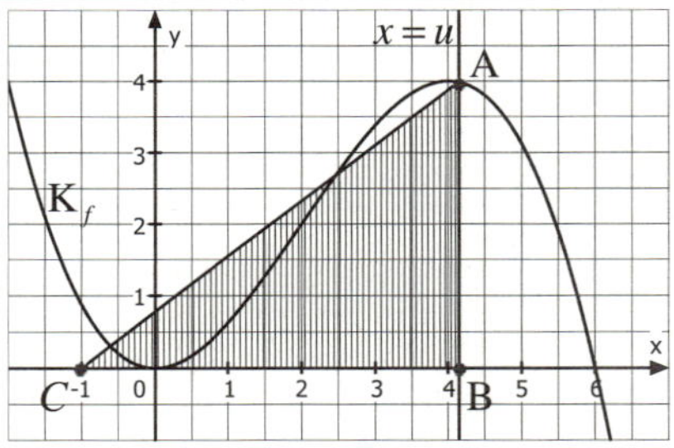

2. Koordinaten möglichst vieler relevanter Punkte (eventuell in Abhängigkeit von u) angeben.

Hierbei beachten: Ein Punkt, der „irgendwo auf dem Schaubild" liegt, besitzt die Koordinaten $(u \mid f(u))$.

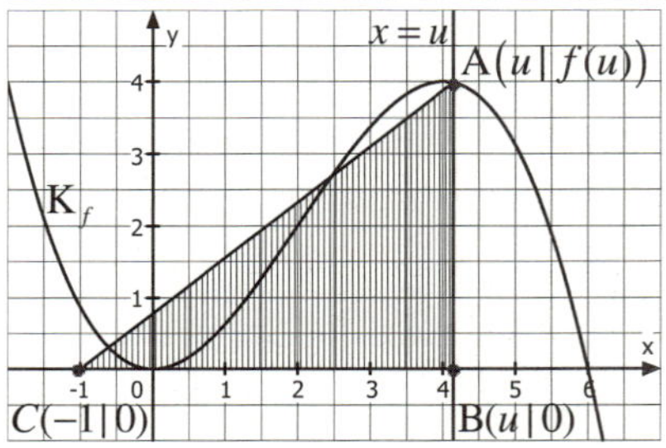

http://frv.tv/1z

Kochen 	
3. Allgemeine Zielfunktion bestimmen Formel für die Größe suchen, die maximal (bzw. minimal) werden soll. (z.B. $A = \frac{1}{2} \cdot a \cdot b$; $A = \frac{1}{2} \cdot c \cdot h_c$; $A = a \cdot b$; $U = 2 \cdot a + 2 \cdot b$; ...)	Flächeninhalt rechtwinkliges Dreieck: $A = \frac{1}{2} \cdot a \cdot b$ (Allgemeine Zielfunktion)
4. Benötigte Strecken (a, b, c, h_c, ...) **für die Formel in die Skizze einzeichnen.**	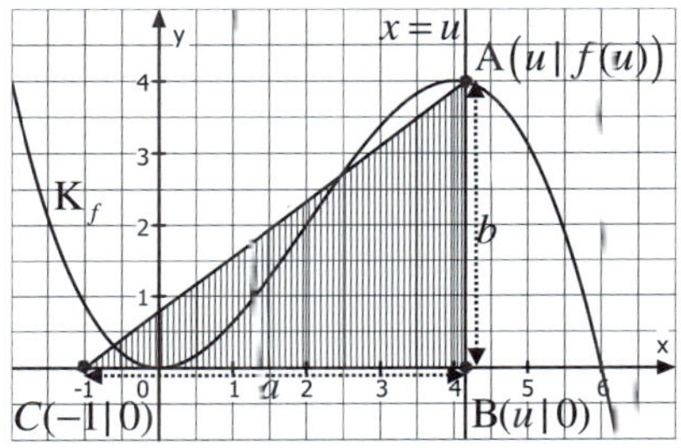
5. Streckenlängen durch die Koordinaten der Punkte aus 2. ausdrücken. Hierbei beachten: - horizontale Streckenlänge: $x_{\text{rechts}} - x_{\text{links}}$ - vertikale Streckenlänge: $y_{\text{oben}} - y_{\text{unten}}$ **Funktionsterm aus der Aufgabe einsetzen.**	$A(u) = \frac{1}{2} \cdot \quad a \quad \cdot \quad b$ $A(u) = \frac{1}{2} \cdot (u - (-1)) \cdot (f(u) - 0)$ $A(u) = \frac{1}{2} \cdot (u+1) \cdot \left(-\frac{1}{8}u^3 + \frac{3}{4}u^2 - 0\right)$ (Konkrete Zielfunktion)
6. Schaubild der **Konkreten Zielfunktion** auf **Hochpunkt** (bzw. Tiefpunkt) untersuchen.	GTR/CAS (gerundet): $H(4,43 \mid 10,46)$
7. Randwertuntersuchung Grenzen des Definitionsbereiches für u in konkrete Zielfunktion einsetzen. Diese y-Werte mit dem y-Wert des Hochpunktes (bzw. Tiefpunktes) vergleichen.	$-1 \le u \le 6$ (siehe Aufgabenstellung) $A(-1) = 0 < 10,45$ $A(6) = 0 < 10,46$
Servieren 	
8. Antwortsatz Für $u = ...$ (x-Wert Extrempunkt) wird ... (gesuchte Größe) maximal (bzw. minimal). Diese beträgt dann ... (y-Wert Extrempunkt).	Für $u \approx 4,43$ wird der Flächeninhalt des Dreiecks maximal. Dieser beträgt dann ungefähr 10,46 Flächeneinheiten.

3.13 Zusatz: Wachstum und Zerfall

1. (Natürliches) exponentielles Wachstum bzw. Zerfall

Exponentielles Wachstum	Exponentieller Zerfall

Beispiel

Ein Geldbetrag von 500 EUR wird bei einer Bank zu einem Zinssatz von 5 % angelegt.	Von dem radioaktiven Jod 131 sind zu Beginn 7 mg vorhanden. Täglich zerfallen 8 % der vorhandenen Menge.

Funktionsterm $f(t) = a \cdot e^{k \cdot t}$

$\left(a: \text{ Anfangsbestand} = f(0)\right)$

$f(t) = 500 \cdot e^{\ln(1+\frac{5}{100}) \cdot t} = 500 \cdot e^{0{,}0488 \cdot t}$ $(k > 0)$	$f(t) = 7 \cdot e^{\ln(1-\frac{8}{100}) \cdot t} = 7 \cdot e^{-0{,}0834 \cdot t}$ $(k < 0)$

Schaubild

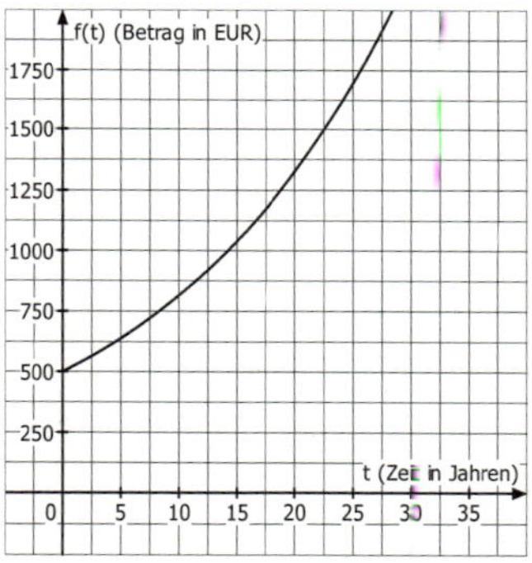

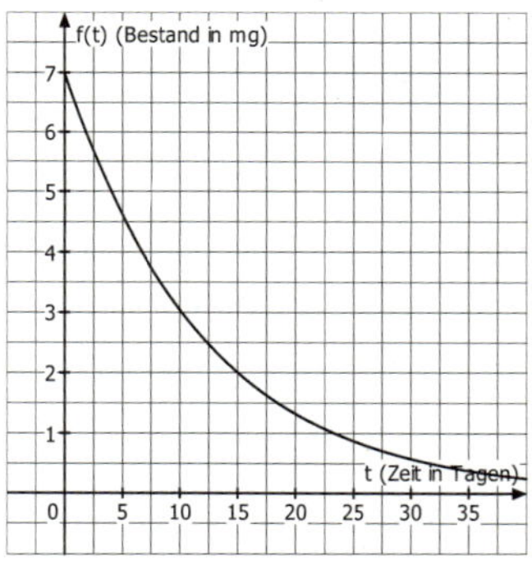

Verdopplungszeit	**Halbwertszeit**
$t_V = \dfrac{\ln(2)}{k} = \dfrac{\ln(2)}{0{,}0488} = 14{,}2$ (Jahre)	$t_H = \dfrac{\ln(0{,}5)}{k} = \dfrac{\ln(0{,}5)}{-0{,}0834} = 8{,}31$ (Tage)

Merkmal

Bestand ändert sich von Zeitschritt zu Zeitschritt stets um den gleichen Faktor bzw. Prozentsatz.

Differentialgleichung : $f'(t) = k \cdot f(t)$

(k: Wachstums- bzw. Zerfallskonstante; $f'(t)$: Wachstums- bzw. Zerfallsgeschwindigkeit)

Die Änderungsgeschwindigkeit $f'(t)$ ist also proportional zum vorhandenen Bestand $f(t)$.

„Je mehr Bestand vorhanden ist, desto größer ist die Änderung“.

http://frv.tv/2a

2. Beschränktes Wachstum bzw. Zerfall (nur LK)

Beschränktes Wachstum	Beschränkter Zerfall

Beispiel

Beschränktes Wachstum	Beschränkter Zerfall
Ein Glas mit Milch wird aus dem Kühlschrank (5 °C) genommen und ins Wohnzimmer (20 °C) gestellt.	Eine Pizza wird aus dem Backofen (160 °C) genommen und ins Wohnzimmer (20 °C) gelegt.

Funktionsterm: $f(t) = S - a \cdot e^{-k \cdot t}$

$\left(S\text{: Schranke; } a = S - f(0) = \text{Schranke} - \text{Anfangsbestand}\right)$

($k = 0{,}2$ hier gegeben)

Beschränktes Wachstum	Beschränkter Zerfall
$f(t) = 20 - (20-5) \cdot e^{-0{,}2 \cdot t} = 20 - 15 \cdot e^{-0{,}2 \cdot t}$	$f(t) = 20 - (20-160) \cdot e^{-0{,}2 \cdot t} = 20 + 140 \cdot e^{-0{,}2 \cdot t}$
(Wachstum, da $a = S - f(0) > 0$; Schranke größer als Anfangsbestand)	(Zerfall, da $a = S - f(0) < 0$; Schranke geringer als Anfangsbestand)

Schaubild

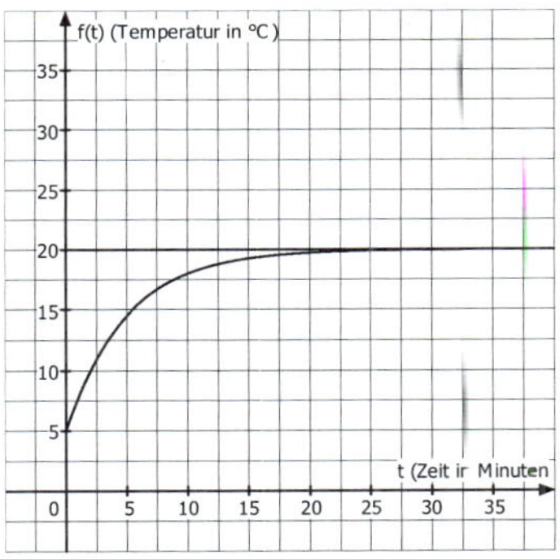

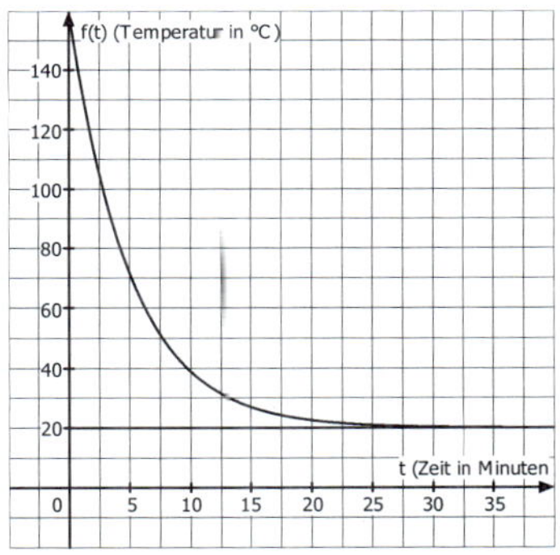

Merkmal

Der Bestand einer zu- oder abnehmenden Größe ist durch eine obere oder untere **Schranke (Asymptote** $y = S$) beschränkt.

Differentialgleichung: $f'(t) = k \cdot \left(S - f(t)\right)$

(k: Wachstums- bzw. Zerfallskonstante; $f'(t)$: Wachstums- bzw. Zerfallsgeschwindigkeit)

Die Änderungsgeschwindigkeit $f'(t)$ ist also proportional zum Sättigungsmanko $S - f(t)$.
„Je mehr Abstand noch bis zur Schranke vorhanden ist, desto größer ist die Änderung".

4. Integralrechnung

4.1 Integrationsregeln („Aufleitungsregeln“)

Nr.	Beispiel	Vorgehen
Elementarregeln		
1	$f(x) = x^5$ $F(x) = \frac{1}{6}x^6$ $f(x) = 1$ $F(x) = x$ $f(x) = \frac{1}{x^2} = x^{-2}$ $F(x) = \frac{1}{-1} \cdot x^{-1} = -\frac{1}{x}$ Spezialfall: $f(x) = \frac{1}{x}$ (nur LK) $F(x) = \ln\|x\|$	$f(x) = x^{Exponent}$ $F(x) = \frac{1}{Exponent+1} \cdot x^{Exponent+1}$ (Potenzregel)
2	$f(x) = e^x$ $F(x) = e^x$	*Abschreiben*
3	$f(x) = \sin(x)$ $F(x) = -\cos(x)$	$\sin \swarrow -\cos \searrow -\sin \nearrow \cos \nwarrow \sin$ (*Gegen den Uhrzeigersinn!*)
4	$f(x) = \cos(x)$ $F(x) = \sin(x)$	

Hinweis: Das „Aufleiten“ von $f(x) = \ln(x)$ wird im Abitur nicht verlangt.

Nr.	Beispiel	Vorgehen
		Vorgehensregeln
5	$f(x) = \mathbf{2} \cdot x^2$ $F(x) = \mathbf{2} \cdot \frac{1}{3}x^3 = \frac{2}{3}x^3$	*„Zahlen" mit · oder : „bleiben"* (Faktorregel)
6	$f(x) = x^2 + \mathbf{2}$ $F(x) = \frac{1}{3}x^3 + \mathbf{2x}$	*„Zahlen" mit + oder − „erhalten ein x"*
7	$f(x) = x^2 - 4x$ $F(x) = \frac{1}{3}x^3 - 2x^2$	*+ und − Zeichen unterteilen die Funktion in Teilfunktionen, welche einzeln aufgeleitet werden* (Summenregel)

Hinweis: Die Produktregel zum „Aufleiten" (partielle Integration) wird im Abitur nicht verlangt ($f(x) = x^2 \cdot e^x \rightarrow F(x) = ?$).

Nr.	Beispiel	Vorgehen
	Anwendungen der Kettenregel	
8	$f(x)=(2x+3)^5$ $F(x)=\frac{1}{6}\cdot(2x+3)^6\cdot\frac{1}{2}$ $=\frac{1}{12}\cdot(2x+3)^6$ $f(x)=\frac{1}{(2x+3)^5}$ $=(2x+3)^{-5}$ $F(x)=\frac{1}{-4}\cdot(2x+3)^{-4}\cdot\frac{1}{2}$ $=-\frac{1}{8}\frac{1}{(2x+3)^4}$ Spezialfall (nur LK): $f(x)=\frac{1}{(2x+3)}$ $F(x)=\ln\lvert 2x+3\rvert\cdot\frac{1}{2}$	$f(x)=(Klammerinhalt)^{Exponent}$ $F(x)=\frac{1}{Exponent+1}\cdot(Klammerinhalt)^{Exponent+1}\cdot\frac{1}{Klammerinhalt\ abgeleitet}$ Spezialfall (nur LK): $f(x)=\frac{1}{(Klammerinhalt)}$ $F(x)=\ln\lvert Klammerinhalt\rvert\cdot\frac{1}{Klammerinhalt\ abgeleitet}$
9	$f(x)=e^{2x+3}$ $F(x)=e^{2x+3}\cdot\frac{1}{2}$	$f(x)=e^{Exponent}$ $F(x)=e^{Exponent}\cdot\frac{1}{Exponent\ abgeleitet}$
10	$f(x)=\sin(2x+3)$ $F(x)=-\cos(2x+3)\cdot\frac{1}{2}$	$f(x)=\sin(Klammerinhalt)$ $F(x)=-\cos(Klammerinhalt)\cdot\frac{1}{Klammerinhalt\ abgeleitet}$
11	$f(x)=\cos(2x+3)$ $F(x)=\sin(2x+3)\cdot\frac{1}{2}$	$f(x)=\cos(Klammerinhalt)$ $F(x)=\sin(Klammerinhalt)\cdot\frac{1}{Klammerinhalt\ abgeleitet}$

Hinweis: Streng genommen gilt das obige Vorgehen nur, falls der *Klammerinhalt* bzw. *Exponent* **linear** („enthält nur x, also kein $x^2, e^x, \ldots$") ist.
Andere Funktionen müssen im Abitur jedoch auch nicht „aufgeleitet" werden.

1. Bemerkung (Integrationskonstante)

Eine Funktion hat **nur eine** Ableitungsfunktion, aber **unendlich viele** Stammfunktionen, da der hintere Summand $\boldsymbol{c}$ (genannt: Integrationskonstante) beim Ableiten verschwindet.

Allg.: $\mathrm{F}(x)=\frac{1}{3}x^3+\boldsymbol{c}$

$$\mathrm{F}(x)=\frac{1}{3}x^3 \qquad \mathrm{F}(x)=\frac{1}{3}x^3+2 \qquad \mathrm{F}(x)=\frac{1}{3}x^3-3$$

$$\nwarrow \quad \uparrow \quad \nearrow$$

$$f(x)=x^2$$

$$\downarrow$$

$$f'(x)=2x$$

Grafische Erklärung: c verschiebt das Schaubild der Stammfunktion nur nach oben bzw. unten und ist also für die Steigung unerheblich. Deshalb haben „alle Stammfunktionen" F dieselbe (abgeleitete) Funktion f.

2. Bemerkung („Aufleiten" bei Funktionenscharen)

Der Parameter (t) wird beim „Aufleiten" wie eine Zahl behandelt.

Beispiel: $f_t(x)=t^2x^3+t$

$$\mathrm{F}_t(x)=\frac{1}{4}t^2x^4+tx$$

4.2 Flächeninhaltsberechnung zwischen Schaubild und x-Achse

1. Fläche oberhalb der x-Achse

Beispiel

Gegeben ist die Funktion f mit $f(x) = -x^2 + 1$.
Welchen Inhalt besitzt die schraffierte Fläche?

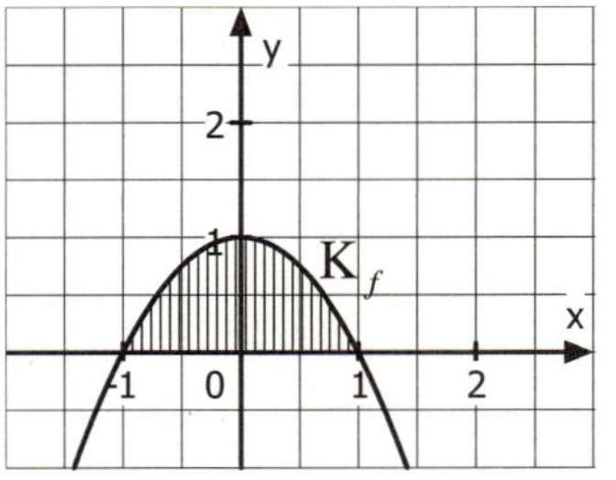

Ansatz

$$\mathbf{A} = \int_a^b f(x)\,dx = [\mathbf{F}(x)]_a^b = \mathbf{F}(b) - \mathbf{F}(a)$$

Lösung

$$A = \int_{-1}^{1} \left(-x^2 + 1\right) dx = \left[-\frac{1}{3}x^3 + x\right]_{-1}^{1} = -\frac{1}{3}\cdot 1^3 + 1 - \left(-\frac{1}{3}\cdot(-1)^3 + (-1)\right) \approx 1{,}333 \text{ FE}$$

↑ *Rechte Grenze nach oben, linke nach unten*

→ *aufleiten*

→ *Rechte und linke Grenze in Stammfunktion einsetzen, voneinander subtrahieren*

Merkregel

$$\mathbf{A} = \int_{\text{linke Grenze}}^{\text{rechte Grenze}} (\textbf{Funktionsterm})\, dx$$

2. Fläche unterhalb der x-Achse

Unterschied

$$A = \int_{-1}^{1} -f(x)\,dx$$

↖ ***Minuszeichen beachten!***
Sonst: negatives Ergebnis

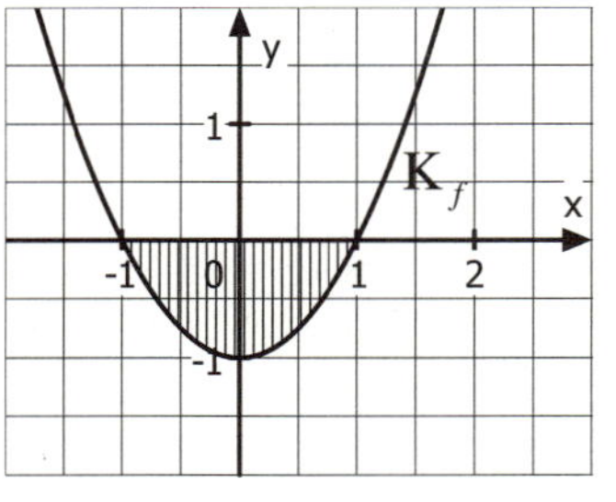

Hinweis: Falls Sie versehentlich ein negatives Ergebnis erhalten, können Sie dies korrigieren, indem Sie **Betragsstriche** setzen.

http://frv.tv/2c

3. Zusammengesetzte Fläche

Beispiel : Gegeben ist die Funktion f mit $f(x)=\frac{1}{3}x^3-\frac{1}{6}x^2-\frac{5}{3}x$. Welchen Inhalt besitzt die schraffierte Fläche?

Vorgehen (am Beispiel)

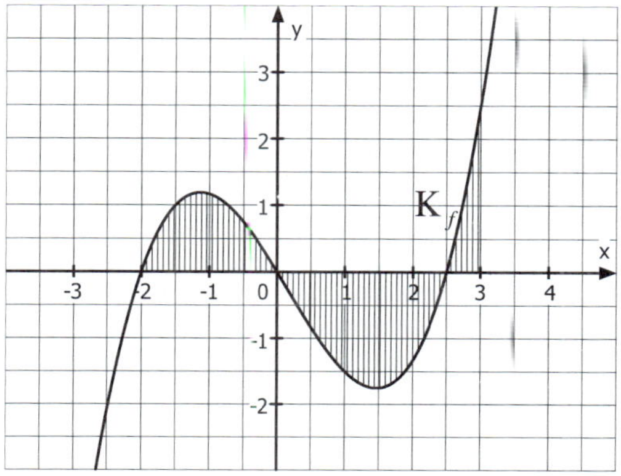

1. Nullstellen bestimmen

$f(x)=0 \rightarrow x_1=-2;\ x_2=0;\ x_3=2,5$

2. Teilflächeninhalte bestimmen

$A_1=\int_{-2}^{0} f(x)dx \approx 1,56;$

$A_2=\int_{0}^{2,5} -f(x)\ dx \approx 2,82;$

$A_3=\int_{2,5}^{3} f(x)\ dx \approx 0,57$

3. Gesamtflächeninhalt bestimmen

$A = A_1+A_2+A_3$

$\approx 1,56+2,82+0,57 \approx 4,95$ FE

Von Nullstelle zu Nullstelle integrieren!
Ansonsten werden positive und negative Flächeninhaltswerte zu einer **„Flächenbilanz"** verrechnet.

4. Eingabe in GTR / CAS

Bei Verwendung des **Betrages** $(|\quad|$ bzw. $abs)$ muss nicht beachtet werden, ob sich die Fläche oberhalb oder unterhalb der x-Achse befindet. Ein eventuell notwendiges Minuszeichen kann unterbleiben. Eingabe: $A=\int_{-2}^{3}|f(x)|\,dx \approx 4,95$.

5. Interpretation von Flächeninhalten

Der Inhalt der markierten Fläche gibt an …

Beispiel 1

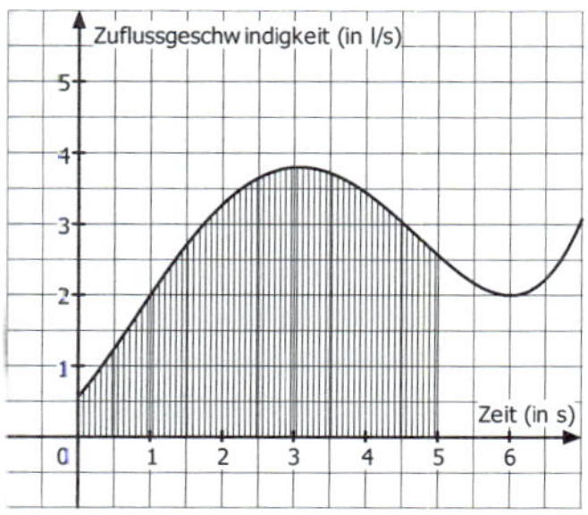

… welche Wassermenge (in l) innerhalb von 5 s zugeflossen ist.

Beispiel 2

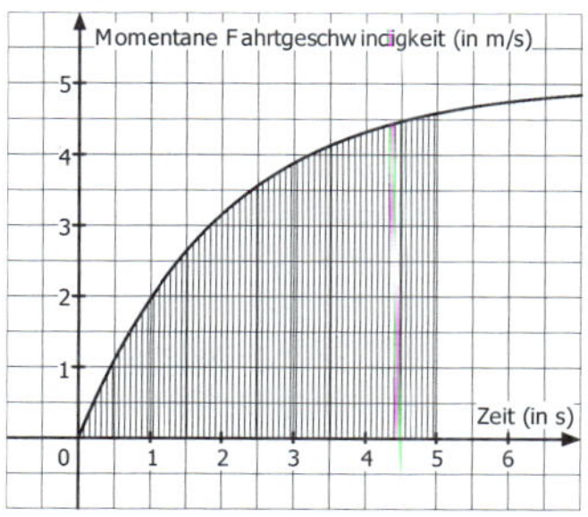

… welche Strecke (in m) innerhalb von 5 s zurückgelegt wurde.

Tipp : Einheit Integral („Fläche") = Einheit Funktion · Einheit Variable (z.B. $m=\frac{m}{s}\cdot s$)

4.3 Flächeninhaltsberechnung zwischen zwei Schaubildern

1. Einzelfläche

Beispiel

Gegeben sind die Funktionen f mit $f(x) = -x^2 + 1$ und g mit $g(x) = x - 1$.
Welchen Inhalt besitzt die schraffierte Fläche?

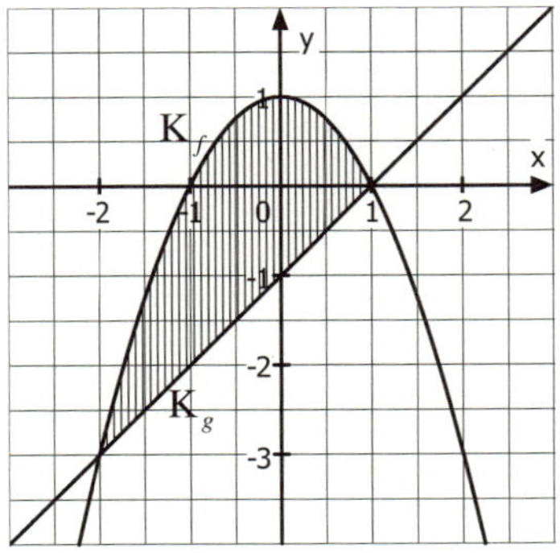

Ansatz

$$\mathbf{A} = \int_a^b \big(f(x) - g(x) \big)\, dx$$

Lösung

Rechte Grenze nach oben, linke nach unten ↘ — *Oberer Funktionsterm minus unterer Funktionsterm* ↙ — *eventuell vereinfachen* ⟶ — *aufleiten* ⟶

$$\mathrm{A} = \int_{-2}^{1} \big((-x^2 + 1) \;-\; (x-1) \big)\, dx \;=\; \int_{-2}^{1} \big(-x^2 - x + 2 \big)\, dx \;=\; \left[-\frac{1}{3}x^3 - \frac{1}{2}x^2 + 2x \right]_{-2}^{1}$$

$$= -\frac{1}{3}\cdot 1^3 - \frac{1}{2}\cdot 1^2 + 2\cdot 1 \;-\; \left(-\frac{1}{3}\cdot(-2)^3 - \frac{1}{2}\cdot(-2)^2 + 2\cdot(-2) \right) \;=\; 4{,}5 \text{ FE}$$

⟶ *Rechte und linke Grenze in Stammfunktion einsetzen, voneinander subtrahieren*

Merkregel

$$\mathbf{A} = \int_{\text{linke Grenze}}^{\text{rechte Grenze}} \textbf{(oberer Funktionsterm – unterer Funktionsterm) } dx$$

Bemerkung (Lage zur x - Achse)

Bei einer Fläche, die zwischen zwei Schaubildern liegt, ist es hingegen völlig unerheblich, ob sich diese oberhalb oder unterhalb der x-Achse befindet.

http://frv.tv/2d

2. Zusammengesetzte Fläche

Beispiel : Gegeben sind die Funktionen f mit $f(x)=\frac{1}{3}x^3-\frac{1}{6}x^2-\frac{5}{3}x$ und g mit $g(x)=-0,5x$. Welchen Inhalt besitzt die schraffierte Fläche?

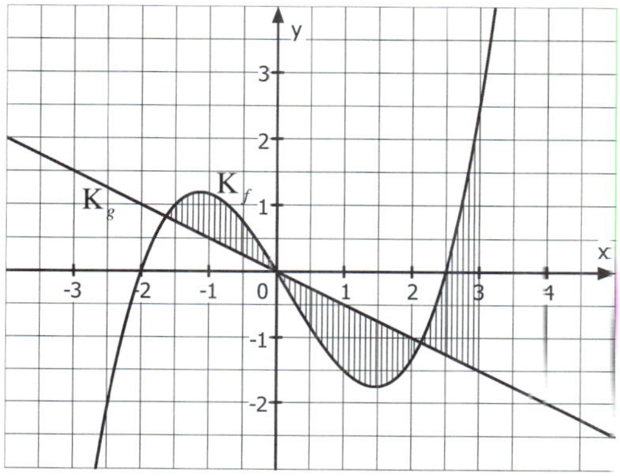

Vorgehen (am Beispiel)

1. Schnittstellen bestimmen

$f(x)=g(x) \rightarrow x_1 \approx -1,64;\ x_2=0;\ x_3 \approx 2,14$

2. Teilflächeninhalte bestimmen

$A_1=\int_{-1,64}^{0}\left(f(x)-g(x)\right)dx \approx 0,72;$

$A_2=\int_{0}^{2,14}\left(g(x)-f(x)\right)dx \approx 1,47;$

$A_3=\int_{2,14}^{3}\left(f(x)-g(x)\right)dx \approx 1,47$

3. Gesamtflächeninhalt bestimmen

$A=A_1+A_2+A_3 \approx 0,72+1,47+1,47 \approx 3,66$ FE

Von Schnittstelle zu Schnittstelle integrieren!
Ansonsten werden positive und negative Flächeninhaltswerte zu einer **„Flächenbilanz"** verrechnet.

3. Eingabe in GTR / CAS

Bei Verwendung des **Betrages** $(|\quad|$ bzw. $abs)$ muss nicht beachtet werden, welches Schaubild sich oben bzw. unten befindet. Ein eventuell notwendiges Minuszeichen kann unterbleiben. Eingabe: $A=\int_{-1,64}^{3}\left|f(x)-g(x)\right|dx$ oder $A=\int_{-1,64}^{3}\left|g(x)-f(x)\right|dx.$

Beispiel

Berechnen Sie jeweils den Inhalt der schraffierten Fläche.

a) $f(x) = -e^{0,5x+1} + 2$

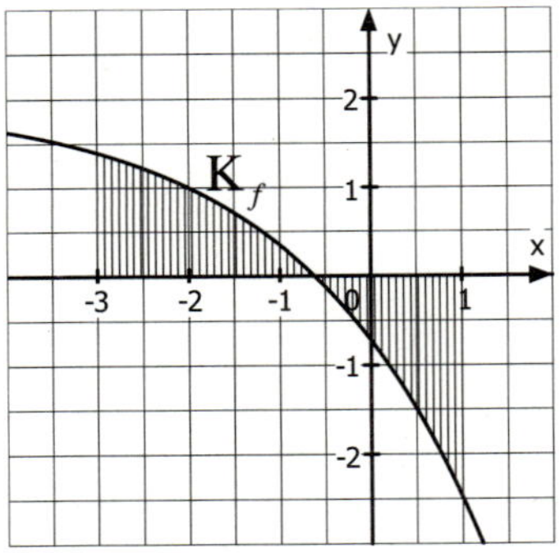

1. Nullstelle bestimmen

$$\begin{aligned} f(x) &= 0 \\ -e^{0,5x+1}+2 &= 0 && |+e^{0,5x+1} \\ 2 &= e^{0,5x+1} && |\ln(\ ) \\ \ln(2) &= 0,5x+1 && |-1 \\ -0,31 &\approx 0,5x && |:0,5 \\ -0,62 &\approx x \end{aligned}$$

2. Teilflächeninhalte bestimmen und 3. Gesamtflächeninhalt bestimmen

$$\mathrm{A} \approx \mathrm{A}_1 + \mathrm{A}_2 \approx \int_{-3}^{-0,62} f(x)\,dx + \int_{-0,62}^{1} -f(x)\,dx$$

$$\approx \int_{-3}^{-0,62} \left(-e^{0,5x+1}+2\right)dx + \int_{-0,62}^{1} \left(-\left(-e^{0,5x+1}+2\right)\right)dx$$

$$\approx \left[-e^{0,5x+1}\cdot\frac{1}{0,5}+2x\right]_{-3}^{-0,62} + \left[e^{0,5x+1}\cdot\frac{1}{0,5}-2x\right]_{-0,62}^{1}$$

$$\approx -e^{0,5\cdot(-0,62)+1}\cdot\frac{1}{0,5}+2\cdot(-0,62)-\left(-e^{0,5\cdot(-3)+1}\cdot\frac{1}{0,5}+2\cdot(-3)\right) +$$

$$e^{0,5\cdot1+1}\cdot\frac{1}{0,5}-2\cdot1-\left(e^{0,5\cdot(-0,62)+1}\cdot\frac{1}{0,5}-2\cdot(-0,62)\right)$$

$$\approx -5,22-(-7,21)+6,96-5,22 \approx 1,99+1,74 \approx 3,73 \text{ FE}$$

Ansatz mit GTR/CAS: $\mathrm{A} = \int_{-3}^{1} |f(x)|\,dx$

b) $f(x)=\frac{1}{x}$ und $g(x)=-x+4$

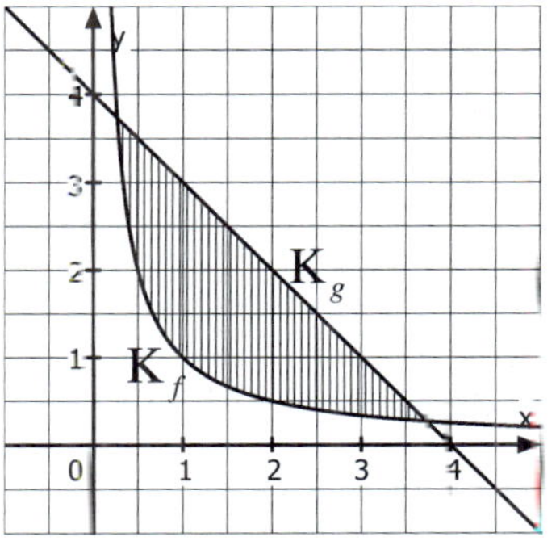

1. Schnittstellen bestimmen

$$
\begin{aligned}
f(x) &= g(x) \\
\frac{1}{x} &= -x+4 \qquad | \cdot x \\
1 &= -x^2+4x \qquad | +x^2-4x \\
x^2-4x+1 &= 0
\end{aligned}
$$

$$x_{1/2}=\frac{-(-4)\pm\sqrt{(-4)^2-4\cdot 1\cdot 1}}{2\cdot 1} \quad \text{(abc-Formel)}$$

$$=\frac{4\pm\sqrt{12}}{2}\approx\frac{4\pm 3,46}{2}$$

$$x_1\approx\frac{4+3,46}{2}=3,73; \qquad x_2\approx\frac{4-3,46}{2}=0,27$$

2. Teilflächeninhalte bestimmen und 3. Gesamtflächeninhalt bestimmen

$$A\approx\int_{0,27}^{3,73}\left(g(x)-f(x)\right)dx\approx\int_{0,27}^{3,73}\left(-x+4-\frac{1}{x}\right)dx$$

$$\approx\left[-\frac{1}{2}x^2+4x-\ln(x)\right]_{0,27}^{3,73}\approx-\frac{1}{2}\cdot 3,73^2+4\cdot 3,73-\ln(3,73)-\left(-\frac{1}{2}\cdot 0,27^2+4\cdot 0,27-\ln(0,27)\right)$$

$$\approx 4,29 \text{ FE}$$

Ansatz mit GTR/CAS: $A=\int_{0,27}^{0,73}\left|f(x)-g(x)\right|dx$

4.4 Berechnung des Rotationsvolumens (nur LK): Fläche zwischen Schaubild und x-Achse rotiert um die x-Achse

Beispiel

Gegeben ist die Funktion f mit $f(x) = x + 0,5$.
Deren Schaubild rotiert zwischen den beiden Grenzen $a = 0$ und $b = 2$ um die x-Achse.
Welches Volumen besitzt der entstehende Rotationskörper?

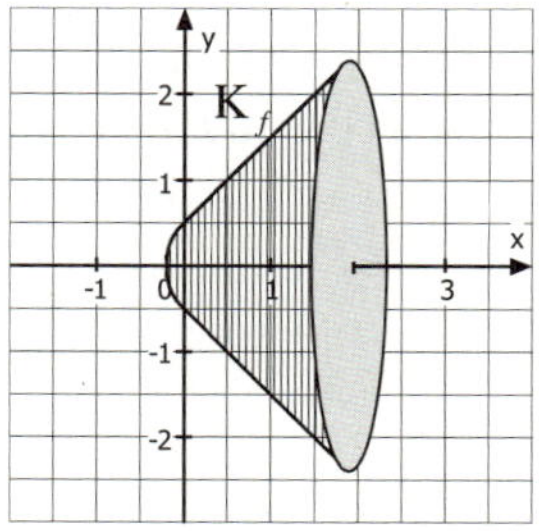

Ansatz

$$V_{rot} = \pi \cdot \int_a^b \left(f(x)\right)^2 dx$$

Lösung

Rechte Grenze nach oben, linke nach unten ↓ — *quadrieren, 1. Binomische Formel* ⟶ — *aufleiten* ⟶

$$V_{rot} = \pi \cdot \int_0^2 \left((x+0,5)^2\right) dx = \pi \cdot \int_0^2 \left(x^2 + x + 0,25\right) dx = \pi \cdot \left[\frac{1}{3}x^3 + \frac{1}{2}x^2 + 0,25x\right]_0^2$$

$$= \pi \cdot \left(\frac{1}{3} \cdot 2^3 + \frac{1}{2} \cdot 2^2 + 0,25 \cdot 2 \; - \; (0)\right) = 16,23 \text{ VE}$$

⟶ *Rechte und linke Grenze in Stammfunktion einsetzen, voneinander subtrahieren*

Eingabe in GTR/CAS

Geben Sie das π und die Hochzahl so ein, als wenn diese zum Funktionsterm gehören würden. Eingabe: $\int_0^2 \pi \cdot (x+0,5)^2 \, dx \approx 16.23$.

http://frv.tv/2e

4.5 Berechnung des Rotationsvolumens (nur LK): Fläche zwischen zwei Schaubildern rotiert um die x-Achse

Beispiel

Gegeben sind die beiden Funktionen f mit $f(x)$ und g mit $g(x)$.
Die Fläche zwischen den beiden zugehörigen Schaubildern und den Grenzen $a=0$ und $b=2$ rotiert um die x-Achse.
Welches Vorgehen führt zum Volumen des entstehenden Rotationskörpers?

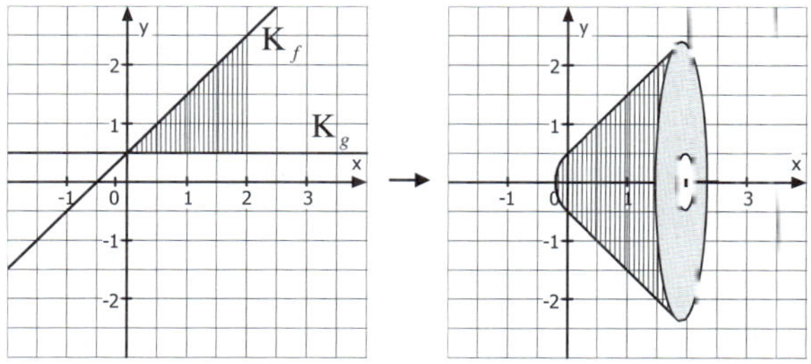

Vorgehen (am Beispiel)

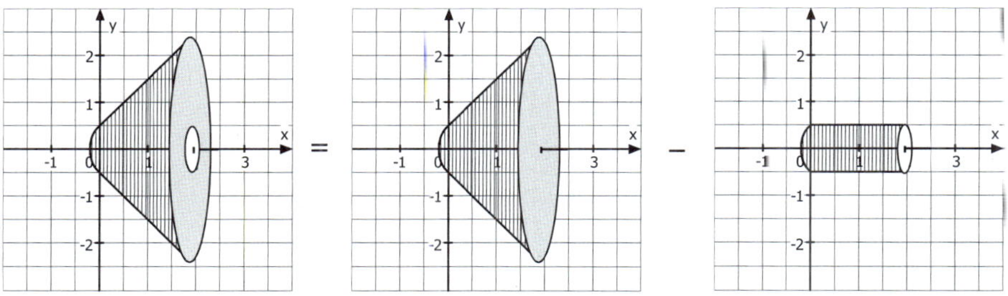

$$V_{rot} = V_{gesamt} - V_{„Hohlraum“}$$

$$= \pi \cdot \int_0^2 \left(f(x)\right)^2 dx - \pi \cdot \int_0^2 \left(g(x)\right)^2 dx$$

$$= \pi \cdot \int_0^2 \left(f(x)\right)^2 - \left(g(x)\right)^2 dx$$

$$\left(\neq \quad \pi \cdot \int_0^2 \left(f(x) - g(x)\right)^2 dx \quad \text{Falscher Ansatz!} \right)$$

4.6 Flächen, die bis ins Unendliche reichen (Uneigentliche Integrale) (nur LK)

Beispiel

Der Inhalt der rechts offenen Fläche, die durch das Schaubild der Funktion f mit $f(x)=e^{-x}$ und die beiden Koordinatenachsen eingeschlossen wird, soll berechnet werden.

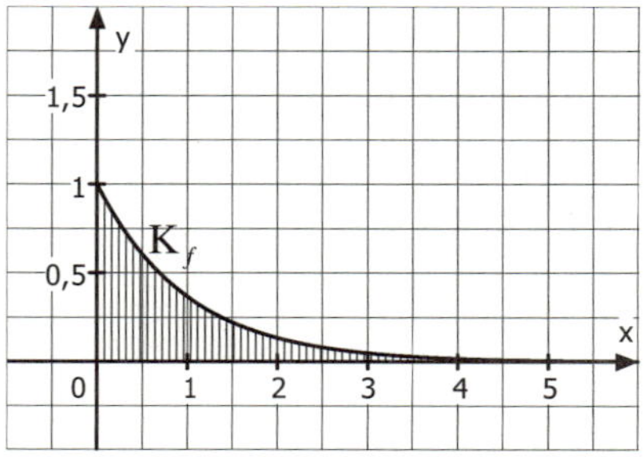

Problem : Schaubild schneidet die x-Achse nicht. Rechte Grenze liegt „unendlich weit rechts".

Vorgehen (am Beispiel)

1. Unbekannte Grenze mit z bezeichnen, damit Flächeninhalt A(z) bestimmen

$$A(z)=\int_0^z \left(e^{-x}\right)dx=\left[-e^{-x}\right]_0^z=-e^{-z}-\left(-e^{0}\right)=-e^{-z}-(-1)=-e^{-z}+1$$

2. A(z) untersuchen, wenn z gegen $+\infty$ strebt $(z\to+\infty)$

(z.B. $z=1000:\mathrm{A}(1000)\ =-e^{-10000}+1\ \approx\ 0+1\approx 1$; „Nebenrechnung")

$z\to+\infty\ :\ \mathrm{A}(z)\ =-e^{-z}\ +1\to 0+1=1\ \Rightarrow$ Flächeninhalt strebt gegen 1 cm^2

Ist es für Sie wirklich einsichtig, dass der Flächeninhalt weniger als 1 cm^2 beträgt, obwohl sich die Fläche unendlich weit nach rechts erstreckt? Falls nicht, können Sie das schnell ändern, indem Sie das nachfolgende Gedankenexperiment durchführen!

Gedankenexperiment

Mit einer Schere wird ein Blatt Papier halbiert.

Die obere Hälfte wird in ein Koordinatensystem gelegt.

Die untere Hälfte wird wiederum halbiert.

Deren obere Hälfte wird ebenfalls in das Koordinatensystem gelegt.

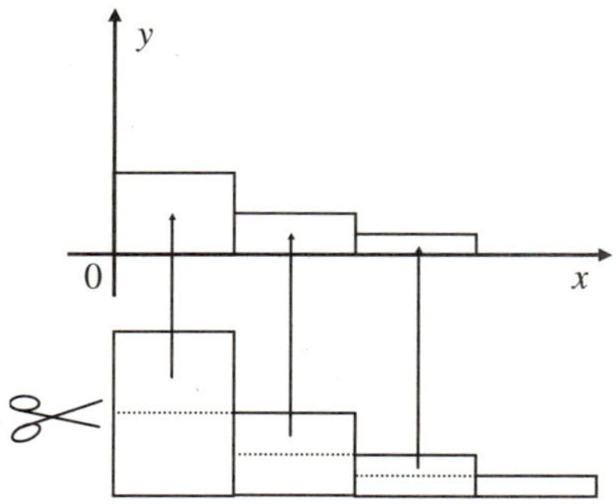

...

Nach und nach erhält man eine Fläche, welche der im oberen Koordinatensystem dargestellten Fläche ähnelt:

Die Höhe wird ebenfalls immer geringer und die Fläche erstreckt sich ebenfalls unendlich weit nach rechts. Man kann das Blatt ja (zumindest theoretisch) unendlich oft halbieren. Ist der Inhalt der Fläche unendlich groß?

Nein! Er kann niemals größer als die Fläche des Papierblattes sein!

Ebenso verhält es sich mit der oberen markierten Fläche.

http://frv.tv/2f

4.7 Zusatz: Mittelwert (durchschnittlicher y-Wert) einer Funktion

Beispiel

Die Funktion f mit $f(x) = -10x^2 + 60x$ gibt zu jedem Zeitpunkt die momentane Geschwindigkeit eines Zuges während einer 6-stündigen Zugfahrt an. Welche **durchschnittliche Geschwindigkeit** hat der Zug von der 2. bis zur 5. Stunde?

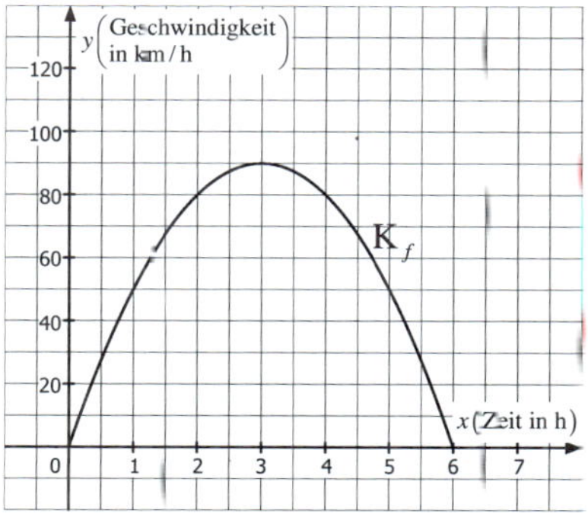

Ansatz

$$\overline{m} = \frac{1}{b-a} \cdot \int_a^b f(x)\,dx$$

Lösung

$$\overline{m} = \frac{1}{5-2} \cdot \int_2^5 \left(-10x^2 + 60x\right) dx = \frac{1}{3} \cdot \left[-\frac{10}{3}x^3 + \frac{60}{2}x^2 \right]_2^5$$

$$= \frac{1}{3} \cdot \left(-\frac{10}{3} \cdot 5^3 + \frac{60}{2} \cdot 5^2 \quad - \quad \left(-\frac{10}{3} \cdot 2^3 + \frac{60}{2} \cdot 2^2 \right) \right) = 80\,[\text{km/h}]$$

http://frv.tv/2g

4.8 Zusatz: Wichtiges für Anwendungsorientierte Aufgaben

1. Typische Problemstellungen und benötigte Funktionen

Anwendungsorientierte Aufgaben („Textaufgaben“) thematisieren oftmals (zumindest sinngemäß) eine der nachfolgenden Problemstellungen.
Hierbei liegt der Aufgabenschwerpunkt oftmals auf dem bedeutungsmäßigen Zusammenhang zwischen Funktion und Ableitungsfunktion.

Bedeutung von $f(x)$	**Bedeutung von $f'(x)$**	**Bedeutung von $\int_a^b (f'(x))\,dx$**
Pflanzenhöhe (z.B. in m) in Abhängigkeit von der Zeit (z.B. in s)	Momentane Wachstumsgeschwindigkeit einer Pflanze (z.B. in m/s) in Abh. von der Zeit	Zunahme der Pflanzenhöhe zwischen zwei Zeitpunkten
Vorhandene Wassermenge (z.B. in l) in Abh. von der Zeit (z.B. in s)	Momentane Zu- bzw. Abflussgeschwindigkeit von Wasser (z.B. in l/s) in Abh. von der Zeit	Änderung der vorhandenen Wassermenge zwischen zwei Zeitpunkten
Zurückgelegte Wegstrecke (z.B. in m) in Abh. von der Zeit (z.B. in s)	Momentane Fahrtgeschwindigkeit eines Autos (z.B. in m/s) in Abh. von der Zeit	Zurückgelegte Wegstrecke zwischen zwei Zeitpunkten
Vorhandene Alkoholmenge im Blut (z.B. in g) in Abh. von der Zeit (z.B. in min)	Momentane Abbaugeschwindigkeit von Alkohol im Blut (z.B. in g/min) in Abh. von der Zeit	Änderung der vorhandenen Alkoholmenge im Blut zwischen zwei Zeitpunkten
Beschreibt die: **Aktuellen Werte der „interessierenden Größe“** in Abh. von einer anderen Größe	Beschreibt die: **Momentane Änderung der „interessierenden Größe“** in Abh. von einer anderen Größe	
Häufiges Merkmal: **„Einheit ohne Bruch“ (z.B. m)**	Häufiges Merkmal: **„Einheit mit Bruch“ (z.B. m/s)**	

Hinweis : Die obigen Zusammenhänge gelten natürlich auch zwischen Stammfunktion F(x) und der zugehörigen Funktion $f(x)$.

http://frv.tv/2h

2. Von der Aufgabenformulierung zum Rechenansatz („Schlüsselwörter")

Da sich anwendungsorientierte Aufgaben auf alle Inhalte der Analysis beziehen können, ist es oftmals schwierig, von der Aufgabenformulierung zum zugehörigen Rechenansatz zu gelangen. Die nachfolgende Zusammenstellung soll Ihnen dabei helfen.

Aufgabenformulierung	Rechenansatz
Bestand zum Beobachtungsbeginn; Anfangsbestand; Startwert; …	$f(0)$
Bestand bzw. Wert zu einem bestimmten Zeitpunkt; …	gegebenen Zeitpunkt einsetzen: $f(x_0)$
Ab welchem bzw. bis zu welchem Zeitpunkt liegt mehr bzw. weniger als ein bestimmter Bestand vor; ein bestimmter Wert wird über- bzw. unterschritten; höher bzw. geringer als; …	$f(x) = \text{Wert}$ (gleichsetzen um zum Anfangs- bzw. Endzeitpunkt zu gelangen)
Momentane Änderungsrate; Änderung zu einem Zeitpunkt; steil bzw. flach; Steigung; …	$f'(x)$ bzw. $f'(x_0)$
kleinster (geringster) bzw. größter (höchster) Wert; …	Hoch- oder Tiefpunkt von K_f
größte Änderung; stärkster Zuwachs bzw. stärkste Abnahme; steilste Stelle; …	Wendepunkt von K_f bzw. Hoch oder Tiefpunkt von $K_{f'}$
Winkel; Steigungswinkel; …	$\tan\alpha = m$
Größter bzw. kleinster Flächeninhalt, Volumen, Abstand, Länge, ...	Extremwertaufgabe
Langfristig, über sehr langen Zeitraum; Grenzwert; … (bei *e*-Funktion)	Asymptote
gesamt; insgesamt; …	$\int_a^b f(x)\,dx$
mittlerer; durchschnittlicher; …	$\overline{m} = \frac{1}{b-a} \cdot \int_a^b (f(x))\,dx$
Volumen	$V_{rot} = \pi \cdot \int_a^b (f(x))^2\,dx$

II. Grundlagen Vektorgeometrie

1. Vorwissen

1.1 Punkte (im $\mathbb{R}^3$)

Beispiel: $A(4|3|5)$

Vom **Ursprung** geht man
4 Einheiten nach vorne, 3 nach rechts und 5 Einheiten nach oben.

$B(-3|2|-0{,}5)$; $C(0|-2|0)$

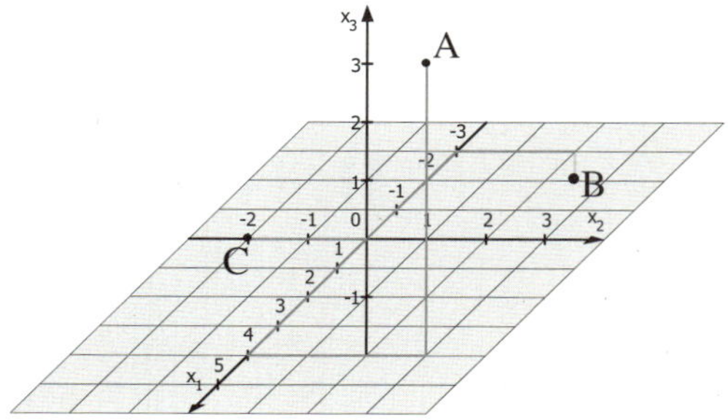

1.2 Vektoren (im $\mathbb{R}^3$)

Beispiel: $\vec{u} = \begin{pmatrix} 3 \\ 0 \\ -3 \end{pmatrix}$

Von einem beliebigen **Anfangspunkt** geht man
3 Einheiten nach vorne und
3 Einheiten nach unten.

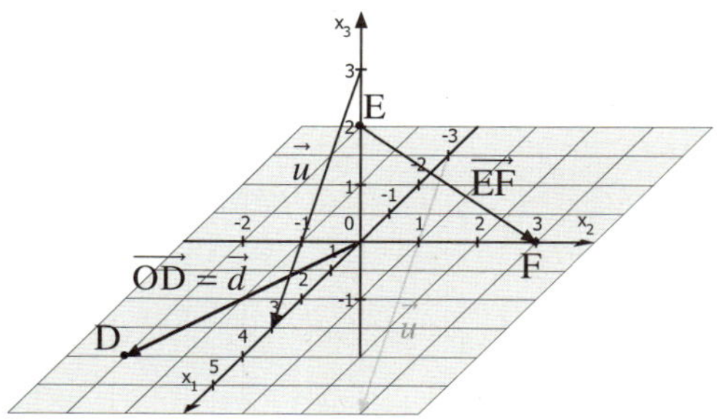

Bemerkungen

- **Ortsvektor** eines Punktes: Zeigt vom Ursprung auf den Punkt (also auf einen „Ort").

Beispiel: $D(4|-2|0)$ und $\overrightarrow{OD} = \vec{d} = \begin{pmatrix} 4 \\ -2 \\ 0 \end{pmatrix}$.

- **Verbindungsvektor** zwischen 2 Punkten:

Beispiel: $E(0|0|2)$ und $F(0|3|0) \rightarrow \overrightarrow{EF} = \vec{f} - \vec{e} = \begin{pmatrix} 0-0 \\ 3-0 \\ 0-2 \end{pmatrix} = \begin{pmatrix} 0 \\ 3 \\ -2 \end{pmatrix}$

„Verbindungsvektor = Endpunkt − Startpunkt"

- **Spezielle Vektoren**

Nullvektor $\vec{O} = \begin{pmatrix} 0 \\ 0 \\ 0 \end{pmatrix}$; Einheitsvektoren: $\vec{e_1} = \begin{pmatrix} 1 \\ 0 \\ 0 \end{pmatrix}$; $\vec{e_2} = \begin{pmatrix} 0 \\ 1 \\ 0 \end{pmatrix}$; $\vec{e_3} = \begin{pmatrix} 0 \\ 0 \\ 1 \end{pmatrix}$

http://frv.tv/2i

1.3 Rechnen mit Vektoren

1. Addition und Subtraktion von Vektoren

$$\vec{a}+\vec{b}=\begin{pmatrix}a_1\\a_2\\a_3\end{pmatrix}+\begin{pmatrix}b_1\\b_2\\b_3\end{pmatrix}=\begin{pmatrix}a_1+b_1\\a_2+b_2\\a_3+b_3\end{pmatrix}$$

$$\begin{pmatrix}1\\0\\-2\end{pmatrix}+\begin{pmatrix}3\\-1\\2\end{pmatrix}=\begin{pmatrix}4\\-1\\0\end{pmatrix}\text{ (Beispiel)}$$

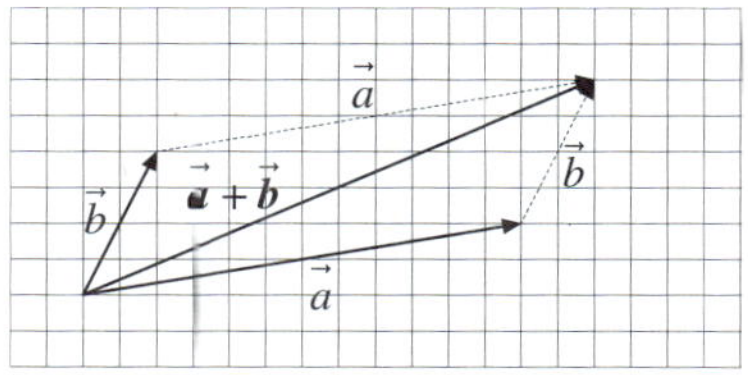

$$\vec{a}-\vec{b}=\begin{pmatrix}a_1\\a_2\\a_3\end{pmatrix}-\begin{pmatrix}b_1\\b_2\\b_3\end{pmatrix}=\begin{pmatrix}a_1-b_1\\a_2-b_2\\a_3-b_3\end{pmatrix}$$

$$\begin{pmatrix}1\\0\\-2\end{pmatrix}-\begin{pmatrix}3\\-1\\2\end{pmatrix}=\begin{pmatrix}-2\\1\\-4\end{pmatrix}\text{ (Beispiel)}$$

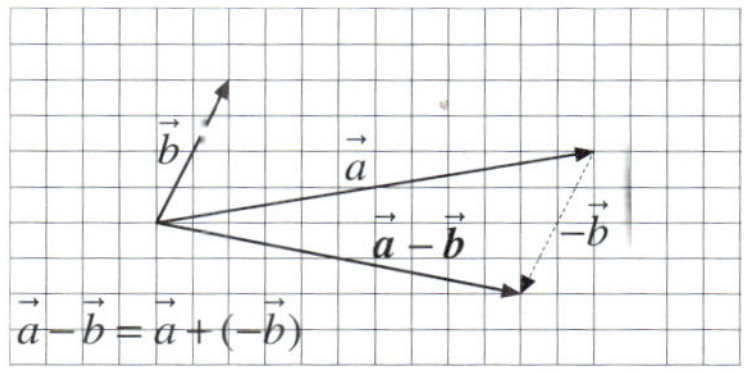

Hinweis: Grafisch wird bei der Subtraktion der Gegenvektor $-\vec{b}$ addiert.

2. Länge (Betrag) eines Vektors

$$\vec{a}=\begin{pmatrix}a_1\\a_2\\a_3\end{pmatrix}\rightarrow|\vec{a}|=\sqrt{a_1^2+a_2^2+a_3^2};\text{ Beispiel: }\vec{a}=\begin{pmatrix}3\\0\\-4\end{pmatrix}\rightarrow|\vec{a}|=\sqrt{3^2+0^2+(-4)^2}=\sqrt{25}=5\text{ LE}$$

3. S(kalare) – Multiplikation (Zahl · Vektor)

$$k\cdot\vec{a}=\begin{pmatrix}k\cdot a_1\\k\cdot a_2\\k\cdot a_3\end{pmatrix}\ (k\in\mathbb{R})\quad\text{Beispiel: }2\cdot\begin{pmatrix}3\\0\\-4\end{pmatrix}=\begin{pmatrix}6\\0\\-8\end{pmatrix}$$

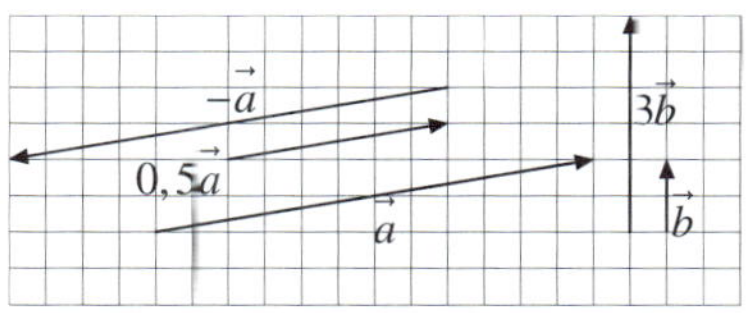

Bemerkungen

- Der Vektor $k\cdot\vec{a}$ hat die $|k|$-fache Länge von $\vec{a}$ und ist parallel zu $\vec{a}$.
- Der **Gegenvektor** $-\vec{a}$ ist parallel und besitzt die gleiche Länge wie $\vec{a}$, ist jedoch entgegengesetzt gerichtet.

Beispiel: $\vec{a}=\begin{pmatrix}-2\\1\\3\end{pmatrix};\ -\vec{a}=\begin{pmatrix}2\\-1\\-3\end{pmatrix}$

- Ein **Einheitsvektor** ist ein Vektor, dessen **Länge 1** ist. Teilt man einen gegebenen Vektor durch seine Länge (Betrag), erhält man den zugehörigen Einheitsvektor.

Beispiel: $\vec{a}=\begin{pmatrix}3\\0\\-4\end{pmatrix}$ hat die Länge $|\vec{a}|=5$; Einheitsvektor: $\vec{a_0}=\frac{1}{|\vec{a}|}\cdot\vec{a}=\frac{1}{5}\cdot\begin{pmatrix}3\\0\\-4\end{pmatrix}=\begin{pmatrix}0,6\\0\\-0,8\end{pmatrix}$

http://frv.tv/2j

4. Linearkombination von Vektoren

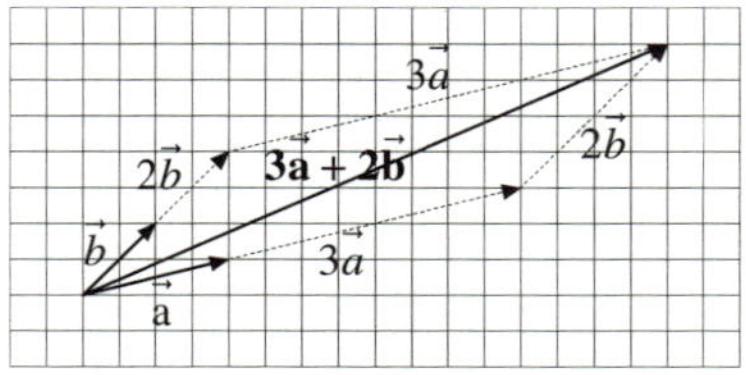

$\boldsymbol{k}\cdot\vec{\boldsymbol{a}}+\boldsymbol{l}\cdot\vec{\boldsymbol{b}}$ (mit $k, l \in \mathbb{R}$)

ist eine Summe von Vielfachen von Vektoren. Man bildet auf diese Art „neue" Vektoren.

5. Lineare Abhängigkeit und Unabhängigkeit

2 Vektoren im $\mathbb{R}^2$

$\vec{a}$ und $\vec{b}$ sind linear abhängig

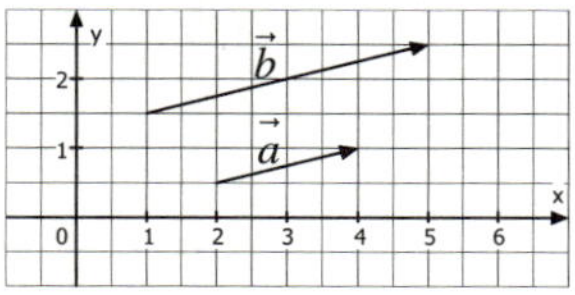

Beispiel: $\begin{pmatrix}4\\1\end{pmatrix}=2\cdot\begin{pmatrix}2\\0{,}5\end{pmatrix}$

Es gilt: $\vec{\boldsymbol{b}}=\boldsymbol{k}\cdot\vec{\boldsymbol{a}}$ (mit $k\in\mathbb{R}$)

Der Vektor $\vec{b}$ ist ein (skalares) **Vielfaches** des Vektors $\vec{a}$. $\vec{a}$ und $\vec{b}$ sind **parallel**.

$\vec{a}$ und $\vec{b}$ sind linear unabhängig

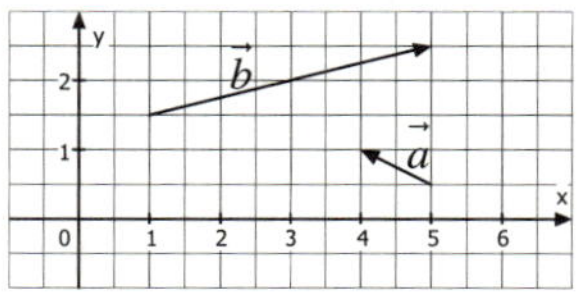

Beispiel: $\begin{pmatrix}4\\1\end{pmatrix}\neq k\cdot\begin{pmatrix}-1\\0{,}5\end{pmatrix}$

Es gilt: $\vec{\boldsymbol{b}}\neq\boldsymbol{k}\cdot\vec{\boldsymbol{a}}$ (mit $k\in\mathbb{R}$)

$\vec{a}$ und $\vec{b}$ sind **nicht parallel**.

3 Vektoren im $\mathbb{R}^3$

$\vec{a}, \vec{b}$ und $\vec{c}$ sind linear abhängig

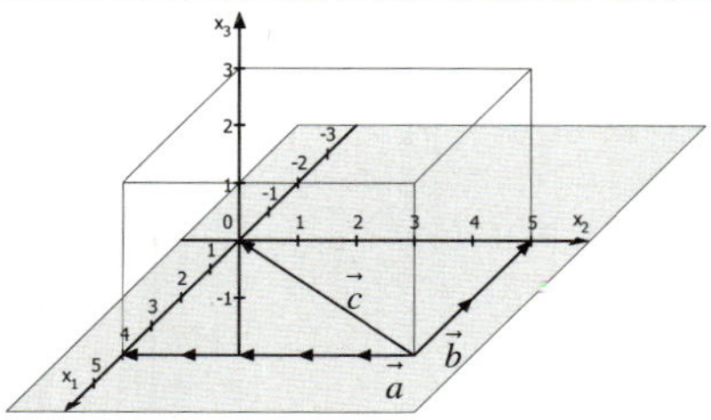

Beispiel: $\vec{c}=5\vec{a}+2\vec{b}$

Es gilt: $\vec{c}=k\cdot\vec{a}+l\cdot\vec{b}$ (mit $k, l\in\mathbb{R}$)

Der Vektor $\vec{c}$ lässt sich als **Linear-kombination** aus $\vec{a}$ und $\vec{b}$ darstellen.

$\vec{a}$, $\vec{b}$ und $\vec{c}$ **liegen in einer Ebene**.

$\vec{a}, \vec{b}$ und $\vec{c}$ sind linear unabhängig

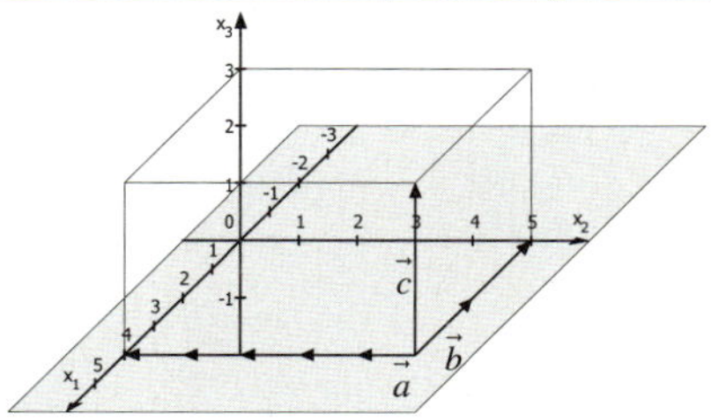

Kein Vektor lässt sich als **Linear-kombination** aus den beiden anderen Vektoren darstellen.

$\vec{a}$, $\vec{b}$ und $\vec{c}$ **spannen einen Raum auf**.

Bedeutung der linearen Unabhängigkeit

- Durch eine Linearkombination aus 3 linear unabhängigen Vektoren kann jeder beliebige Vektor im $\mathbb{R}^3$ dargestellt werden.
- 2 linear unabhängige Vektoren spannen im $\mathbb{R}^3$ eine Ebene auf.

http://frv.tv/2k

6. Skalarprodukt (Vektor · Vektor)

Das Skalarprodukt zweier Vektoren **ergibt eine reelle Zahl**.

$$\begin{pmatrix} a_1 \\ a_2 \\ a_3 \end{pmatrix} \cdot \begin{pmatrix} b_1 \\ b_2 \\ b_3 \end{pmatrix} = a_1 \cdot b_1 + a_2 \cdot b_2 + a_3 \cdot b_3 \qquad \text{Beispiel: } \begin{pmatrix} 2 \\ 0 \\ -1 \end{pmatrix} \cdot \begin{pmatrix} 4 \\ -2 \\ 3 \end{pmatrix} = 2 \cdot 4 + 0 \cdot (-2) + (-1) \cdot 3 = 5$$

Das Skalarprodukt wird vor allem dazu verwendet, um zu untersuchen, ob zwei Vektoren **senkrecht (orthogonal)** aufeinander stehen. In diesem Fall ergibt ihr **Skalarprodukt 0**.

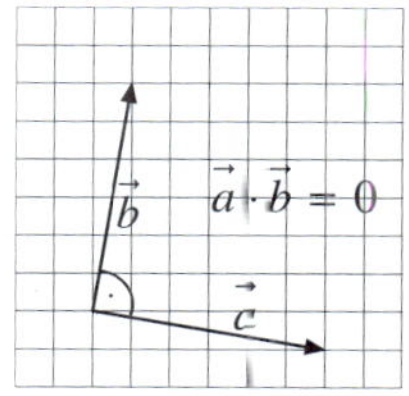

Beispiel: $\vec{a} \cdot \vec{b} = \begin{pmatrix} 1 \\ 1 \\ -4 \end{pmatrix} \cdot \begin{pmatrix} -1 \\ 9 \\ 2 \end{pmatrix} = 1 \cdot (-1) + 1 \cdot 9 + (-4) \cdot 2 = 0$

Somit stehen $\vec{a}$ und $\vec{b}$ senkrecht aufeinander.

7. Vektorprodukt bzw. Kreuzprodukt (Vektor × Vektor)

Hinweis: Das Vektorprodukt steht nicht verpflichtend im Lehrplan. Es kann jedoch oft eingesetzt werden und erspart dann erheblich Rechenaufwand.

Das Vektorprodukt zweier Vektoren **ergibt einen Vektor**, der auf **beiden Vektoren senkrecht** steht.

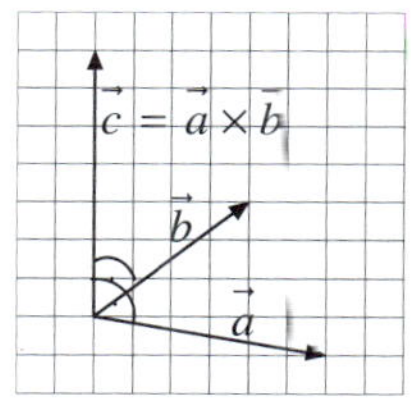

$$\vec{c} = \vec{a} \times \vec{b} = \begin{pmatrix} a_1 \\ a_2 \\ a_3 \end{pmatrix} \times \begin{pmatrix} b_1 \\ b_2 \\ b_3 \end{pmatrix} = \begin{pmatrix} a_2 \cdot b_3 - a_3 \cdot b_2 \\ a_3 \cdot b_1 - a_1 \cdot b_3 \\ a_1 \cdot b_2 - a_2 \cdot b_1 \end{pmatrix}$$

(Hilfsschema)

$$\begin{pmatrix} \not{a_1} & \not{b_1} \\ a_2 & b_2 \\ a_3 & b_3 \\ a_1 & b_1 \\ a_2 & b_2 \\ \not{a_3} & \not{b_3} \end{pmatrix}$$

Beispiel:

$$\vec{c} = \begin{pmatrix} 2 \\ -1 \\ 3 \end{pmatrix} \times \begin{pmatrix} -3 \\ 2 \\ 0 \end{pmatrix} = \begin{pmatrix} (-1) \cdot 0 - 3 \cdot 2 \\ 3 \cdot (-3) - 2 \cdot 0 \\ 2 \cdot 2 - (-1) \cdot (-3) \end{pmatrix} = \begin{pmatrix} -6 \\ -9 \\ 1 \end{pmatrix}$$

$$\begin{pmatrix} \not{2} & \not{-3} \\ -1 & 2 \\ 3 & 0 \\ 2 & -3 \\ -1 & 2 \\ \not{3} & \not{0} \end{pmatrix}$$

(Berechnung ev. mit GTR!)

Anwendungen des Vektorproduktes

Berechnung des Flächeninhaltes des durch die Vektoren $\vec{a}$ und $\vec{b}$ aufgespannten

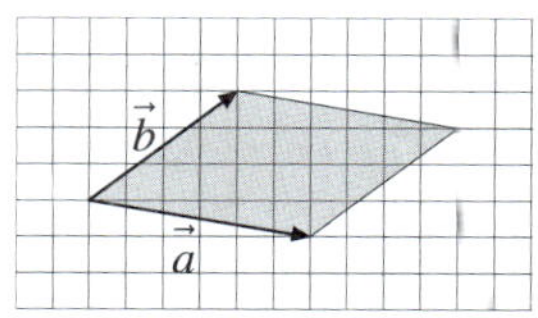

- **Parallelogramms :** $\mathbf{A} = |\vec{a} \times \vec{b}|$
- **Dreiecks :** $\mathbf{A} = \frac{1}{2} |\vec{a} \times \vec{b}|$

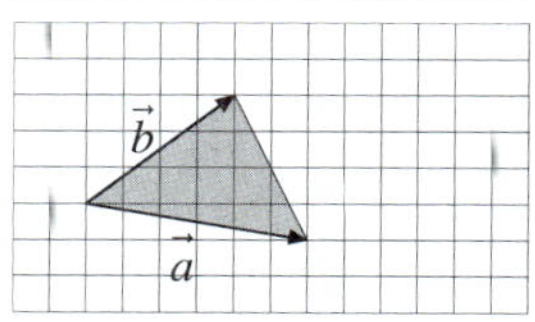

http://frv.tv/21

2. Geraden

2.1 Geradengleichungen in Parameterform

Die Punkt-Richtungs-Form:

$g:\ \vec{x} = \vec{p} + r \cdot \vec{u}$ (mit $r \in \mathbb{R}$)

- $\vec{p}$: Stützvektor (Ortsvektor des Stützpunktes P)
- $\vec{u}$: Richtungsvektor
- r: Parameter (mit $r \in \mathbb{R}$)

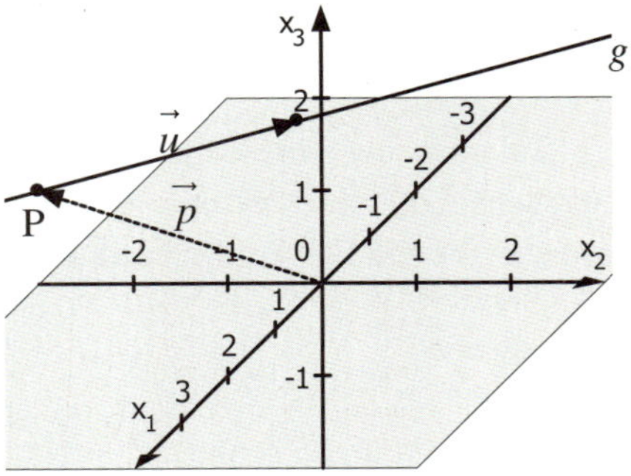

Beispiel: $g:\ \vec{x} = \begin{pmatrix} 2 \\ -2 \\ 2 \end{pmatrix} + r \cdot \begin{pmatrix} -0,5 \\ 2,5 \\ 0,5 \end{pmatrix}$ (mit $r \in \mathbb{R}$)

Spezielle Geraden: z.B. x_1-Achse: $\vec{x} = \begin{pmatrix} 0 \\ 0 \\ 0 \end{pmatrix} + r \cdot \begin{pmatrix} 1 \\ 0 \\ 0 \end{pmatrix}$; x_3-Achse: $\vec{x} = \begin{pmatrix} 0 \\ 0 \\ 0 \end{pmatrix} + r \cdot \begin{pmatrix} 0 \\ 0 \\ 1 \end{pmatrix}$

Elementare Aufgabenstellungen

- **Geradenpunkte ermitteln**

Beispiel: Bestimmung eines Punktes auf $g:\ \vec{x} = \begin{pmatrix} 2 \\ -2 \\ 2 \end{pmatrix} + r \cdot \begin{pmatrix} -0,5 \\ 2,5 \\ 0,5 \end{pmatrix}$ (mit $r \in \mathbb{R}$).

Einsetzen eines beliebigen Wertes für r (z.B. $r = 2$):

$$\overrightarrow{OD} = \begin{pmatrix} 2 \\ -2 \\ 2 \end{pmatrix} + 2 \cdot \begin{pmatrix} -0,5 \\ 2,5 \\ 0,5 \end{pmatrix} = \begin{pmatrix} 1 \\ 3 \\ 3 \end{pmatrix} \rightarrow \mathrm{D}(1|3|3).$$

- **Überprüfen, ob ein Punkt auf einer Geraden liegt (Punktprobe)**

Beispiel: Liegt $\mathrm{Q}(0|8|4)$ auf der Geraden $g:\ \vec{x} = \begin{pmatrix} 2 \\ -2 \\ 2 \end{pmatrix} + r \cdot \begin{pmatrix} -0,5 \\ 2,5 \\ 0,5 \end{pmatrix}$ (mit $r \in \mathbb{R}$)?

Der Ortsvektor von Q wird für $\vec{x}$ eingesetzt, man erhält ein LGS.

$$\begin{pmatrix} 0 \\ 8 \\ 4 \end{pmatrix} = \begin{pmatrix} 2 \\ -2 \\ 2 \end{pmatrix} + r \cdot \begin{pmatrix} -0,5 \\ 2,5 \\ 0,5 \end{pmatrix} \Leftrightarrow \begin{array}{l} 0 = 2 - 0,5r \Leftrightarrow r = 4 \\ 8 = -2 + 2,5r \Leftrightarrow r = 4 \\ 4 = 2 + 0,5r \Leftrightarrow r = 4 \end{array}$$

LGS ist eindeutig lösbar, somit liegt Q auf der Geraden.
(Bei verschiedenen Ergebnissen für r (Widerspruch) liegt der Punkt nicht auf der Geraden.)

http://frv.tv/2m

• Aufstellen einer Geradengleichung aus zwei Punkten

Zwei-Punkte-Form:

$g:\ \vec{x} = \overrightarrow{OA} + r \cdot \overrightarrow{AB}$ (mit $r \in \mathbb{R}$)

- $\overrightarrow{OA} = \vec{a}$, der Ortsvektor des Punktes A, wird als Stützvektor verwendet
- $\overrightarrow{AB} = \vec{b} - \vec{a}$, der Verbindungsvektor der Punkte A und B, bildet den Richtungsvektor
- r: Parameter (mit $r \in \mathbb{R}$)

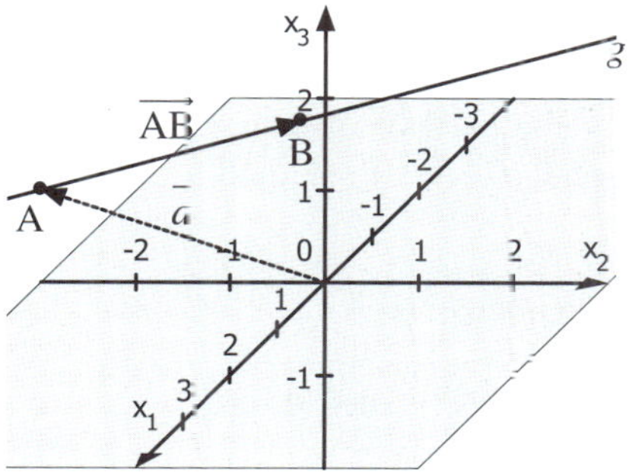

Beispiel: Gerade durch $A(2|-2|2)$ und $B(1{,}5|0{,}5|2{,}5)$.

$$g:\ \vec{x} = \begin{pmatrix} 2 \\ -2 \\ 2 \end{pmatrix} + r \cdot \begin{pmatrix} 1{,}5-2 \\ 0{,}5-(-2) \\ 2{,}5-2 \end{pmatrix} \Leftrightarrow g:\ \vec{x} = \begin{pmatrix} 2 \\ -2 \\ 2 \end{pmatrix} + r \cdot \begin{pmatrix} -0{,}5 \\ 2{,}5 \\ 0{,}5 \end{pmatrix} \quad (\text{mit } r \in \mathbb{R})$$

Hinweis : Die Gleichung einer Geraden ist nicht eindeutig. Durch „Vertauschen" der Punkte erhält man eine „zahlenmäßig andere" Gleichung (derselben Geraden):

$$g:\ \vec{x} = \begin{pmatrix} 1{,}5 \\ 0{,}5 \\ 2{,}5 \end{pmatrix} + r \cdot \begin{pmatrix} 0{,}5 \\ -2{,}5 \\ -0{,}5 \end{pmatrix} \quad (\text{mit } r \in \mathbb{R})$$

• Spurpunkte ermitteln (Schnittpunkte einer Geraden mit den Koordinatenebenen)

Beispiel: Berechnen des Schnittpunktes von $g:\ \vec{x} = \begin{pmatrix} 3 \\ -2 \\ 0 \end{pmatrix} + r \cdot \begin{pmatrix} -3 \\ 4 \\ 3 \end{pmatrix}$ mit der x_2x_3-Ebene.

Da der gesuchte Schnittpunkt in der x_2x_3-Ebene liegt, hat seine x_1-Koordinate den Wert 0

$S_{x_2x_3}(0|...|...)$.

Dies wird in die Geradengleichung für x_1 eingesetzt: $0 = 3 - 3r \rightarrow r = 1$.

Nun wird $r = 1$ eingesetzt:

$$\vec{x} = \begin{pmatrix} 3 \\ -2 \\ 0 \end{pmatrix} + 1 \cdot \begin{pmatrix} -3 \\ 4 \\ 3 \end{pmatrix} = \begin{pmatrix} 0 \\ 2 \\ 3 \end{pmatrix} \Rightarrow S_{23}(0|2|3)$$

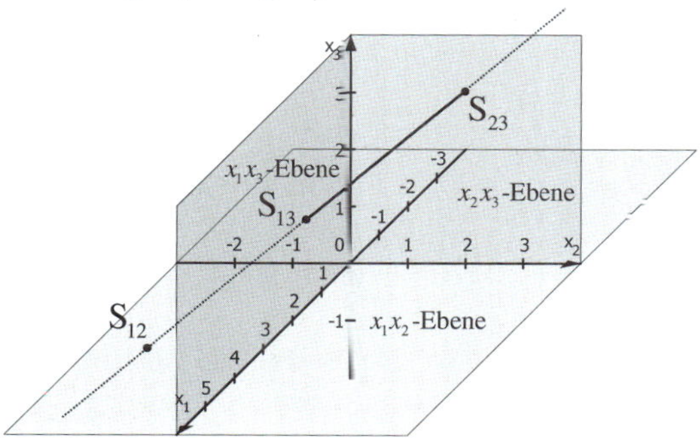

Beachten Sie: Für den Schnittpunkt mit der $\left\{\begin{matrix} \boldsymbol{x_1x_2}\textbf{-Ebene} \\ \boldsymbol{x_1x_3}\textbf{-Ebene} \\ \boldsymbol{x_2x_3}\textbf{-Ebene} \end{matrix}\right\}$ wird $\left\{\begin{matrix} \boldsymbol{x_3 = 0} \\ \boldsymbol{x_2 = 0} \\ \boldsymbol{x_1 = 0} \end{matrix}\right\}$ gesetzt.

2.2 Gegenseitige Lage von Geraden

Beispiel 1

$$g: \vec{x} = \begin{pmatrix} 1 \\ -5 \\ 5 \end{pmatrix} + r \cdot \begin{pmatrix} 2 \\ 1 \\ 1 \end{pmatrix} \text{ und } h: \vec{x} = \begin{pmatrix} 3 \\ 1 \\ 9 \end{pmatrix} + s \cdot \begin{pmatrix} 1 \\ 3 \\ 2 \end{pmatrix}$$

Beispiel 2

$$g: \vec{x} = \begin{pmatrix} 1 \\ 2 \\ 0 \end{pmatrix} + r \cdot \begin{pmatrix} 1 \\ 2 \\ 1 \end{pmatrix} \text{ und } h: \vec{x} = \begin{pmatrix} 2 \\ 2 \\ 2 \end{pmatrix} + s \cdot \begin{pmatrix} 4 \\ 8 \\ 4 \end{pmatrix}$$

Vorgehen

Schritt 1: Gleichsetzen.	
$\begin{pmatrix} 1 \\ -5 \\ 5 \end{pmatrix} + r \cdot \begin{pmatrix} 2 \\ 1 \\ 1 \end{pmatrix} = \begin{pmatrix} 3 \\ 1 \\ 9 \end{pmatrix} + s \cdot \begin{pmatrix} 1 \\ 3 \\ 2 \end{pmatrix}$	$\begin{pmatrix} 1 \\ 2 \\ 0 \end{pmatrix} + r \cdot \begin{pmatrix} 1 \\ 2 \\ 1 \end{pmatrix} = \begin{pmatrix} 2 \\ 2 \\ 2 \end{pmatrix} + s \cdot \begin{pmatrix} 4 \\ 8 \\ 4 \end{pmatrix}$
Schritt 2: LGS in r und s ordnen.	
$\begin{matrix} 1+2r=3+s \\ -5+r=1+3s \\ 5+r=9+2s \end{matrix} \Leftrightarrow \begin{matrix} 2r-s=2 & (1) \\ r-3s=6 & (2) \\ r-2s=4 & (3) \end{matrix}$	$\begin{matrix} 1+r=2+4s \\ 2+2r=2+8s \\ 0+r=2+4s \end{matrix} \Leftrightarrow \begin{matrix} r-4s=1 & (1) \\ 2r-8s=0 & (2) \\ r-4s=2 & (3) \end{matrix}$
Schritt 3 **Ohne GTR/CAS:** LGS aus zwei (beliebig) ausgewählten Gleichungen mit dem Gauß-Verfahren lösen. Mit der Lösung dann eine Probe in der verbliebenen Gleichung durchführen.	
LGS aus den Gleichungen (2) und (3): $\left(\begin{array}{cc\|c} 1 & -3 & 6 \\ 1 & -2 & 4 \end{array}\right) \lrcorner -$ $\left(\begin{array}{cc\|c} 1 & -3 & 6 \\ 0 & -1 & 2 \end{array}\right)$ Man erhält $\boldsymbol{s=-2}$. Einsetzen: $r-3\cdot(-2)=6 \Leftrightarrow \boldsymbol{r=0}$. Probe in (1): $2\cdot 0-(-2)=2 \Leftrightarrow 2=2$ Das LGS hat also eine **eindeutige Lösung**.	LGS aus den Gleichungen (1) und (3): $\left(\begin{array}{cc\|c} 1 & -4 & 1 \\ 1 & -4 & 2 \end{array}\right) \lrcorner -$ $\left(\begin{array}{cc\|c} 1 & -3 & 6 \\ 0 & 0 & -1 \end{array}\right)$ ($0=-1$ Widerspruch) Das LGS hat also **keine Lösung**.
Mit GTR/CAS:	
$\left(\begin{array}{cc\|c} 2 & -1 & 2 \\ 1 & -3 & 6 \\ 1 & -2 & 4 \end{array}\right)$; Rref; $\left(\begin{array}{cc\|c} 1 & 0 & 0 \\ 0 & 1 & -2 \\ 0 & 0 & 0 \end{array}\right)$	$\left(\begin{array}{cc\|c} 1 & -4 & 1 \\ 2 & -8 & 0 \\ 1 & -4 & 2 \end{array}\right)$; Rref; $\left(\begin{array}{cc\|c} 1 & -4 & 0 \\ 0 & 0 & 1 \\ 0 & 0 & 0 \end{array}\right)$

http://frv.tv/2n

Schritt 4: Interpretation anhand der nachfolgenden **Übersicht**.

$\left(\begin{array}{cc|c} \bullet & \bullet & \bullet \\ \mathbf{0} & \neq\mathbf{0} & \bullet \\ 0 & 0 & 0 \end{array}\right)$

LGS hat
eindeutige Lösung.
Geraden **schneiden sich** in einem Punkt.

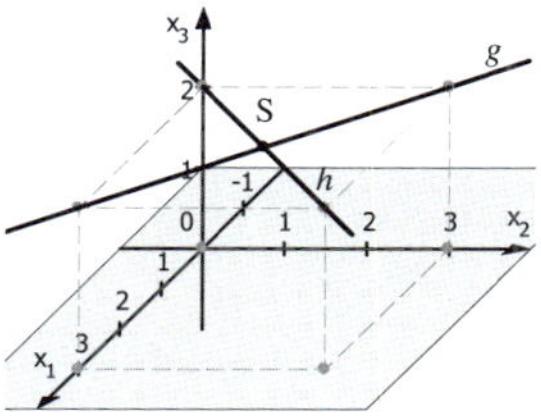

$\left(\begin{array}{cc|c} \bullet & \bullet & \bullet \\ \mathbf{0} & \mathbf{0} & \neq\mathbf{0} \\ 0 & 0 & 0 \end{array}\right)$

LGS hat
keine Lösung.

↓

Sind die Richtungsvektoren Vielfache voneinander?

ja
Geraden sind **parallel**.

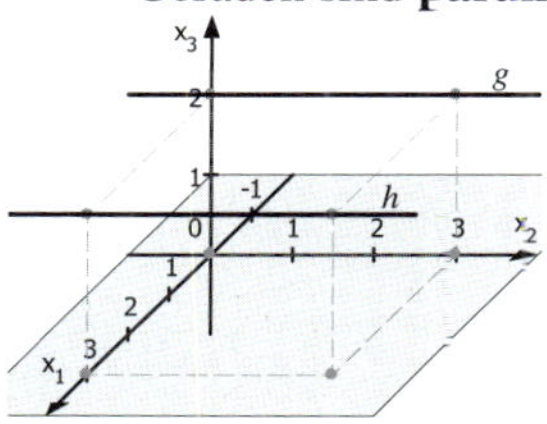

nein
Geraden sind **windschief**.

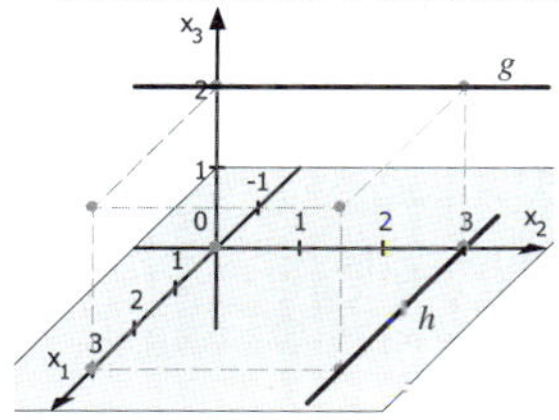

$\left(\begin{array}{cc|c} \bullet & \bullet & \bullet \\ \mathbf{0} & \mathbf{0} & \mathbf{0} \\ 0 & 0 & 0 \end{array}\right)$

LGS hat
unendlich viele Lösungen.
Geraden sind **identisch**.

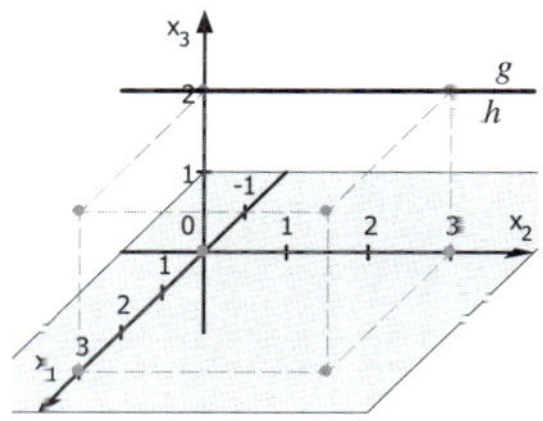

zurück zu Beispiel 1: Die beiden Geraden **schneiden** sich also in einem Punkt.	zurück zu Beispiel 2: Die beiden Geraden sind also **parallel oder windschief**.

Eventuell Schritt 5: Ergebnisabhängige weitere Berechnungen.

Berechnung der Koordinaten des **Schnittpunktes** durch Einsetzen von $r=0$ in g (oder $s=-2$ in h):

$$\overrightarrow{OS}=\begin{pmatrix}1\\-5\\5\end{pmatrix}+0\cdot\begin{pmatrix}2\\1\\1\end{pmatrix}=\begin{pmatrix}1\\-5\\5\end{pmatrix}\to S(1|-5|5)$$

Es gilt: $\begin{pmatrix}4\\8\\4\end{pmatrix}=4\cdot\begin{pmatrix}1\\2\\1\end{pmatrix}$

Die beiden Richtungsvektoren sind (skalare) **Vielfache** voneinander. Somit liegen die Geraden **parallel** zueinander.

„Abkürzung"

Wird gleich zu Beginn erkannt, dass die **Richtungsvektoren Vielfache** voneinander sind (Beispiel 2), so sind die Geraden entweder **parallel** oder **identisch**.
Befindet sich der Stützpunkt der einen Geraden auf der anderen Geraden (**Punktprobe** mit Stützvektor), so sind die Geraden identisch. Ansonsten sind sie parallel.

3. Ebenen: Parameterform

3.1 Ebenengleichungen in Parameterform

Die Punkt-Richtungs-Form:

$\mathbf{E}: \vec{x} = \vec{p} + r \cdot \vec{u} + s \cdot \vec{v}$ (mit $r, s \in \mathbb{R}$)

- $\vec{p}$: Stützvektor (Ortsvektor des Stützpunktes P)
- $\vec{u}$, $\vec{v}$: Spannvektoren (keine Vielfachen voneinander)
- r, s: Parameter (mit $r, s \in \mathbb{R}$)

Beispiel: $\text{E}: \vec{x} = \begin{pmatrix} -3 \\ 3 \\ 1 \end{pmatrix} + \text{r} \cdot \begin{pmatrix} 3 \\ 0 \\ 0 \end{pmatrix} + s \cdot \begin{pmatrix} 0 \\ -3 \\ 0{,}5 \end{pmatrix}$

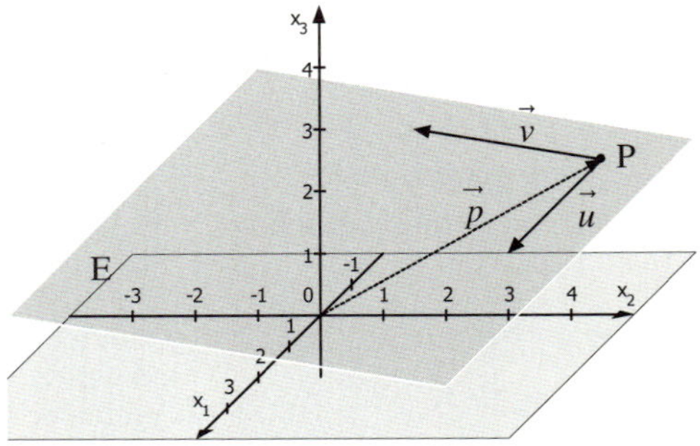

Die Koordinatenebenen in der Parametermeterform

x_1x_2-Ebene: $\vec{x} = \begin{pmatrix} 0 \\ 0 \\ \mathbf{0} \end{pmatrix} + r \cdot \begin{pmatrix} 1 \\ 0 \\ \mathbf{0} \end{pmatrix} + s \cdot \begin{pmatrix} 0 \\ 1 \\ \mathbf{0} \end{pmatrix}$

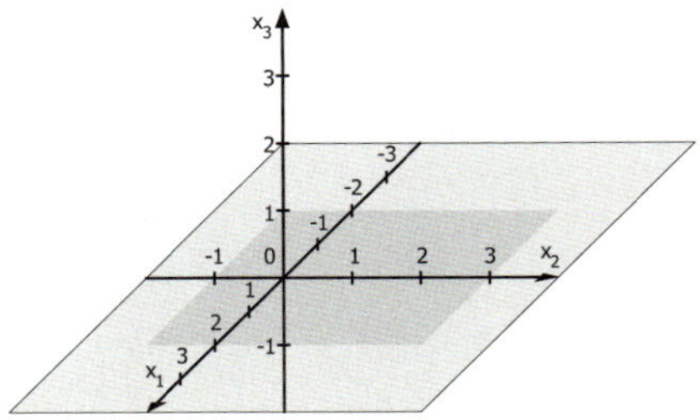

x_2x_3-Ebene: $\vec{x} = \begin{pmatrix} \mathbf{0} \\ 0 \\ 0 \end{pmatrix} + r \cdot \begin{pmatrix} \mathbf{0} \\ 1 \\ 0 \end{pmatrix} + s \cdot \begin{pmatrix} \mathbf{0} \\ 0 \\ 1 \end{pmatrix}$

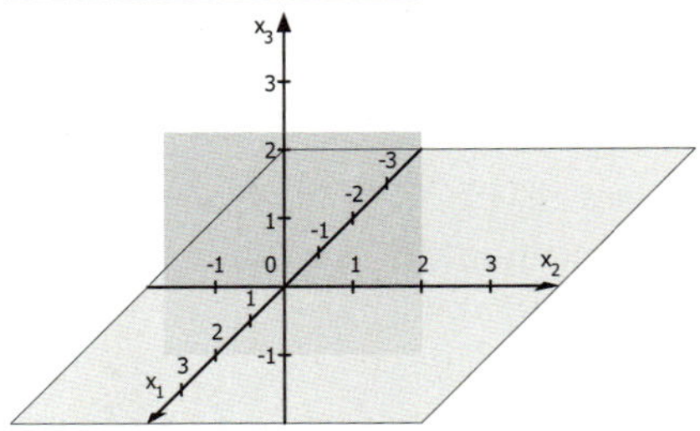

x_1x_3-Ebene: $\vec{x} = \begin{pmatrix} 0 \\ \mathbf{0} \\ 0 \end{pmatrix} + r \cdot \begin{pmatrix} 1 \\ \mathbf{0} \\ 0 \end{pmatrix} + s \cdot \begin{pmatrix} 0 \\ \mathbf{0} \\ 1 \end{pmatrix}$

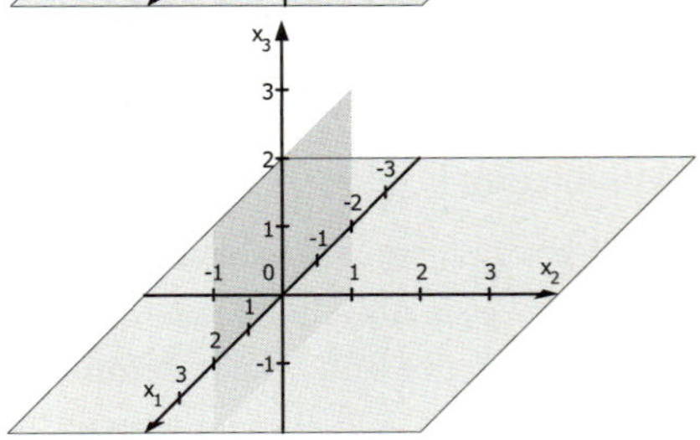

http://frv.tv/2o

Elementare Aufgabenstellungen in der Parameterform

- **Überprüfen, ob ein Punkt in einer Ebene liegt (Punktprobe)**

Beispiel: Liegt $Q(1{,}5\,|\,-3\,|\,2)$ in der Ebene

$$E:\ \vec{x}=\begin{pmatrix}-3\\3\\1\end{pmatrix}+r\cdot\begin{pmatrix}3\\0\\0\end{pmatrix}+s\cdot\begin{pmatrix}0\\-3\\0{,}5\end{pmatrix}\ (\text{mit } r,\ s\in\mathbb{R})?$$

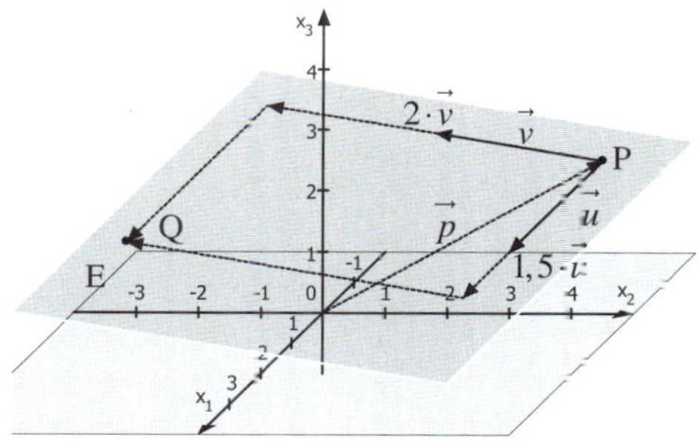

Durch Einsetzen erhält man ein LGS:

$$\begin{pmatrix}1{,}5\\-3\\2\end{pmatrix}=\begin{pmatrix}-3\\3\\1\end{pmatrix}+r\cdot\begin{pmatrix}3\\0\\0\end{pmatrix}+s\cdot\begin{pmatrix}0\\-3\\0{,}5\end{pmatrix}\quad\Leftrightarrow$$

$$\begin{matrix}1{,}5=-3+3r\\-3=3-3s\\2=1+0{,}5s\end{matrix}\quad\Leftrightarrow\quad\begin{matrix}r=1{,}5 & (1)\\s=2 & (2)\\s=2 & (3)\end{matrix}$$

Das LGS hat eine Lösung. Somit liegt Q in der Ebene.

- **Ebenengleichung aufstellen aus 3 Punkten**

Zwei-Punkte-Form:

$$\mathbf{E}:\ \vec{x}=\overrightarrow{\mathbf{OA}}+r\cdot\overrightarrow{\mathbf{AB}}+s\cdot\overrightarrow{\mathbf{AC}}\quad(\text{mit } r,\ s\in\mathbb{R})$$

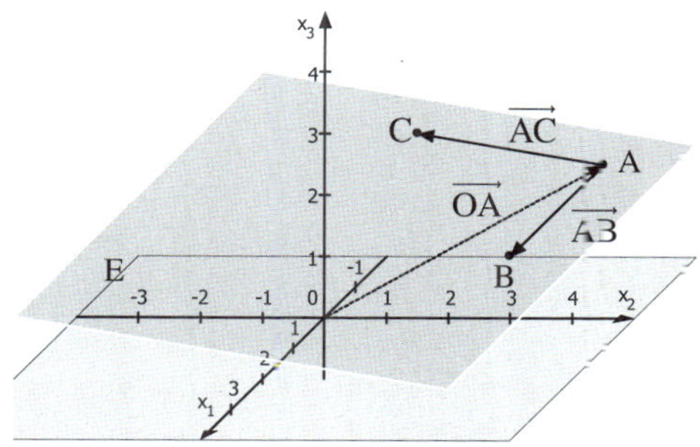

- $\overrightarrow{OA}$, der Ortsvektor des Punktes A, wird als Stützvektor verwendet
- $\overrightarrow{AB}$ und $\overrightarrow{AC}$, die Verbindungsvektoren der Punkte, bilden die Richtungsvektoren.
- $r,\ s$: Parameter (mit $r,\ s\in\mathbb{R}$)

Beispiel: Ebene durch $A(0\,|\,1\,|\,2)$, $B(3\,|\,2\,|\,2)$ und $C(-1\,|\,1\,|\,0)$.

$$E:\ \vec{x}=\begin{pmatrix}0\\1\\2\end{pmatrix}+r\cdot\begin{pmatrix}3-0\\2-1\\2-2\end{pmatrix}+s\cdot\begin{pmatrix}-1-0\\1-1\\0-2\end{pmatrix}\Leftrightarrow E:\ \vec{x}=\begin{pmatrix}0\\1\\2\end{pmatrix}+r\cdot\begin{pmatrix}3\\1\\0\end{pmatrix}+s\cdot\begin{pmatrix}-1\\0\\-2\end{pmatrix}\ (\text{mit } r,\ s\in R)$$

Parameterform, geeignet für:
Aufstellen aus 3 Punkten

3.2 Gegenseitige Lage: Ebene-Gerade

Möglichkeiten für die gegenseitige Lage

Gerade und Ebene **schneiden sich** in einem Punkt.

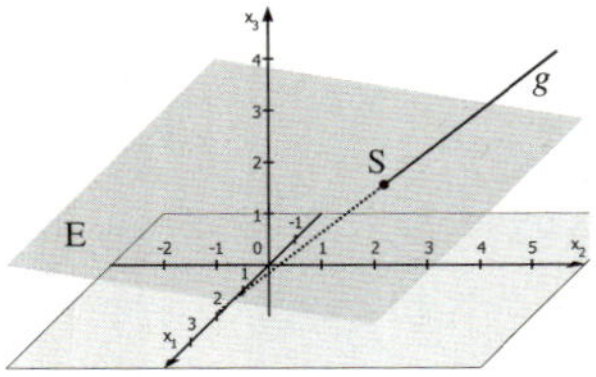

Gerade **liegt in** der Ebene.

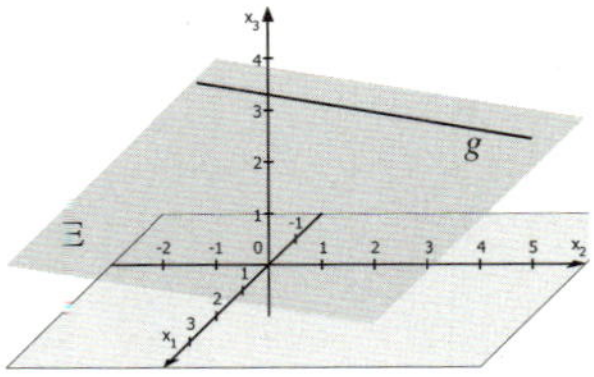

Gerade und Ebene sind **parallel**.

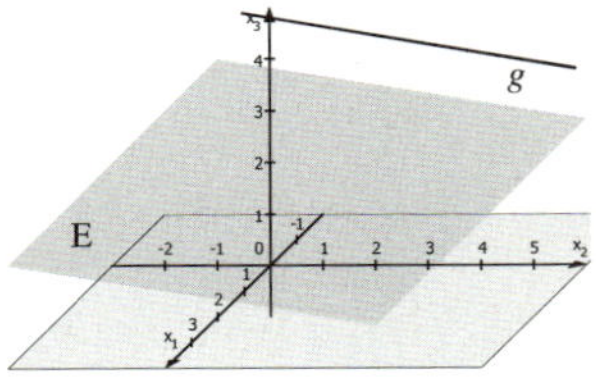

Beispiel: $E: \vec{x} = \begin{pmatrix} 1 \\ -2 \\ 2 \end{pmatrix} + r \cdot \begin{pmatrix} -1 \\ -3 \\ 0 \end{pmatrix} + s \cdot \begin{pmatrix} 3 \\ 0 \\ -2 \end{pmatrix}$ und $g: \vec{x} = \begin{pmatrix} 2 \\ 7 \\ 1 \end{pmatrix} + t \cdot \begin{pmatrix} 2 \\ 5 \\ -1 \end{pmatrix}$

Schritt 1: Gleichsetzen.

$$\begin{pmatrix} 1 \\ -2 \\ 2 \end{pmatrix} + r \cdot \begin{pmatrix} -1 \\ -3 \\ 0 \end{pmatrix} + s \cdot \begin{pmatrix} 3 \\ 0 \\ -2 \end{pmatrix} = \begin{pmatrix} 2 \\ 7 \\ 1 \end{pmatrix} + t \cdot \begin{pmatrix} 2 \\ 5 \\ -1 \end{pmatrix}$$

Schritt 2: LGS in r, s und t ordnen.

$$\begin{array}{lcl} 1 - r + 3s = 2 + 2t & & -r + 3s - 2t = 1 \quad (1) \\ -2 - 3r = 7 + 5t & \Leftrightarrow & -3r - 5t = 9 \quad (2) \\ 2 - 2s = 1 - t & & -2s + t = -1 \quad (3) \end{array}$$

Schritt 3: Durch Gauß-Verfahren bzw. GTR/CAS umformen.

Eingabe in GTR/CAS: $\left(\begin{array}{ccc|c} -1 & 3 & -2 & 1 \\ -3 & 0 & -5 & 9 \\ 0 & -2 & 1 & -1 \end{array}\right)$; Rref; $\left(\begin{array}{ccc|c} 1 & 0 & 0 & 2 \\ 0 & 1 & 0 & -1 \\ 0 & 0 & 1 & -3 \end{array}\right)$ $\Rightarrow r = 2$ $\Rightarrow s = -1$ $\Rightarrow t = -3$

Schritt 4: Interpretation anhand der nachfolgenden **Übersicht**.

$\left(\begin{array}{ccc\|c} \bullet & \bullet & \bullet & \bullet \\ 0 & \bullet & \bullet & \bullet \\ \mathbf{0} & \mathbf{0} & \neq \mathbf{0} & \bullet \end{array}\right)$	$\left(\begin{array}{ccc\|c} \bullet & \bullet & \bullet & \bullet \\ 0 & \bullet & \bullet & \bullet \\ \mathbf{0} & \mathbf{0} & \mathbf{0} & \mathbf{0} \end{array}\right)$	$\left(\begin{array}{ccc\|c} \bullet & \bullet & \bullet & \bullet \\ 0 & \bullet & \bullet & \bullet \\ \mathbf{0} & \mathbf{0} & \mathbf{0} & \neq \mathbf{0} \end{array}\right)$
LGS hat **eindeutige Lösung**.	LGS hat **unendlich viele Lösungen**.	LGS hat **keine Lösung**.
Gerade und Ebene **schneiden sich** in einem Punkt S.	Gerade **liegt in** der Ebene.	Gerade und Ebene sind **parallel**.

E und g schneiden sich also in einem Punkt.

Schritt 5 (bei „schneiden sich"): Schnittpunkt bestimmen durch Einsetzen in Geradengl..

Einsetzen von $t = -3$: $\overrightarrow{OS} = \begin{pmatrix} 2 \\ 7 \\ 1 \end{pmatrix} - 3 \cdot \begin{pmatrix} 2 \\ 5 \\ -1 \end{pmatrix} = \begin{pmatrix} -4 \\ -8 \\ 4 \end{pmatrix} \rightarrow S(-4\,|-8\,|\,4)$

3.3 Gegenseitige Lage: Ebene-Ebene

Möglichkeiten für die gegenseitige Lage

Ebenen **schneiden sich** in einer Schnittgeraden.

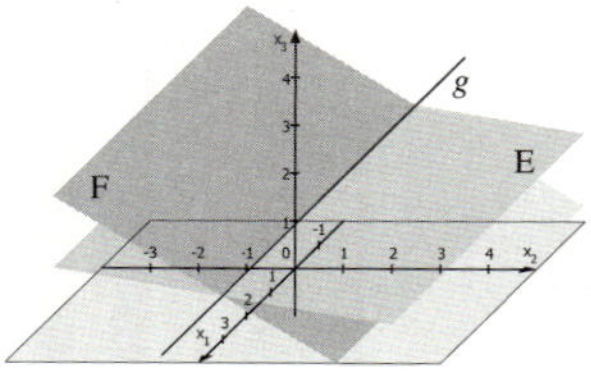

Ebenen sind **identisch**.

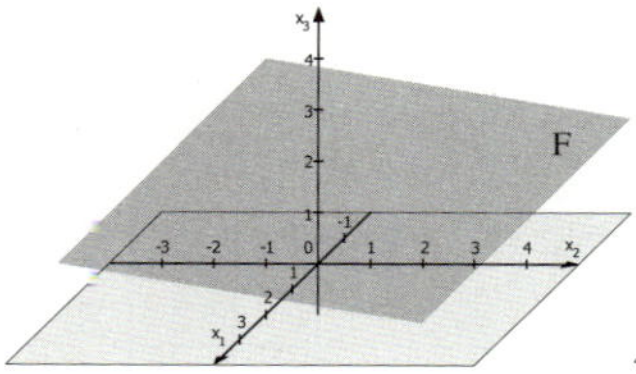

Ebenen sind **parallel**.

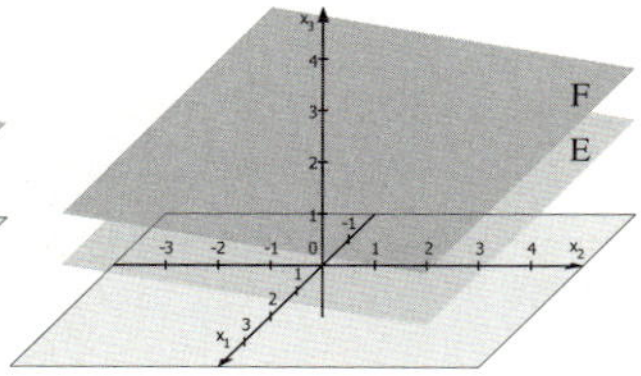

Beispiel: $E: \vec{x} = \begin{pmatrix} 2 \\ 4 \\ 1 \end{pmatrix} + r \cdot \begin{pmatrix} 1 \\ -2 \\ 3 \end{pmatrix} + s \begin{pmatrix} 1 \\ -1 \\ 5 \end{pmatrix}$ und $F: \vec{x} = \begin{pmatrix} 3 \\ 5 \\ 12 \end{pmatrix} + t \cdot \begin{pmatrix} 0 \\ -2 \\ -6 \end{pmatrix} + u \cdot \begin{pmatrix} -4 \\ 7 \\ -10 \end{pmatrix}$

Schritt 1: Gleichsetzen.

$$\begin{pmatrix} 2 \\ 4 \\ 1 \end{pmatrix} + r \cdot \begin{pmatrix} 1 \\ -2 \\ 3 \end{pmatrix} + s \cdot \begin{pmatrix} 1 \\ -1 \\ 5 \end{pmatrix} = \begin{pmatrix} 3 \\ 5 \\ 12 \end{pmatrix} + t \cdot \begin{pmatrix} 0 \\ -2 \\ -6 \end{pmatrix} + u \cdot \begin{pmatrix} -4 \\ 7 \\ -10 \end{pmatrix}$$

Schritt 2: LGS in *r, s, t* und *u* ordnen.

$$\begin{array}{l} 2 + r + s = 3 - 4u \\ 4 - 2r - s = 5 - 2t + 7u \\ 1 + 3r + 5s = 12 - 6t - 10u \end{array} \Leftrightarrow \begin{array}{ll} r + s + 4u = 1 & (1) \\ -2r - s + 2t - 7u = 1 & (2) \\ 3r + 5s + 6t + 10u = 11 & (3) \end{array}$$

Schritt 3: Durch Gauß-Verfahren bzw. GTR/CAS umformen.

Eingabe in GTR/CAS: $\left(\begin{array}{cccc|c} 1 & 1 & 0 & 4 & 1 \\ -2 & -1 & 2 & -7 & 1 \\ 3 & 5 & 6 & 10 & 11 \end{array}\right)$; Rref; $\left(\begin{array}{cccc|c} 1 & 0 & 0 & -1 & 0 \\ 0 & 1 & 0 & 5 & 1 \\ 0 & 0 & 1 & -2 & 1 \end{array}\right)$

Schritt 4: Interpretation anhand der nachfolgenden **Übersicht**.

(Da nur 3 Gleichungen aber 4 Unbekannte vorliegen, ist LGS niemals eindeutig lösbar.)

$\left(\begin{array}{cccc\|c} \bullet & \bullet & \bullet & \bullet & \bullet \\ 0 & \bullet & \bullet & \bullet & \bullet \\ \mathbf{0} & \mathbf{0} & \neq\mathbf{0} & \bullet & \bullet \end{array}\right)$	$\left(\begin{array}{cccc\|c} \bullet & \bullet & \bullet & \bullet & \bullet \\ 0 & \bullet & \bullet & \bullet & \bullet \\ \mathbf{0} & \mathbf{0} & \mathbf{0} & \mathbf{0} & \mathbf{0} \end{array}\right)$	$\left(\begin{array}{cccc\|c} \bullet & \bullet & \bullet & \bullet & \bullet \\ 0 & \bullet & \bullet & \bullet & \bullet \\ \mathbf{0} & \mathbf{0} & \mathbf{0} & \mathbf{0} & \neq\mathbf{0} \end{array}\right)$
LGS hat **unendlich viele Lösungen, ein** Parameter ist frei wählbar.	LGS hat **unendlich viele Lösungen, zwei** Parameter sind frei wählbar.	LGS hat **keine Lösung**.
Ebenen **schneiden sich** in einer Geraden.	Ebenen sind **identisch**.	Ebenen sind **parallel**.

E und F schneiden sich also in einer Geraden.

Schritt 5 (bei „schneiden sich"): Gleichung der Schnittgeraden bestimmen.

Gleichung (3): $t - 2u = 1$ wird nach t aufgelöst: $t = 2u + 1$. Einsetzen.

$$\vec{x} = \begin{pmatrix} 3 \\ 5 \\ 12 \end{pmatrix} + (2u+1) \cdot \begin{pmatrix} 0 \\ -2 \\ -6 \end{pmatrix} + u \cdot \begin{pmatrix} -4 \\ 7 \\ -10 \end{pmatrix} \Leftrightarrow g: \vec{x} = \begin{pmatrix} 3 \\ 3 \\ 6 \end{pmatrix} + u \cdot \begin{pmatrix} -4 \\ 3 \\ -22 \end{pmatrix} \text{ (Schnittgerade)}$$

4. Ebenen: Normalenform und Koordinatenform (nur LK)

4.1 Ebenengleichungen in Normalenform

$$\mathbf{E}: \left(\vec{x}-\vec{p}\right)\cdot\vec{n}=0$$

- $\vec{p}$: Stützvektor (Ortsvektor des Ebenenpunktes P)
- $\vec{n}$: Normalenvektor (steht senkrecht auf der Ebene)

Beispiel: $E: \left(\vec{x}-\begin{pmatrix}-3\\3\\1\end{pmatrix}\right)\cdot\begin{pmatrix}0\\0{,}5\\3\end{pmatrix}=0$

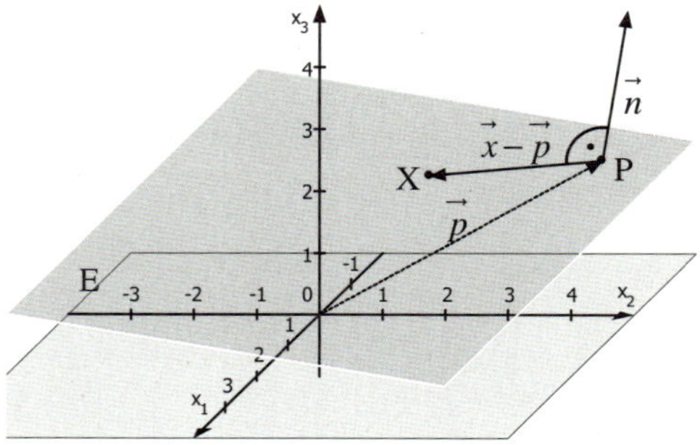

Hinweise

- Der Vektor $\overrightarrow{PX}=\vec{x}-\vec{p}$, der ausgehend von P zu einem allgemeinen Ebenenpunkt X zeigt, steht senkrecht auf $\vec{n}$. Deshalb ergibt das Skalarprodukt in der Normalengleichung 0.
- Machen Sie sich klar, dass eine Ebene schon eindeutig festgelegt ist, wenn man nur **einen** Ebenenpunkt und **einen** Vektor kennt, der senkrecht auf der Ebene steht.

Normalenform, geeignet für:
Aufstellen aus senkrechtem Vektor + Punkt

Beispiele und Lage im Koordinatensystem

1. „Normalfall“: 3 Schnittpunkte mit den Koordinatenachsen	2. Parallel zu einer Achse (x_3-Achse)
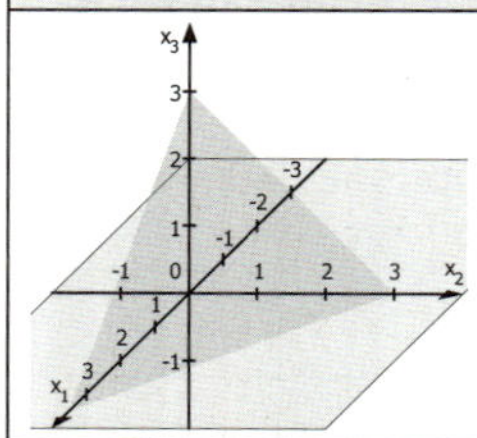 $E: \left(\vec{x}-\vec{p}\right)\cdot\begin{pmatrix}n_1\\n_2\\n_3\end{pmatrix}=0$	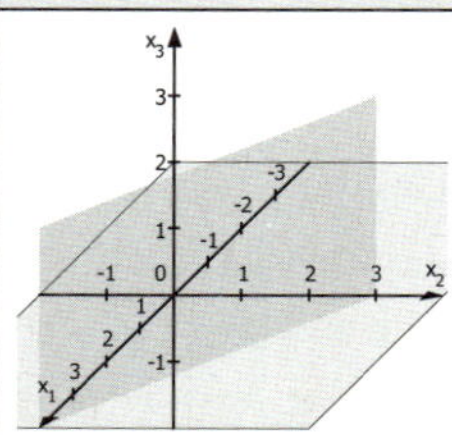 $E: \left(\vec{x}-\vec{p}\right)\cdot\begin{pmatrix}n_1\\n_2\\\mathbf{0}\end{pmatrix}=0$
3. Parallel zu 2 Achsen (x_2 und x_3-Achse) bzw. einer Koordinatenebene (x_2x_3-Ebene)	4. Ebene liegt in einer Koordinatenebene (x_2x_3-Ebene)
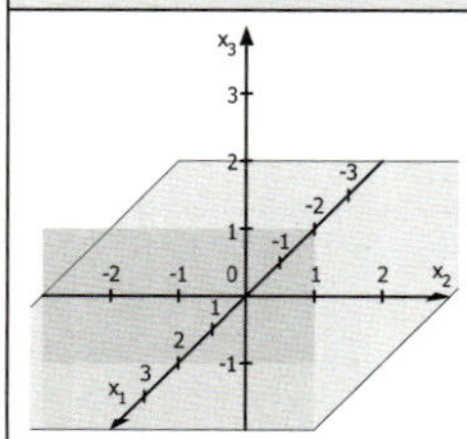 $E: \left(\vec{x}-\vec{p}\right)\cdot\begin{pmatrix}n_1\\\mathbf{0}\\\mathbf{0}\end{pmatrix}=0$	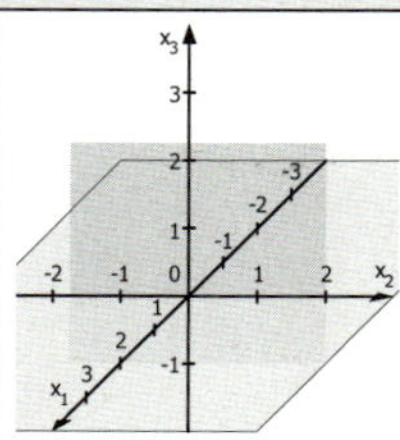 $E: \left(\vec{x}-\begin{pmatrix}\mathbf{0}\\\mathbf{0}\\\mathbf{0}\end{pmatrix}\right)\cdot\begin{pmatrix}n_1\\\mathbf{0}\\\mathbf{0}\end{pmatrix}=0$

http://frv.tv/2p

Elementare Aufgabenstellungen in der Normalenform

• Überprüfen, ob ein Punkt in einer Ebene liegt (Punktprobe)

Beispiel: Liegt $Q(1|3|1)$ in der Ebene $E: \left(\vec{x}-\begin{pmatrix}-3\\3\\1\end{pmatrix}\right)\cdot\begin{pmatrix}0\\0{,}5\\3\end{pmatrix}=0$?

Einsetzen und Ausmultiplizieren führt auf eine Gleichung:

$$\left(\begin{pmatrix}1\\3\\1\end{pmatrix}-\begin{pmatrix}-3\\3\\1\end{pmatrix}\right)\cdot\begin{pmatrix}0\\0{,}5\\3\end{pmatrix}=0 \Leftrightarrow \begin{pmatrix}4\\0\\0\end{pmatrix}\cdot\begin{pmatrix}0\\0{,}5\\3\end{pmatrix}=0 \Leftrightarrow 4\cdot 0+0\cdot 0{,}5+0\cdot 3 \Leftrightarrow 0=0$$

Man erhält eine wahre Aussage. Somit liegt Q in der Ebene.
(Bei einem Widerspruch liegt Q nicht in der Ebene.)

• Ebenengleichung aufstellen aus 3 Punkten

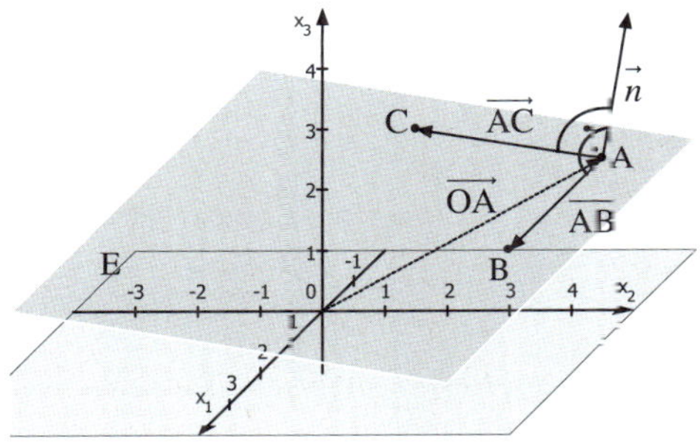

Beispiel: Ebene durch $A(0|1|2)$,
$B(3|2|2)$ und $C(-1|1|0)$.

$A(0|1|2)$ wird als Stützpunkt verwendet:

$$E: \left(\vec{x}-\begin{pmatrix}0\\1\\2\end{pmatrix}\right)\cdot\vec{n}=0.$$

Verbindungsvektoren:

$$\overrightarrow{AB}=\begin{pmatrix}3-0\\2-1\\2-2\end{pmatrix}=\begin{pmatrix}3\\1\\0\end{pmatrix};\ \overrightarrow{AC}=\begin{pmatrix}-1\\0\\-2\end{pmatrix}$$

Der Normalenvektor $\vec{n}$ steht **senkrecht** auf diesen beiden Vektoren und ergibt deshalb im **Skalarprodukt** den Wert 0:

$$\begin{pmatrix}n_1\\n_2\\n_3\end{pmatrix}\cdot\begin{pmatrix}3\\1\\0\end{pmatrix}=0 \Leftrightarrow 3n_1+n_2=0 \quad (1); \qquad \begin{pmatrix}n_1\\n_2\\n_3\end{pmatrix}\cdot\begin{pmatrix}-1\\0\\-2\end{pmatrix}=0 \Leftrightarrow -n_1-2n_3=0 \quad (2)$$

Eine beliebige Zahl für einen n-Koeffizienten (z.B. $n_1=1$) einsetzen. Damit die beiden verbliebenen n-Koeffizienten berechnen:

In (1): $3+n_2=0 \Leftrightarrow n_2=-3$; In (2): $-1-2n_3=0 \Leftrightarrow n_3=-0{,}5$

$$\Rightarrow \vec{n}=\begin{pmatrix}1\\-3\\-0{,}5\end{pmatrix}$$

Man erhält $E: \left(\vec{x}-\begin{pmatrix}0\\1\\2\end{pmatrix}\right)\cdot\begin{pmatrix}1\\-3\\-0{,}5\end{pmatrix}=0$

4.2 Ebenengleichungen in Koordinatenform

E: $\boldsymbol{ax_1 + bx_2 + cx_3 = d}$

oder

E: $\boldsymbol{n_1x_1 + n_2x_2 + n_3x_3 = b}$

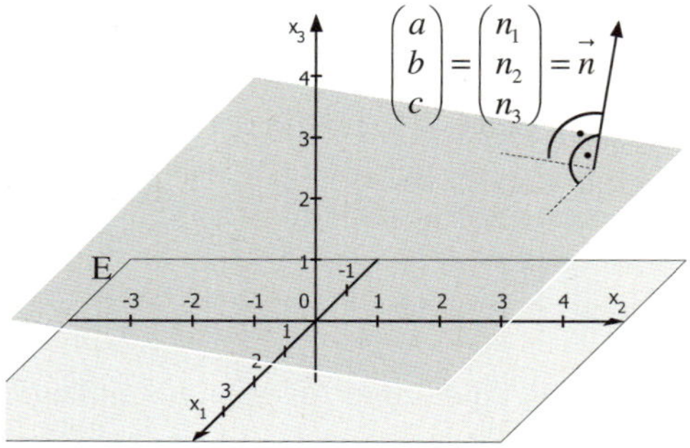

Beispiel:

E: $2x_1 - 3x_2 + 4x_3 = -4$

mit Normalenvektor $\vec{n} = \begin{pmatrix} 2 \\ -3 \\ 4 \end{pmatrix}$,

welcher senkrecht auf der Ebene steht.

Hinweis: Auch die Koordinatengleichung einer Ebene ist nicht eindeutig. Beispielsweise stellt E: $4x_1 - 6x_2 + 8x_3 = -8$ eine weitere Koordinatengleichung der oberen Ebene E dar, da sie ein Vielfaches (2-faches) ist.

Beispiele und Lage im Koordinatensystem

1. „Normalfall": 3 Schnittpunkte mit den Koordinatenachsen	2. Parallel zu einer Achse (x_3-Achse)
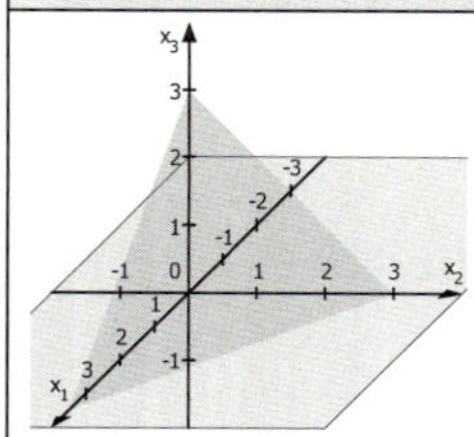 E: $ax_1 + bx_2 + cx_3 = d$	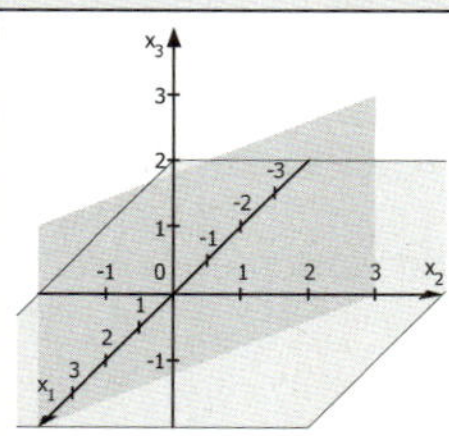 E: $ax_1 + bx_2 = d$
3. Parallel zu 2 Achsen (x_2 und x_3-Achse) bzw. einer Koordinatenebene (x_2x_3-Ebene)	4. Ebene liegt in einer Koordinatenebene (x_2x_3-Ebene)
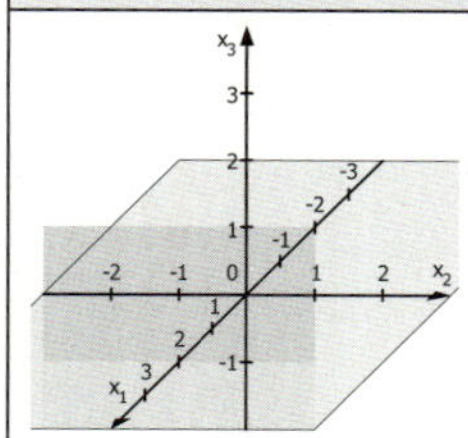 E: $ax_1 = d$	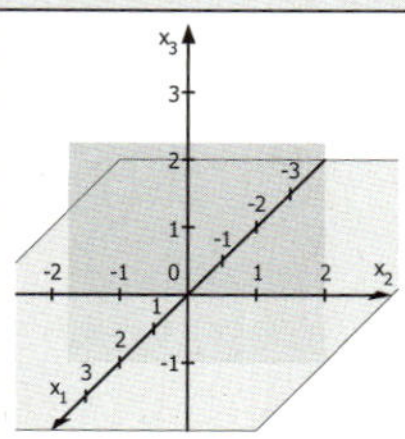 E: $x_1 = 0$ (x_2x_3-Ebene) Zusatz: E: $x_3 = 0$ (x_1x_2-Ebene) E: $x_2 = 0$ (x_1x_3-Ebene)

http://frv.tv/2q

Elementare Aufgabenstellungen in der Koordinatenform

- **Überprüfen, ob ein Punkt in einer Ebene liegt (Punktprobe)**

Beispiel: Liegt $Q(2|2|0)$ in der Ebene $E:\ 2x_1 - 3x_2 + 4x_3 = -4$?

Einsetzen: $2\cdot 2 - 3\cdot 2 + 4\cdot 0 = -4 \Leftrightarrow -2 \neq -4$
Falsche Aussage. Somit liegt Q nicht in der Ebene.

Koordinatenform,
geeignet für
die meisten Rechnungen

- **Ebenengleichung aufstellen aus 3 Punkten**

Beispiel: Bestimmen Sie die Koordinatenform der Ebene, in welcher die 3 Punkte $A(0|1|2), B(3|2|2)$ und $C(-1|1|0)$ liegen.

Zunächst Normalenvektor der Ebene bestimmen (siehe Normalenform, S. 93): $\vec{n} = \begin{pmatrix} 1 \\ -3 \\ -0,5 \end{pmatrix}$

Einträge des Normalenvektors in Koordinatenform übernehmen: $E:\ x_1 - 3x_2 - 0,5x_3 = d$;
Z.B. Koordinaten von $A(0|1|2)$ einsetzen: $0 - 3\cdot 1 - 0,5\cdot 2 = d \Leftrightarrow -4 = d$
Man erhält $E:\ x_1 - 3x_2 - 0,5x_3 = -4$.

Spurpunkte, Spurgeraden und Lage im Koordinatensystem

Beim Einzeichnen einer Ebene in das Koordinatensystem orientiert man sich an den **Spurpunkten** (Schnittpunkte mit den Koordinatenachsen) und den **Spurgeraden** (Schnittgeraden mit den Koordinatenebenen).

Die Spurpunkte einer Ebene können in der Koordinatenform schnell bestimmt werden.
$\mathbf{E}: \boldsymbol{a x_1 + b x_2 + c x_3 = d}$ hat die Spurpunkte $\mathbf{S_1}\left(\frac{d}{a}|0|0\right), \mathbf{S_2}\left(0|\frac{d}{b}|0\right), \mathbf{S_3}\left(0|0|\frac{d}{c}\right)$

Beispiel: Geben Sie die Spurpunkte der Ebene $E: 4x_1 - 3x_2 + 6x_3 = 12$ an.

$S_1\left(\frac{12}{4}|0|0\right) = S_1(3|0|0)$,

$S_2\left(0|\frac{12}{-3}|0\right) = S_2(0|-4|0)$,

$S_3\left(0|0|\frac{12}{6}\right) = S_3(0|0|2)$

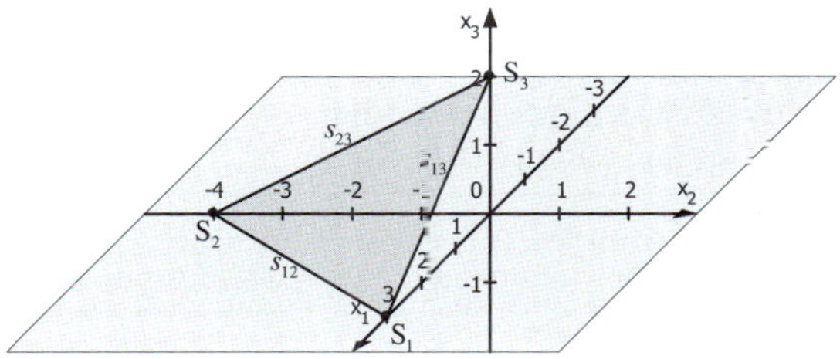

Zusatz („Achsenabschnittsform" einer Ebene, immer mit $d = 1$)
Umgekehrt kann aus den Spurpunkten direkt die zugehörige Ebene angegeben werden:
$S_1(3|0|0), S_2(0|-4|0), S_3(0|0|2) \Rightarrow E:\ \frac{1}{3}x_1 - \frac{1}{4}x_2 + \frac{1}{2}x_3 = 1$

4.3 Gegenseitige Lage: Ebene-Gerade

Möglichkeiten für die gegenseitige Lage

Gerade und Ebene **schneiden sich** in einem Punkt.

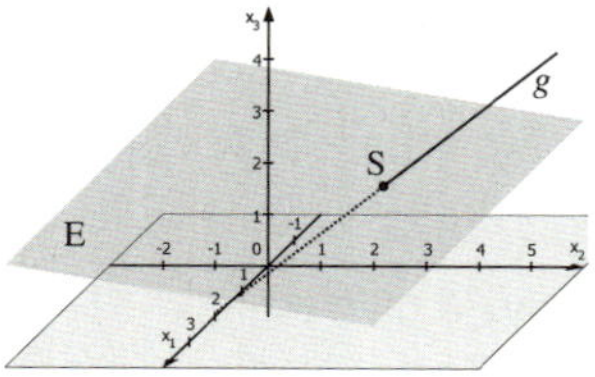

Gerade **liegt in** der Ebene.

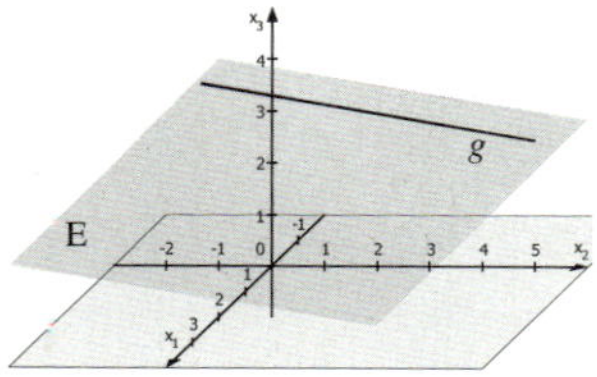

Gerade und Ebene sind **parallel**.

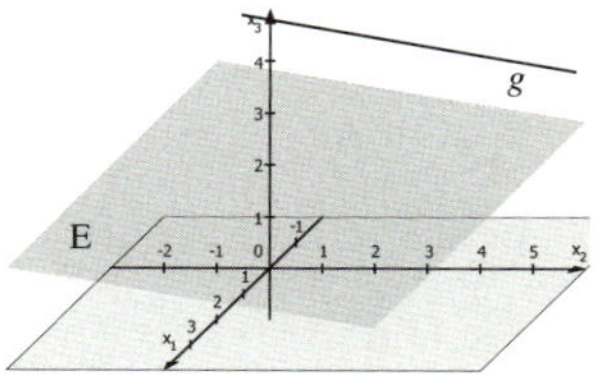

1. Fall: Ebenengleichung in **Koordinatenform**

Beispiel: $E: -x_1 + 3x_2 + 2x_3 = -3$ und $g: \vec{x} = \begin{pmatrix} 1 \\ 2 \\ 3 \end{pmatrix} + t \cdot \begin{pmatrix} 0 \\ 1 \\ 2 \end{pmatrix}$

Schritt 1: Geradenvektor $\vec{x}$ als Komponenten (x_1, x_2 und x_3) darstellen („allgemeiner Geradenpunkt“).

$x_1 = 1;\quad x_2 = 2 + t;\quad x_3 = 3 + 2t \quad \rightarrow \quad P_t(1 \mid 2+t \mid 3+2t)$

Schritt 2: Einsetzen in die Koordinatengleichung. Auflösen.

$-x_1 + 3x_2 + 2x_3 = -3 \quad \Leftrightarrow \quad -1 + 3 \cdot (2+t) + 2 \cdot (3+2t) = -3 \quad \Leftrightarrow \quad t = -2$

Schritt 3: Interpretation anhand der nachfolgenden **Übersicht**.

Z.B. $t = -2$	Z.B. $0 = 0$ (wahre Aussage, t „fällt raus“)	Z.B. $0 = 1$ (falsche Aussage, t „fällt raus“)
Gleichung hat **eindeutige Lösung**.	Gleichung hat **unendlich viele Lösungen**.	Gleichung hat **keine Lösung**.
Gerade und Ebene **schneiden sich** in einem Punkt S.	Gerade **liegt in** der Ebene.	Gerade und Ebene sind **parallel**.

Schritt 4 (bei „schneiden sich“): Schnittpunkt bestimmen durch Einsetzen in Geradengl..

Einsetzen von $t = -2$: $\overrightarrow{OS} = \begin{pmatrix} 1 \\ 2 \\ 3 \end{pmatrix} - 2 \cdot \begin{pmatrix} 0 \\ 1 \\ 2 \end{pmatrix} = \begin{pmatrix} 1 \\ 0 \\ -1 \end{pmatrix} \rightarrow S(1 \mid 0 \mid -1)$

„Abkürzung“: Stehen **Normalenvektor** und **Richtungsvektor senkrecht** aufeinander **(Skalarprodukt=0)**, so sind Ebene und Gerade entweder **parallel** oder die Gerade **liegt in** der Ebene. Eine **Punktprobe** klärt auf.

4.4 Gegenseitige Lage: Ebene-Ebene

Möglichkeiten für die gegenseitige Lage

Ebenen **schneiden sich** in einer Schnittgeraden.	Ebenen sind **identisch**.	Ebenen sind **parallel**.
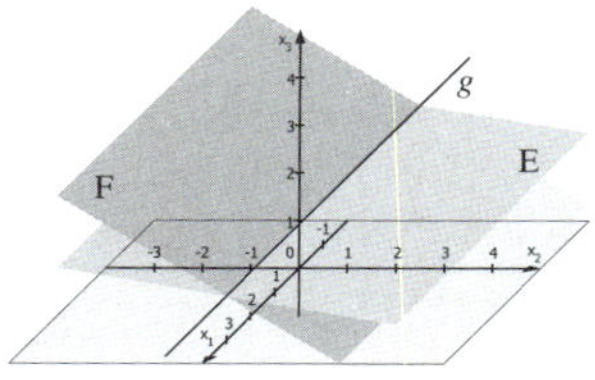	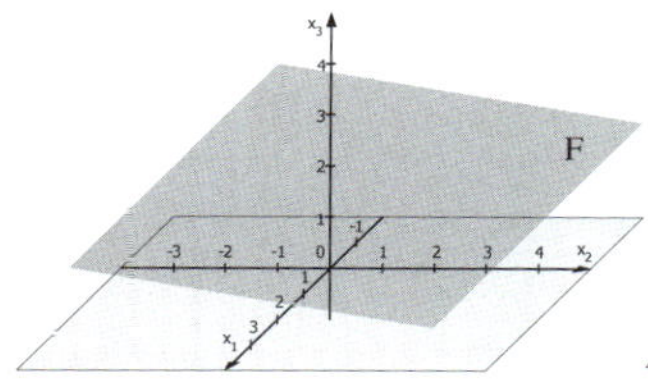	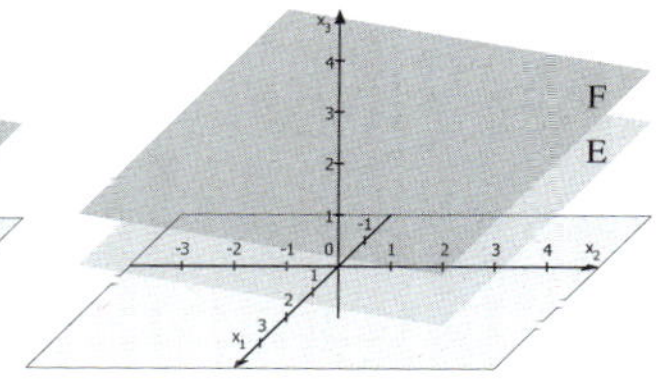

1. Fall: Eine Ebenengleichung in **Parameterform**, eine in **Koordinatenform**

Beispiel: $E: \vec{x} = \begin{pmatrix}15\\0\\3\end{pmatrix} + r\cdot\begin{pmatrix}2\\5\\0\end{pmatrix} + s\cdot\begin{pmatrix}-1\\0\\5\end{pmatrix}$ und $F: 3x_1 + 4x_2 - 2x_3 = 13$ (nur LK)

Schritt 1: Ebenenvektor $\vec{x}$ als Komponenten (x_1, x_2 und x_3) darstellen („allgemeiner Ebenenpunkt").

$x_1 = 15 + 2r - s;\quad x_2 = 5r;\quad x_3 = 3 + 5s \quad \rightarrow \quad P(15+2r-s\,|\,5r\,|\,3+5s)$

Schritt 2: Einsetzen in die Koordinatengleichung. Umformen.

$3x_1 + 4x_2 - 2x_3 = 13 \quad \Leftrightarrow \quad 3\cdot(15+2r-s) + 4\cdot 5r - 2\cdot(3+5s) = 13 \quad \Leftrightarrow \quad 2r - s = -2$

Schritt 3: Interpretation anhand der nachfolgenden **Übersicht**.

Z.B. $2r - s = -2$ (Gleichung **enthält Parameter**)	Z.B. $0 = 0$ (**wahre** Aussage, Parameter „fallen raus")	Z.B. $0 = 1$ (**falsche** Aussage, Parameter „fallen raus")
Ebenen **schneiden sich** in einer Geraden.	Ebenen sind **identisch**.	Ebenen sind **parallel**

E und F schneiden sich also in einer Geraden.

Schritt 4 (bei „schneiden sich"): Gleichung der Schnittgeraden bestimmen.

Gleichung nach einem Parameter auflösen: $s = 2r + 2$. Einsetzen in Parametergleichung:

$$\vec{x} = \begin{pmatrix}15\\0\\3\end{pmatrix} + r\cdot\begin{pmatrix}2\\5\\0\end{pmatrix} + (2r+2)\cdot\begin{pmatrix}-1\\0\\5\end{pmatrix} \quad \Leftrightarrow \quad g: \vec{x} = \begin{pmatrix}13\\0\\13\end{pmatrix} + r\cdot\begin{pmatrix}0\\5\\10\end{pmatrix} \text{ (Schnittgerade)}$$

„Abkürzung": Stehen **Normalenvektor** und beide **Spannvektoren senkrecht** aufeinander **(Skalarprodukt=0)**, so sind die Ebenen entweder **parallel** oder **identisch**.
Eine **Punktprobe** klärt auf.

2. Fall: Beide Ebenengleichungen in **Koordinatenform**

Beispiel: $E: x_1 + 3x_2 + 2x_3 = -5$ und $F: x_1 + 2x_2 + 3x_3 = -2$

Schritt 1: Die beiden Ebenengleichungen als LGS auffassen.

$$\begin{aligned} x_1 + 3x_2 + 2x_3 &= -5 \\ x_1 + 2x_2 + 3x_3 &= -2 \end{aligned}$$

Schritt 2: Durch Gauß-Verfahren „in Richtung" untere Dreiecksform umformen.

$$\left(\begin{array}{ccc|c} 1 & 3 & 2 & -5 \\ 1 & 2 & 3 & -2 \end{array}\right) \hookleftarrow -$$

$$\left(\begin{array}{ccc|c} 1 & 3 & 2 & -5 \\ 0 & 1 & -1 & -3 \end{array}\right)$$

Schritt 3: Interpretation anhand der nachfolgenden **Übersicht**.

(Da nur 2 Gleichungen aber 3 Unbekannte vorliegen, ist LGS niemals eindeutig lösbar.)

$\left(\begin{array}{ccc\|c} \bullet & \bullet & \bullet & \bullet \\ \mathbf{0} & \neq\mathbf{0} & \bullet & \bullet \end{array}\right)$	$\left(\begin{array}{ccc\|c} \bullet & \bullet & \bullet & \bullet \\ \mathbf{0} & \mathbf{0} & \mathbf{0} & \mathbf{0} \end{array}\right)$	$\left(\begin{array}{ccc\|c} \bullet & \bullet & \bullet & \bullet \\ \mathbf{0} & \mathbf{0} & \mathbf{0} & \neq\mathbf{0} \end{array}\right)$
LGS hat **unendlich viele Lösungen, ein** Parameter ist frei wählbar.	LGS hat **unendlich viele Lösungen, zwei** Parameter sind frei wählbar.	LGS hat **keine Lösung**.
Ebenen **schneiden sich** in einer Geraden.	Ebenen sind **identisch**.	Ebenen sind **parallel**.

E und F schneiden sich also in einer Geraden.

Schritt 4 (bei „schneiden sich"): Gleichung der Schnittgeraden bestimmen.

In Gleichung (2) $x_3 = t$ setzen: $x_2 - x_3 = -3 \iff x_2 - t = -3 \iff x_2 = t - 3$;

In Gleichung (1) einsetzen: $x_1 + 3x_2 + 2x_3 = -5 \iff x_1 + 3\cdot(t-3) + 2\cdot t = -5 \iff x_1 = -5t + 4$

In Vektorform notieren und sortieren: $g: \vec{x} = \begin{pmatrix} -5t+4 \\ t-3 \\ t \end{pmatrix} = \begin{pmatrix} 4 \\ -3 \\ 0 \end{pmatrix} + t \cdot \begin{pmatrix} -5 \\ 1 \\ 1 \end{pmatrix}$ (Schnittgerade)

„Abkürzung": Sind die beiden **Normalenvektoren Vielfache** voneinander, so sind die Ebenen entweder **parallel** oder **identisch**. Eine **Punktprobe** klärt auf.

5. Umwandlungen der Ebenenformen (nur LK)

Ebenenformen werden meist ineinander umgewandelt, um **Rechenaufwand einzusparen**.
Beispielweise ist das Aufstellen einer Ebene in der Parameterform sehr einfach, hingegen sind weitere Rechnungen in dieser Form meist umständlich. Hierfür ist es oftmals sinnvoll, die Parameterform in die Koordinatenform umzuwandeln.

Eine Übersicht, in welcher Situation welche Ebenenform zu empfehlen ist, finden Sie auf S. 102.

Sinnvolle Umwandlungen

Parameterform
$\left(E: \vec{x} = \vec{p} + r \cdot \vec{u} + s \cdot \vec{v}\right)$
↓ **(2.)**
Normalenform
(1.) $\left(E: \left(\vec{x} - \vec{p}\right) \cdot \vec{n} = 0\right)$ **(4.)**
↓ **(3.)**
Koordinatenform
$\left(E: ax_1 + bx_2 + cx_3 = d\right)$

1. Von der Parameterform zur Koordinatenform

Beispiel: $E: \vec{x} = \begin{pmatrix} 0,5 \\ 0 \\ 2 \end{pmatrix} + r \cdot \begin{pmatrix} 1 \\ 1 \\ -2 \end{pmatrix} + s \cdot \begin{pmatrix} 0 \\ 1 \\ 2 \end{pmatrix}$ (mit $r, s \in \mathbb{R}$)

- **Möglichkeit 1: Mit Skalarprodukt**

Schritt 1: Skalarprodukt aus dem allgemeinen Normalenvektor und den beiden Spannvektoren bilden. Dieses muss jeweils 0 betragen, da der Normalenvektor senkrecht auf den Spannvektoren steht.

$\begin{pmatrix} n_1 \\ n_2 \\ n_3 \end{pmatrix} \cdot \begin{pmatrix} 1 \\ 1 \\ -2 \end{pmatrix} = 0 \Leftrightarrow n_1 + n_2 - 2n_3 = 0$ (1); $\quad \begin{pmatrix} n_1 \\ n_2 \\ n_3 \end{pmatrix} \cdot \begin{pmatrix} 0 \\ 1 \\ 2 \end{pmatrix} = 0 \Leftrightarrow n_2 + 2n_3 = 0$ (2)

Schritt 2: Eine beliebige Zahl für einen n-Koeffizienten einsetzen. Damit die beiden verbliebenen n-Koeffizienten berechnen.

z.B. $n_3 = 1$; Einsetzen in (2): $n_2 + 2 \cdot 1 = 0 \Leftrightarrow n_2 = -2$
Einsetzen in (1): $n_1 + (-2) - 2 \cdot 1 = 0 \Leftrightarrow n_1 = 4$

Schritt 3: Einträge des Normalenvektors in E: $n_1x_1 + n_2x_2 + n_3x_3 = b$ übernehmen. Koordinaten des Stützpunktes einsetzen.

$E: 4x_1 - 2x_2 + x_3 = b$;
$P(0,5|0|2)$ einsetzen: $E: 4 \cdot 0,5 - 2 \cdot 0 + 2 = b \Leftrightarrow 4 = b \quad \Rightarrow E: 4x_1 - 2x_2 + x_3 = 4$

- **Möglichkeit 2: Mit Vektorprodukt**

Schritt 1 : Vektorprodukt der beiden Spannvektoren bilden. Man erhält den Normalenvektor.

$$\begin{pmatrix}1\\1\\-2\end{pmatrix}\times\begin{pmatrix}0\\1\\2\end{pmatrix}=\begin{pmatrix}1\cdot 2 & -(-2)\cdot 1\\(-2)\cdot 0 & -1\cdot 2\\1\cdot 1 & -1\cdot 0\end{pmatrix}=\begin{pmatrix}4\\-2\\1\end{pmatrix}=\vec{n}$$

Hilfsschema: $\begin{pmatrix}\not{1} & \not{0}\\1 & 1\\-2 & 2\\1 & 0\\1 & 1\\\not{-2} & \not{2}\end{pmatrix}$

Schritt 2 : Einträge des Normalenvektors übernehmen: E: $n_1x_1+n_2x_2+n_3x_3=b$. Koordinaten des Stützpunktes einsetzen.

E: $4x_1-2x_2+x_3=b$; Einsetzen von $P(0{,}5\,|\,0\,|\,2)$: E: $4\cdot 0{,}5-2\cdot 0+2=b \Leftrightarrow 4=b$

$\Rightarrow$ E: $4x_1-2x_2+x_3=4$

2. Von der Parameterform zur Normalenform

Beispiel: E: $\vec{x}=\begin{pmatrix}0{,}5\\0\\2\end{pmatrix}+r\cdot\begin{pmatrix}1\\1\\-2\end{pmatrix}+s\cdot\begin{pmatrix}0\\1\\2\end{pmatrix}$ (mit $r,\ s\in\mathbb{R}$)

Schritt 1 : Normalenvektor mithilfe des Skalarproduktes (siehe Vorseite) bestimmen.

$\vec{n}=\begin{pmatrix}4\\-2\\1\end{pmatrix}$ (siehe Vorseite)

Schritt 2 : Stützvektor $\vec{p}$ aus Parameterform übernehmen. In E: $(\vec{x}-\vec{p})\cdot\vec{n}=0$ einsetzen.

E: $(\vec{x}-\vec{p})\cdot\vec{n}=0 \Leftrightarrow$ E: $\left(\vec{x}-\begin{pmatrix}0{,}5\\0\\2\end{pmatrix}\right)\cdot\begin{pmatrix}4\\-2\\1\end{pmatrix}=0$

3. Von der Normalenform zur Koordinatenform

Beispiel: E: $\left(\vec{x}-\begin{pmatrix}0{,}5\\0\\2\end{pmatrix}\right)\cdot\begin{pmatrix}4\\-2\\1\end{pmatrix}=0$

Schritt 1: Ausmultiplizieren.

E: $\left(\begin{pmatrix}x_1\\x_2\\x_3\end{pmatrix}-\begin{pmatrix}0{,}5\\0\\2\end{pmatrix}\right)\cdot\begin{pmatrix}4\\-2\\1\end{pmatrix}=0 \Leftrightarrow \begin{pmatrix}x_1\\x_2\\x_3\end{pmatrix}\cdot\begin{pmatrix}4\\-2\\1\end{pmatrix}-\begin{pmatrix}0{,}5\\0\\2\end{pmatrix}\cdot\begin{pmatrix}4\\-2\\1\end{pmatrix}=0$

$\Leftrightarrow 4x_1-2x_2+x_3-(0{,}5\cdot 4+0\cdot(-2)+2\cdot 1)=0 \Leftrightarrow$ E: $4x_1-2x_2+x_3=4$

http://frv.tv/2r

4. Von der Koordinatenform zur Parameterform

Beispiel: $E:\ 4x_1 - 2x_2 + x_3 = 4$

• **Möglichkeit 1** („Einfache Ebenenpunkte“)

Schritt 1: Koordinaten von 3 „einfachen“ Ebenenpunkten ermitteln (z.B. Spurpunkte).
$S_1\left(\frac{4}{4}\|0\|0\right) = S_1(1\|0\|0);\quad S_2\left(0\|\frac{4}{-2}\|0\right) = S_2(0\|-2\|0);\quad S_3\left(0\|0\|\frac{4}{1}\right) = S_3(0\|0\|4)$
Schritt 2: Parameterform aus 3 Punkten aufstellen (S. 87).
$E:\ \vec{x} = \begin{pmatrix}1\\0\\0\end{pmatrix} + r\cdot\begin{pmatrix}0-1\\-2-0\\0-0\end{pmatrix} + s\cdot\begin{pmatrix}0-1\\0-0\\4-0\end{pmatrix} \Leftrightarrow E:\ \vec{x} = \begin{pmatrix}1\\0\\0\end{pmatrix} + r\cdot\begin{pmatrix}-1\\-2\\0\end{pmatrix} + s\cdot\begin{pmatrix}-1\\0\\4\end{pmatrix}$

• **Möglichkeit 2**

Schritt 1: In Koordinatengleichung $x_2 = r$ und $x_3 = s$ setzen. Nach x_1 auflösen.
$E:\ 4x_1 - 2x_2 + x_3 = 4 \Leftrightarrow 4x_1 - 2r + s = 4 \Leftrightarrow 4x_1 = 4 + 2r - s \Leftrightarrow x_1 = 1 + 0{,}5r - 0{,}25s$
Schritt 2: $\vec{x}$ als Vektor darstellen. „Aufteilen“.
$\vec{x} = \begin{pmatrix}x_1\\x_2\\x_3\end{pmatrix} = \begin{pmatrix}1+0{,}5r-0{,}25s\\r\\s\end{pmatrix} = \begin{pmatrix}1+0{,}5r-0{,}25s\\0+1\cdot r+0\cdot s\\0+0\cdot r+1\cdot s\end{pmatrix} \Leftrightarrow E:\ \vec{x} = \begin{pmatrix}1\\0\\0\end{pmatrix} + r\cdot\begin{pmatrix}0{,}5\\1\\0\end{pmatrix} + s\cdot\begin{pmatrix}-0{,}25\\0\\1\end{pmatrix}$

Hinweis: Die beiden Ebenengleichungen, die man durch die beiden Möglichkeiten 1 bzw. 2 erhält, gehören natürlich zur gleichen Ebene.

Zusatz: In welcher Situation ist welche Ebenenform zu empfehlen?

1. Aufstellen einer Ebenengleichung …

… besser in **Parameterform**

- Aufstellen aus **3 Punkten**

Vorgehen: E: $\vec{x} = \overrightarrow{OA} + r \cdot \overrightarrow{AB} + s \cdot \overrightarrow{AC}$ (mit $r, s \in \mathbb{R}$)
(S. 87)

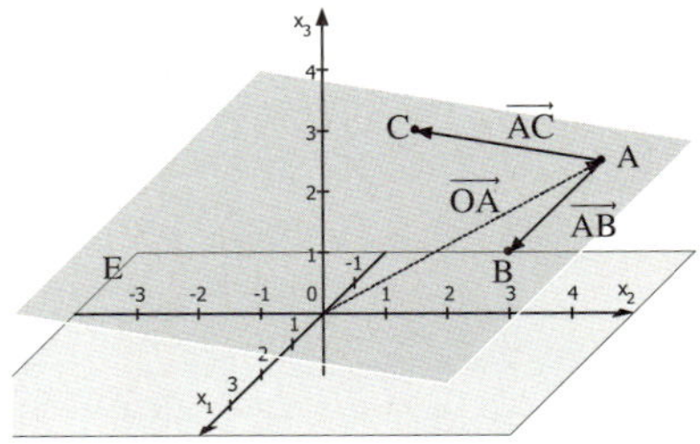

- Aufstellen aus einer Geraden g: $\vec{x} = \overrightarrow{OP} + r \cdot \vec{u}$ und ...

... dem **Punkt Q**, welcher **nicht auf der Geraden** liegt.
Vorgehen: E : $\vec{x} = \overrightarrow{OP} + r \cdot \vec{u} + s \cdot \overrightarrow{PQ}$ (mit $r, s \in \mathbb{R}$).

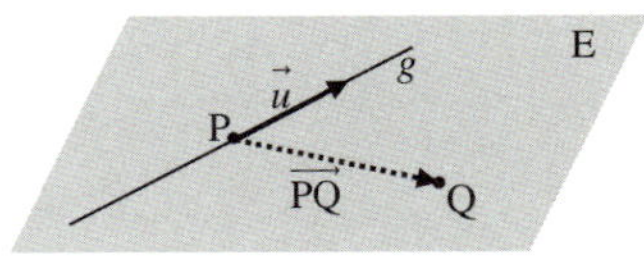

... der **Geraden** $h: \vec{x} = \overrightarrow{OQ} + s \cdot \vec{v}$, welche g **schneidet**.
Vorgehen: E : $\vec{x} = \overrightarrow{OP} + r \cdot \vec{u} + s \cdot \vec{v}$ (mit $r, s \in \mathbb{R}$).

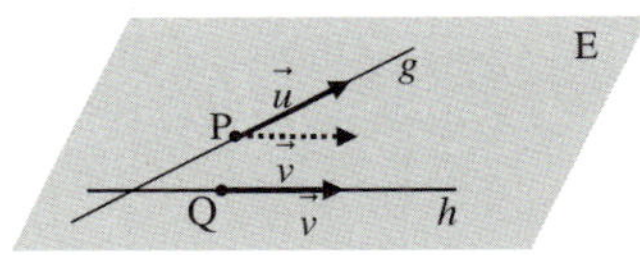

... der **Geraden** $i: \vec{x} = \overrightarrow{OQ} + s \cdot \vec{u}$, welche **parallel** zu g verläuft.
Vorgehen: E : $\vec{x} = \overrightarrow{OP} + r \cdot \vec{u} + s \cdot \overrightarrow{PQ}$ (mit $r, s \in \mathbb{R}$).

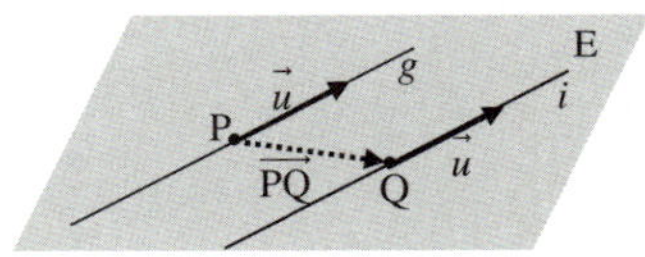

… besser in **Normalenform** bzw. **Koordinatenform**

- Aufstellen der Gleichung einer Ebene, die orthogonal (senkrecht) zu einer bekannten Geraden $g: \vec{x} = \overrightarrow{OP} + r \cdot \vec{u}$ und durch einen gegebenen Punkt Q verläuft;

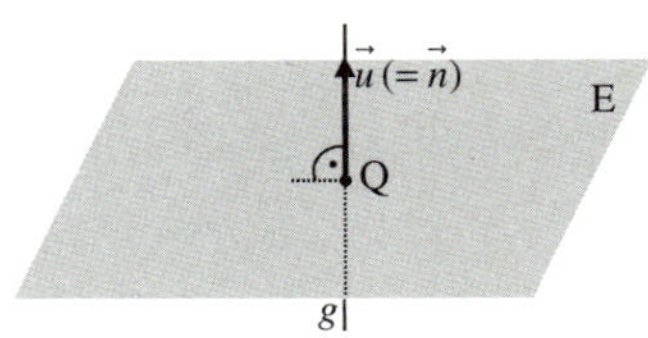

Vorgehen (Normalenform): E : $(\vec{x} - \vec{q}) \cdot \vec{u} = 0$

Vorgehen (Koordinatenform): E : $u_1 x_1 + u_2 x_2 + u_3 x_3 = b$
(Richtungsvektor $\vec{u}$ als Normalenvektor verwenden, Q als Ebenenpunkt einsetzen)

2. Rechnen mit einer Ebenengleichung

Hier ist stets die **Koordinatenform** der Ebenengleichung zu empfehlen.
Bei vielen Rechnungen lohnt es sich also, eine gegebene Parametergleichung bzw. Normalengleichung in die Koordinatengleichung umzuwandeln.

6. Schnittwinkel (nur LK)

Zwischen	Formel	senkrecht ($\alpha = 90°$)
Vektor $\vec{a}$ und **Vektor** $\vec{b}$		
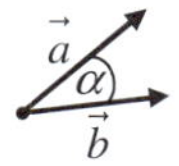	$\cos(\alpha) = \dfrac{\vec{a} \cdot \vec{b}}{\lvert\vec{a}\rvert \cdot \lvert\vec{b}\rvert}$	falls $\vec{a} \cdot \vec{b} = 0$
Gerade g mit Richtungsvektor $\vec{u_1}$ und **Gerade** h mit Richtungsvektor $\vec{u_2}$		
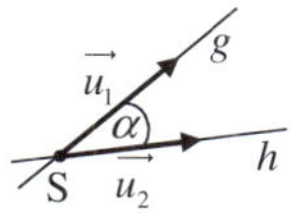	$\cos(\alpha) = \dfrac{\lvert\vec{u_1} \cdot \vec{u_2}\rvert}{\lvert\vec{u_1}\rvert \cdot \lvert\vec{u_2}\rvert}$	falls $\vec{u_1} \cdot \vec{u_2} = 0$
Gerade g mit Richtungsvektor $\vec{u}$ und **Ebene** E mit Normalenvektor $\vec{n}$		
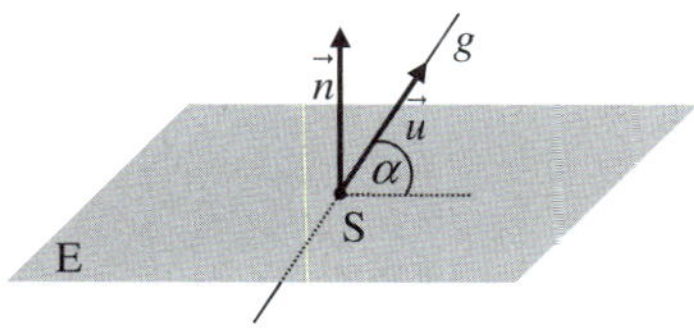	$\sin(\alpha) = \dfrac{\lvert\vec{u} \cdot \vec{n}\rvert}{\lvert\vec{u}\rvert \cdot \lvert\vec{n}\rvert}$	falls $\vec{u} = k \cdot \vec{n}$ (mit $k \in \mathbb{R}$) (Vielfache)
Ebene E mit Normalenvektor $\vec{n_1}$ und **Ebene** F mit Normalenvektor $\vec{n_2}$		
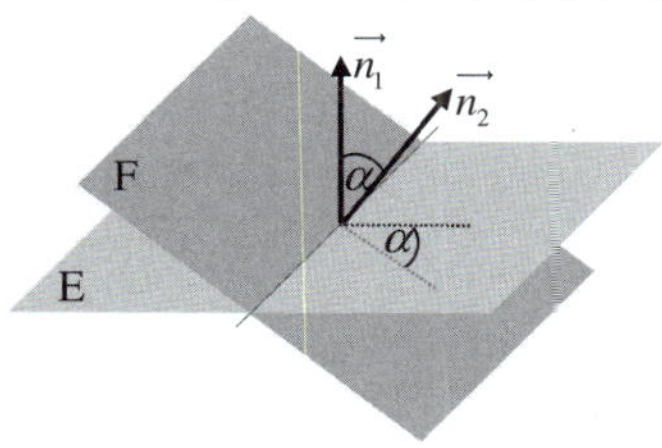	$\cos(\alpha) = \dfrac{\lvert\vec{n_1} \cdot \vec{n_2}\rvert}{\lvert\vec{n_1}\rvert \cdot \lvert\vec{n_2}\rvert}$	falls $\vec{n_1} \cdot \vec{n_2} = 0$

Beispiel: Schnittwinkel zwischen $g: \vec{x} = \begin{pmatrix} 0,5 \\ 0 \\ 2 \end{pmatrix} + r \cdot \begin{pmatrix} 4 \\ -2 \\ 1 \end{pmatrix}$ und $E: x_1 - 3x_2 - 2x_3 = 3$.

$$\sin(\alpha) = \frac{\left| \begin{pmatrix} 4 \\ -2 \\ 1 \end{pmatrix} \cdot \begin{pmatrix} 1 \\ -3 \\ -2 \end{pmatrix} \right|}{\left| \begin{pmatrix} 4 \\ -2 \\ 1 \end{pmatrix} \right| \cdot \left| \begin{pmatrix} 1 \\ -3 \\ -2 \end{pmatrix} \right|} = \frac{|4 \cdot 1 + (-2) \cdot (-3) + 1 \cdot (-2)|}{\sqrt{4^2 + (-2)^2 + 1^2} \cdot \sqrt{1^2 + (-3)^2 + (-2)^2}} = \frac{8}{\sqrt{21} \cdot \sqrt{14}} \Rightarrow \alpha \approx 27,31°$$

(GTR-Einstellung: deg)

Hinweis: Mit dem Schnittwinkel ist stets der spitze Winkel ($0 \leq \alpha \leq 90$) gemeint.

http://frv.tv/2u

7. Abstandsberechnungen (nur LK)

Lösungsstrategien im Überblick (ausführliches Vorgehen auf den folgenden Seiten)

<table>
<tr><th></th><th>Punkt</th><th>Gerade</th><th>Ebene</th></tr>
<tr><td>Punkt</td>
<td>Betrag
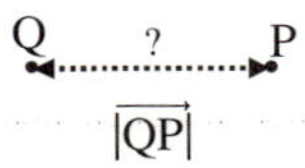
</td>
<td>1. Skalarprodukt
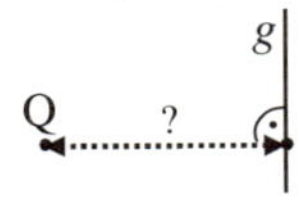

2. Hilfsebene
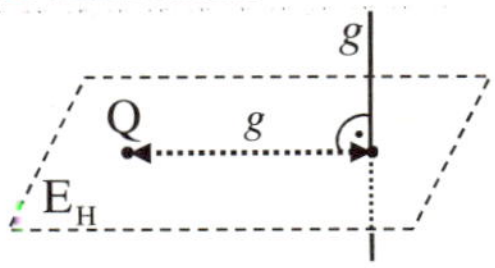
</td>
<td>1. Formel
$d=\left|\frac{aq_1+bq_2+cq_3-d}{\sqrt{a^2+b^2+c^2}}\right|=\left|\frac{(\vec{q}-\vec{p})\cdot\vec{n}}{|\vec{n}|}\right|$
2. Lotgerade
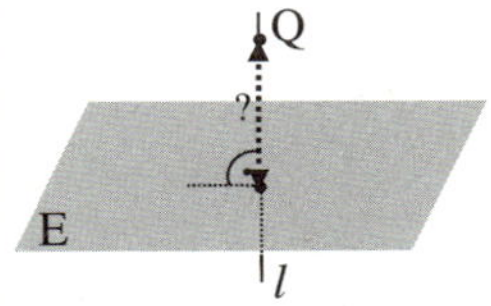
</td></tr>
<tr><td rowspan="2">Gerade</td><td rowspan="2"></td>
<td>Parallel
1. Skalarprodukt
2. Hilfsebene
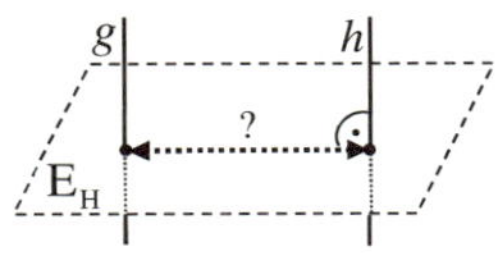

siehe Punkt-Gerade</td>
<td>Parallel
1. Formel (Punkt-Ebene)
2. Lotgerade
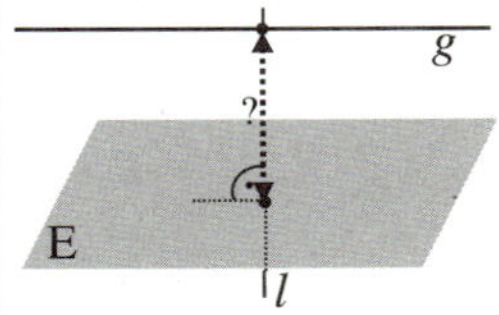

siehe Punkt-Ebene</td></tr>
<tr><td>Windschief
1. Formel
$d=\left|\frac{(\vec{q}-\vec{p})\cdot\vec{n}}{|\vec{n}|}\right|$ mit $\vec{n}=\vec{u}\times\vec{v}$
2. Hilfsebene
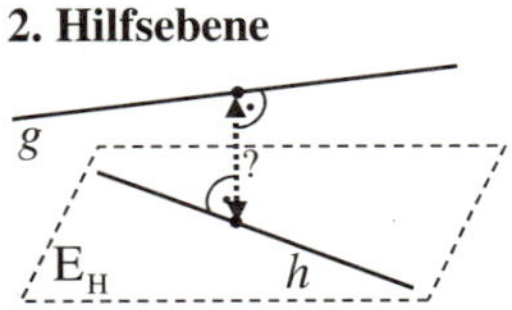

siehe Punkt-Ebene</td><td></td></tr>
<tr><td>Ebene</td><td></td><td></td>
<td>Parallel
1. Formel (Punkt-Ebene)
2. Lotgerade
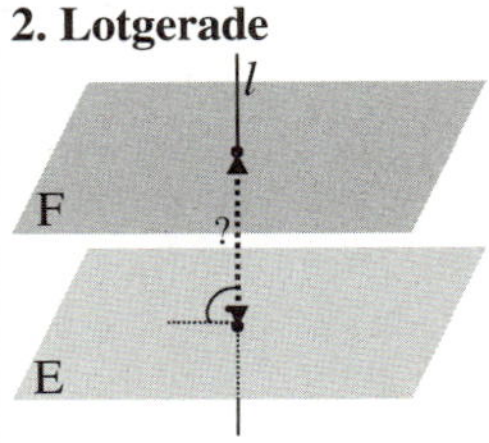

siehe Punkt-Ebene</td></tr>
</table>

Hinweis: Alle Probleme lassen sich auf *Punkt-Gerade* oder *Punkt-Ebene* zurückführen.

7.1 Abstände zu einem Punkt

1. Abstand: Punkt – Punkt

Die **Länge (Betrag) des Verbindungsvektors $\overrightarrow{QP}$** muss berechnet werden.

Beispiel: Abstand von $Q(1|0|2)$ und $P(2|-3|1)$?

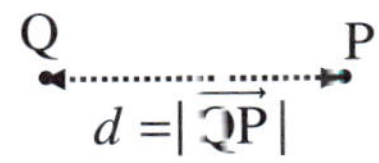

Verbindungsvektor: $\overrightarrow{QP}=\begin{pmatrix}2\\-3\\1\end{pmatrix}-\begin{pmatrix}1\\0\\2\end{pmatrix}=\begin{pmatrix}1\\-3\\-1\end{pmatrix}$;

Länge: $|\overrightarrow{QP}|=\sqrt{1^2+(-3)^2+(-1)^2}=\sqrt{11}$ LE (Längeneinheiten)

2. Abstand: Punkt – Gerade

Beispiel: Abstand von $Q(6|-6|9)$ zu $g:\ \vec{x}=\begin{pmatrix}4\\5\\6\end{pmatrix}+r\cdot\begin{pmatrix}-2\\1\\1\end{pmatrix}$?

- **Möglichkeit 1 (Skalarprodukt)**

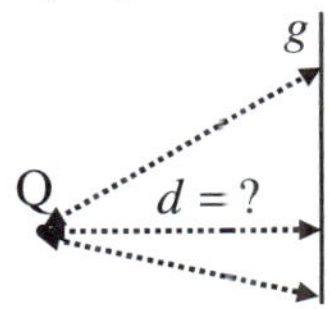

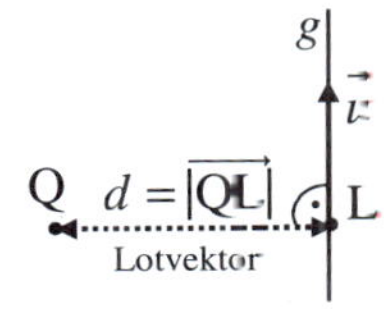

Schritt 1: Verbindungsvektor zwischen dem **Punkt Q** und einem **allgemeinen Geradenpunkt** $P_r(4-2r|5+r|6+r)$ aufstellen (allgemeiner Abstandsvektor).

$$\overrightarrow{QP_r}=\begin{pmatrix}4-2r\\5+r\\6+r\end{pmatrix}-\begin{pmatrix}6\\-6\\9\end{pmatrix}=\begin{pmatrix}-2r-2\\r+11\\r-3\end{pmatrix}$$

Schritt 2: Skalarprodukt aus dem **Verbindungsvektor** und dem **Richtungsvektor $\vec{u}$** der Geraden bilden und **gleich 0** setzen. (Grund: Der Verbindungsvektor wird zum Lotvektor wenn er senkrecht zur Geraden steht). Parameterwert r ermitteln.

$$\overrightarrow{QP_r}\cdot\vec{u}=\begin{pmatrix}-2r-2\\r+11\\r-3\end{pmatrix}\cdot\begin{pmatrix}-2\\1\\1\end{pmatrix}=0\ \Leftrightarrow\ (-2r-2)\cdot(-2)+(r+11)\cdot1+(r-3)\cdot1=0\ \Leftrightarrow\ r=-2$$

Schritt 3: Lotfußpunkt L erhalten, indem der **Parameterwert** in die Geradengleichung **eingesetzt** wird.

$r=-2$ einsetzen: $\overrightarrow{OL}=\begin{pmatrix}4\\5\\6\end{pmatrix}-2\cdot\begin{pmatrix}-2\\1\\1\end{pmatrix}=\begin{pmatrix}8\\3\\4\end{pmatrix}\rightarrow L(8|3|4)$

Schritt 4: Länge (Betrag) des Lotvektors $|\overrightarrow{QL}|$ berechnen.

Lotvektor: $\overrightarrow{QL}=\begin{pmatrix}8\\3\\4\end{pmatrix}-\begin{pmatrix}6\\-6\\9\end{pmatrix}=\begin{pmatrix}2\\9\\-5\end{pmatrix}$; Länge: $|\overrightarrow{QL}|=\sqrt{2^2+9^2+(-5)^2}=\sqrt{110}$ LE

http://frv.tv/2w

• **Möglichkeit 2 (Hilfsebene)**

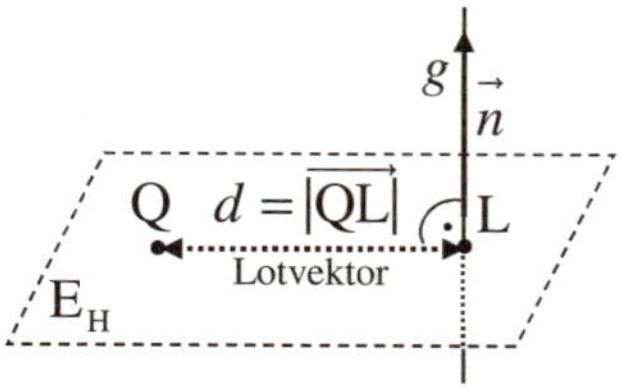

Schritt 1 : Hilfsebene E_H bilden, die den Punkt **Q enthält** und **senkrecht auf der Geraden *g*** steht (Richtungsvektor der Geraden als Normalenvektor von E_H verwenden). Dann werden die Koordinaten des Punktes Q eingesetzt.
$E_H: -2x_1 + x_2 + x_3 = d$ $Q \in E_H: -2 \cdot 6 - 6 + 9 = d \Leftrightarrow -9 = d \quad \Rightarrow E_H: -2x_1 + x_2 + x_3 = -9$
Schritt 2 : Hilfsebene E_H mit der **Geraden *g* schneiden**. Der Schnittpunkt ist der Lotfußpunkt L.
„Allgemeinen Geradenpunkt" $P_r(4-2r \mid 5+r \mid 6+r)$ in E_H einsetzen: $-2x_1 + x_2 + x_3 = -9 \Leftrightarrow -2 \cdot (4-2r) + 5 + r + 6 + r = -9 \Leftrightarrow r = -2;$ $r = -2$ einsetzen: $\overrightarrow{OL} = \begin{pmatrix} 4 \\ 5 \\ 6 \end{pmatrix} - 2 \cdot \begin{pmatrix} -2 \\ 1 \\ 1 \end{pmatrix} = \begin{pmatrix} 8 \\ 3 \\ 4 \end{pmatrix} \rightarrow L(8 \mid 3 \mid 4)$
Schritt 3 : Länge (Betrag) des Lotvektors $\lvert\overrightarrow{QL}\rvert$ berechnen.
Lotvektor: $\overrightarrow{QL} = \begin{pmatrix} 8 \\ 3 \\ 4 \end{pmatrix} - \begin{pmatrix} 6 \\ -6 \\ 9 \end{pmatrix} = \begin{pmatrix} 2 \\ 9 \\ -5 \end{pmatrix}$; Länge: $\lvert\overrightarrow{QL}\rvert = \sqrt{2^2 + 9^2 + (-5)^2} = \sqrt{110}$ LE

Beispielhafte Anwendungen: Höhenbestimmung in einem Dreieck, Trapez oder Parallelogramm.

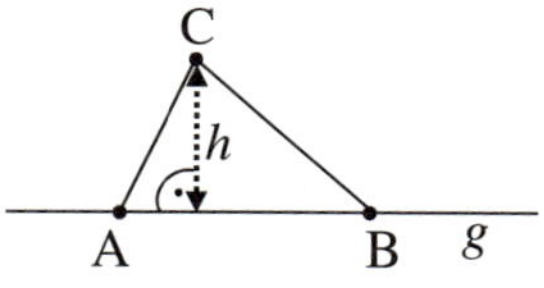

3. Abstand: Punkt – Ebene

Beispiel: Abstand von $Q(1|2|3)$ zu $E: 2x_1 - x_2 + 4x_3 = -9$?

- **Möglichkeit 1 (Formel)**

$$d = \left|\frac{aq_1 + bq_2 + cq_3 - d}{\sqrt{a^2 + b^2 + c^2}}\right| \quad \text{(zwischen } Q(q_1|q_2|q_3) \text{ und } E: ax_1 + bx_2 + cx_3 = d\text{)}$$

$$d = \left|\frac{(\vec{q} - \vec{p}) \cdot \vec{n}}{|\vec{n}|}\right| \quad \text{(zwischen } Q(q_1|q_2|q_3) \text{ und } E: (\vec{x} - \vec{p}) \cdot \vec{n} = 0\text{)}$$

Lösung: $d = \left|\frac{2\cdot 1 - 1\cdot 2 + 4\cdot 3 + 9}{\sqrt{2^2 + (-1)^2 + 4^2}}\right| = \left|\frac{21}{\sqrt{21}}\right| = \sqrt{21}$ LE

- **Möglichkeit 2 (Lotgerade)**

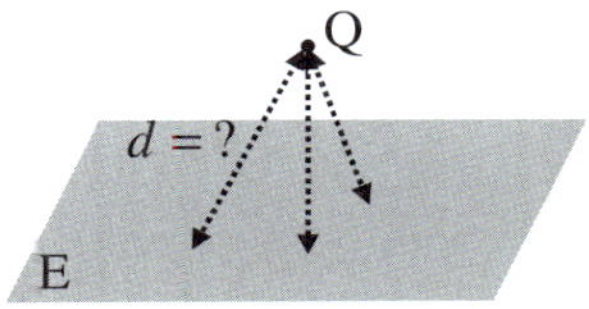

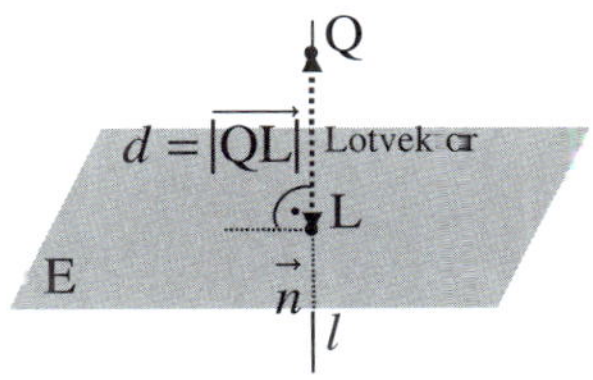

Schritt 1: Lotgerade l bilden, die den Punkt **Q enthält** und **senkrecht auf der Ebene E** steht. (Q als Stützpunkt und Normalenvektor der Ebene als Richtungsvektor verwenden).

$$l: \vec{x} = \vec{q} + r \cdot \vec{n} \quad \Rightarrow \quad l: \vec{x} = \begin{pmatrix}1\\2\\3\end{pmatrix} + r \cdot \begin{pmatrix}2\\-1\\4\end{pmatrix} \quad (\text{mit } r \in \mathbb{R})$$

Schritt 2: Lotgerade l mit der **Ebene E schneiden**. Der Schnittpunkt ist der Lotfußpunkt L.

„Allgemeinen Geradenpunkt" $P_r(1+2r\,|\,2-r\,|\,3+4r)$ in E einsetzen:

$2x_1 - x_2 + 4x_3 = -9 \Leftrightarrow 2\cdot(1+2r) - (2-r) + 4\cdot(3+4r) = -9 \Leftrightarrow r = -1;$

$r = -1$ einsetzen: $\overrightarrow{OL} = \begin{pmatrix}1\\2\\3\end{pmatrix} - 1 \cdot \begin{pmatrix}2\\-1\\4\end{pmatrix} = \begin{pmatrix}-1\\3\\-1\end{pmatrix} \rightarrow L(-1|3|-1)$

Schritt 3: Länge (Betrag) des Lotvektors $|\overrightarrow{QL}|$ berechnen.

Lotvektor: $\overrightarrow{QL} = \begin{pmatrix}-1\\3\\-1\end{pmatrix} - \begin{pmatrix}1\\2\\3\end{pmatrix} = \begin{pmatrix}-2\\1\\-4\end{pmatrix}$; Länge: $|\overrightarrow{QL}| = \sqrt{(-2)^2 + 1^2 + (-4)^2} = \sqrt{21}$ LE

Beispielhafte Anwendung: Höhenbestimmung bei einer Pyramide

http://frv.tv/2x

7.2 Abstände zu einer Geraden

Ein (sinnvoller) Abstand zwischen zwei Geraden (welcher nicht 0 beträgt) liegt nur dann vor, falls die Geraden **parallel** oder **windschief** zueinander liegen.

1. Abstand: Gerade – Gerade (parallel)

Diese Abstandsberechnung lässt sich auf die Abstandsberechnung ***Punkt – Gerade*** zurückführen, indem der Abstand eines beliebigen Punktes (z.B. des **Stützpunktes) der einen Geraden zur anderen Geraden** ermittelt wird.
Lösungsstrategie: Skalarprodukt oder Hilfsebene.

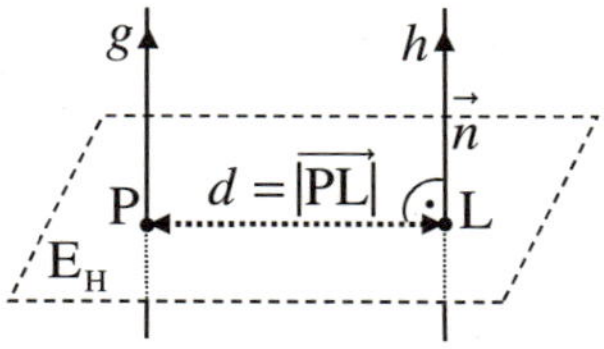

2. Abstand: Gerade – Gerade (windschief)

- **Möglichkeit 1 (Formel)**

$$\boldsymbol{d} = \left| \frac{(\vec{q} - \vec{p}) \cdot \vec{n}}{|\vec{n}|} \right| \quad \text{mit } \vec{n} = \vec{u} \times \vec{v} \quad \text{(windschiefe Geraden } g: \vec{x} = \vec{p} + r \cdot \vec{u} \text{ und } h: \vec{x} = \vec{q} + s \cdot \vec{v}\text{)}$$

Beispiel: Abstand von $g: \vec{x} = \begin{pmatrix} -7 \\ 2 \\ -3 \end{pmatrix} + r \cdot \begin{pmatrix} 0 \\ 1 \\ 2 \end{pmatrix}$ zu $h: \vec{x} = \begin{pmatrix} -3 \\ -3 \\ 3 \end{pmatrix} + s \cdot \begin{pmatrix} 1 \\ 2 \\ 1 \end{pmatrix}$?

$$d = \left| \frac{\left(\begin{pmatrix} -3 \\ -3 \\ 3 \end{pmatrix} - \begin{pmatrix} -7 \\ 2 \\ -3 \end{pmatrix} \right) \cdot \left(\begin{pmatrix} 0 \\ 1 \\ 2 \end{pmatrix} \times \begin{pmatrix} 1 \\ 2 \\ 1 \end{pmatrix} \right)}{\left| \begin{pmatrix} 0 \\ 1 \\ 2 \end{pmatrix} \times \begin{pmatrix} 1 \\ 2 \\ 1 \end{pmatrix} \right|} \right| = \left| \frac{\begin{pmatrix} 4 \\ -5 \\ 6 \end{pmatrix} \cdot \begin{pmatrix} -3 \\ 2 \\ -1 \end{pmatrix}}{\left| \begin{pmatrix} -3 \\ 2 \\ -1 \end{pmatrix} \right|} \right| = \left| \frac{-12 - 10 - 6}{\sqrt{(-3)^2 + 2^2 + (-1)^2}} \right| = \left| \frac{-28}{\sqrt{14}} \right| \approx 7{,}48 \text{ LE}$$

- **Möglichkeit 2 (Hilfsebene)**

Schritt 1: Hilfsebene E_H bilden, welche die **Gerade *h* enthält** und **parallel zur Geraden *g*** verläuft.
Hierbei wird der Stützvektor der Geraden h in die Normalenform der Ebene übernommen ($E_H: (\vec{x} - \vec{q}) \cdot \vec{n} = 0$). Der Normalenvektor $\vec{n}$ der Ebene ergibt sich mithilfe des Skalarproduktes aus den beiden Richtungsvektoren (S. 93).

Nun lässt sich diese Abstandsberechnung auf die Abstands - berechnung ***Punkt – Ebene*** zurückführen, indem der Abstand eines beliebigen Punktes der Geraden g (z.B. des Stützpunktes) zur Hilfsebene E_H ermittelt wird.
Lösungsstrategie: Formel oder Lotgerade.

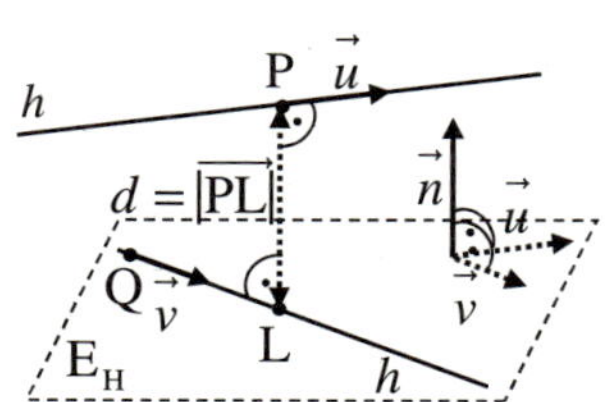

http://frv.tv/2y

3. Abstand: Gerade – Ebene (parallel)

Nur sinnvoll, falls Gerade und Ebene **parallel** zueinander liegen.

Diese Abstandsberechnung lässt sich auf die Abstandsberechnung ***Punkt – Ebene*** zurückführen, indem der Abstand eines beliebigen Punktes der Geraden g (z.B. des **Stützpunktes**) zur Ebene E ermittelt wird.
Lösungsstrategie: Formel oder Lotgerade.

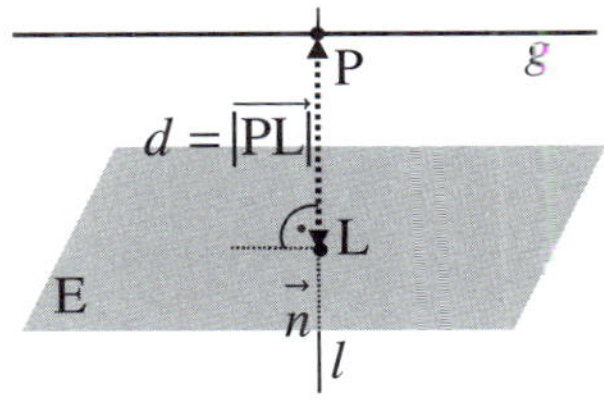

7.3 Abstände zu einer Ebene

Ein (sinnvoller) Abstand zwischen zwei Ebenen (welcher nicht 0 beträgt) liegt nur dann vor, falls die Ebenen **parallel** zueinander liegen.

1. Abstand: Ebene – Ebene (parallel)

Diese Abstandsberechnung lässt sich auf die Abstandsberechnung ***Punkt – Ebene*** zurückführen, indem der Abstand eines beliebigen Punktes der einen Ebene (z.B. eines **Spurpunktes**) zur anderen Ebene ermittelt wird.
Lösungsstrategie: Formel oder Lotgerade.

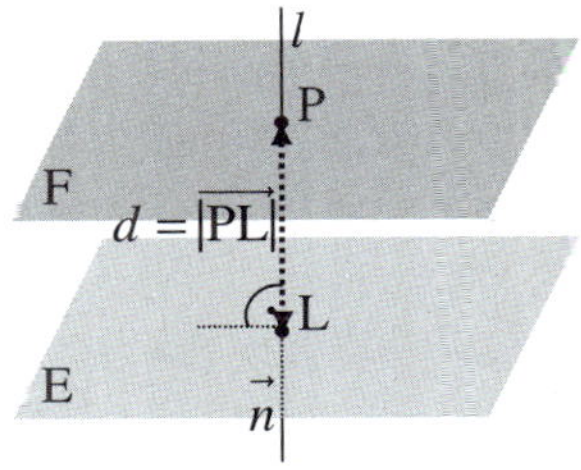

8. Zusatz: Bewegungsaufgaben (nur LK)

Grundwissen

U-Boote, Flugzeuge,... bewegen sich meist geradlinig mit konstanter Geschwindigkeit. Ihre Bahngleichungen können somit durch Geradengleichungen beschrieben werden.

Beispiel: $\vec{x} = \begin{pmatrix} 20 \\ 30 \\ 10 \end{pmatrix} + t \cdot \begin{pmatrix} 60 \\ -40 \\ 25 \end{pmatrix}$ (t in Stunden ($t \in \mathbb{R}$), sonstige Angaben in km)

„Bausteine" der Bahngleichung	Interpretation
$\begin{pmatrix} 20 \\ 30 \\ 10 \end{pmatrix}$ (Stützvektor)	Koordinaten des Startpunktes der Bewegung
t (Parameter)	vergangene Zeit nach (Beobachtungs-)Beginn der Bewegung
$\begin{pmatrix} 60 \\ -40 \\ 25 \end{pmatrix} = \vec{v}$ (Richtungsvektor)	gibt an, wie sich die Koordinaten des Objektes innerhalb von einer Stunde ändern.
$\lvert\vec{v}\rvert$ (Länge Richtungsvektor)	Geschwindigkeit des Objektes (in km/h)
$\vec{x}$	Ort des Objektes nach t Stunden

Beispiel 1 (Musteraufgabe mit **einem** Objekt)

Ein Modellflugzeug befindet sich zu Beginn der Beobachtung im Punkt $A(100|100|100)$. Nach 3 Stunden befindet es sich im Punkt $B(10|250|85)$.

a) Geben Sie die Bahngleichung an.

$\overrightarrow{AB} = \begin{pmatrix} 10 \\ 250 \\ 85 \end{pmatrix} - \begin{pmatrix} 100 \\ 100 \\ 100 \end{pmatrix} = \begin{pmatrix} -90 \\ 150 \\ -15 \end{pmatrix}$ in 3 Stunden, somit $\frac{1}{3} \cdot \begin{pmatrix} -90 \\ 150 \\ -15 \end{pmatrix} = \begin{pmatrix} -30 \\ 50 \\ -5 \end{pmatrix} = \vec{v}$ pro Stunde.

Bahngleichung: $\vec{x} = \begin{pmatrix} 100 \\ 100 \\ 100 \end{pmatrix} + t \cdot \begin{pmatrix} -30 \\ 50 \\ -5 \end{pmatrix}$

b) Steigt oder sinkt das Flugzeug? Mit welcher Geschwindigkeit fliegt es?

x_3-Komponente des Richtungsvektors ist negativ (-5): Somit sinkt es.

$\vec{v} = \begin{pmatrix} -30 \\ 50 \\ -5 \end{pmatrix}$; $|\vec{v}| = \sqrt{(-30)^2 + 50^2 + (-5)^2} = 58{,}52$ (km/h)

c) Wo befindet sich das Flugzeug 1,2 Stunden nach Beginn der Beobachtung?

$\vec{x} = \begin{pmatrix} 100 \\ 100 \\ 100 \end{pmatrix} + 1{,}2 \cdot \begin{pmatrix} -30 \\ 50 \\ -5 \end{pmatrix} = \begin{pmatrix} 64 \\ 160 \\ 94 \end{pmatrix} \rightarrow$ Im Punkt $P(64|160|94)$.

Beispiel 2 (Musteraufgabe mit **zwei** Objekten)

Die Bahngleichungen der Flugzeuge 1 und 2 lauten (t in min, sonstige Angaben in km):

Flugzeug 1: $\vec{x} = \begin{pmatrix} 0 \\ 0 \\ 0 \end{pmatrix} + t \cdot \begin{pmatrix} 4 \\ 4 \\ 1 \end{pmatrix}$; Flugzeug 2: $\vec{x} = \begin{pmatrix} -30 \\ -15 \\ 8 \end{pmatrix} + t \cdot \begin{pmatrix} 12 \\ 9 \\ 0 \end{pmatrix}$ (mit $t \in \mathbb{R}$)

a) Kommt es zu einem Zusammenstoß der beiden Flugzeuge?
(gleicher Ort → gleichsetzen; **gleicher Zeitpunkt → gleiche Parameter**)

$$\begin{pmatrix} 0 \\ 0 \\ 0 \end{pmatrix} + t \cdot \begin{pmatrix} 4 \\ 4 \\ 1 \end{pmatrix} = \begin{pmatrix} -30 \\ -15 \\ 8 \end{pmatrix} + t \cdot \begin{pmatrix} 12 \\ 9 \\ 0 \end{pmatrix} \Leftrightarrow t \cdot \begin{pmatrix} -8 \\ -5 \\ 1 \end{pmatrix} = \begin{pmatrix} -30 \\ -15 \\ 8 \end{pmatrix} \Leftrightarrow \begin{matrix} t = 3{,}75 \\ t = 3 \\ t = 8 \end{matrix}$$

LGS ist unlösbar, somit kommt es zu keinem Zusammenstoß.

b) Berechnen Sie den minimalen Abstand der beiden Flugzeuge.
Nach t min befindet sich Flugzeug 1 im Punkt $A_t(4t\,|\,4t\,|\,t)$ und Flugzeug 2 im Punkt $B_t(-30+12t\,|\,-15+9t\,|\,8)$.
Der Abstand nach t min beträgt:

$$d(t) = \left|\overrightarrow{A_tB_t}\right| = \left|\begin{pmatrix} -30+12t \\ -15+9t \\ 8 \end{pmatrix} - \begin{pmatrix} 4t \\ 4t \\ t \end{pmatrix}\right| = \left|\begin{pmatrix} -30+8t \\ -15+5t \\ 8-t \end{pmatrix}\right| = \sqrt{(-30+8t)^2 + (-15+5t)^2 + (8-t)^2}$$

Durch GTR/CAS werden die Koordinaten des Tiefpunktes vom Schaubild der Funktion $d(t)$ bestimmt: Man erhält (näherungsweise): $T(3{,}59\,|\,5{,}46)$. Nach 3,59 min haben die beiden Flugzeuge also einen minimalen Abstand. Dieser beträgt 5,46 km.

c) Schneiden sich die beiden Flugbahnen?
(gleicher Ort → gleichsetzen; **verschiedene Zeitpunkte → verschiedene Parameter**)
Mit $s, t \in \mathbb{R}$:

$$\begin{pmatrix} 0 \\ 0 \\ 0 \end{pmatrix} + s \cdot \begin{pmatrix} 4 \\ 4 \\ 1 \end{pmatrix} = \begin{pmatrix} -30 \\ -15 \\ 8 \end{pmatrix} + t \cdot \begin{pmatrix} 12 \\ 9 \\ 0 \end{pmatrix} \Leftrightarrow \begin{cases} 4s - 12t = -30 & (1) \\ 4s - 9t = -15 & (2) \\ s = 8 & (3) \end{cases} \quad \text{GTR/CAS: } \left(\begin{array}{cc|c} 1 & 0 & 0 \\ 0 & 1 & 0 \\ 0 & 0 & 1 \end{array}\right);$$

LGS ist unlösbar, somit schneiden sich die Flugbahnen nicht.

d) Berechnen Sie den minimalen Abstand der beiden Flugbahnen.
Die beiden Flugbahnen stellen windschiefe Geraden dar, deren minimaler Abstand berechnet wird. ($\vec{n}$ wird durch Skalarprodukt aus den Richtungsvektoren errechnet.)

$$d = \left|\frac{(\vec{q} - \vec{p}) \cdot \vec{n}}{|\vec{n}|}\right| = \left|\frac{\left(\begin{pmatrix} -30 \\ -15 \\ 8 \end{pmatrix} - \begin{pmatrix} 0 \\ 0 \\ 0 \end{pmatrix}\right) \cdot \begin{pmatrix} -9 \\ 12 \\ -12 \end{pmatrix}}{\left|\begin{pmatrix} -9 \\ 12 \\ -12 \end{pmatrix}\right|}\right| = \left|\frac{\begin{pmatrix} -30 \\ -15 \\ 8 \end{pmatrix} \cdot \begin{pmatrix} -9 \\ 12 \\ -12 \end{pmatrix}}{\left|\begin{pmatrix} -9 \\ 12 \\ -12 \end{pmatrix}\right|}\right| = \left|\frac{-6}{\sqrt{369}}\right| = 0{,}31\,(\text{km})$$

Körper treffen sich → gl. Ort, **gleiche** Zeit → gleichs., **gleiche** Param.
Bahnen treffen sich → gl. Ort, (ev.) **verschiedene** Zeit → gleichs., **verschiedene** Param.

III. Grundlagen Stochastik

1. Baumdiagramm und Pfadregeln

1.1 Einführung

Beispiel 1: In einer Urne befinden sich 4 rote, 3 blaue und 2 grüne Kugeln. Es werden nacheinander 2 Kugeln entnommen. Mit welcher Wahrscheinlichkeit wird 2-mal die gleiche Farbe gezogen? Entnommene Kugeln werden hierbei …

a) … wieder zurückgelegt.
(Ziehen mit Zurücklegen)

b) … nicht wieder zurückgelegt.
(Ziehen ohne Zurücklegen)

1. Schritt: Baumdiagramm anlegen

a)

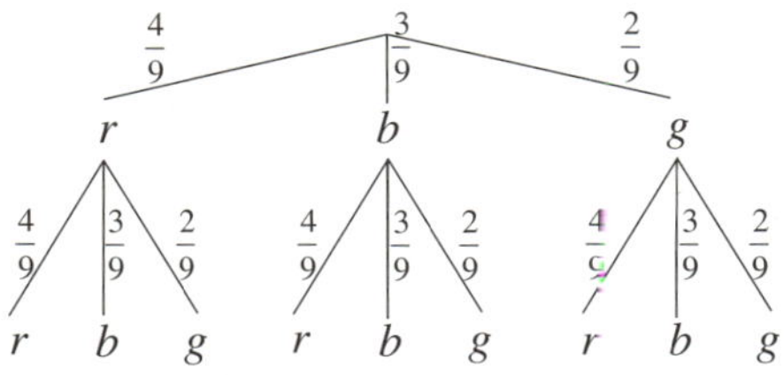

b)

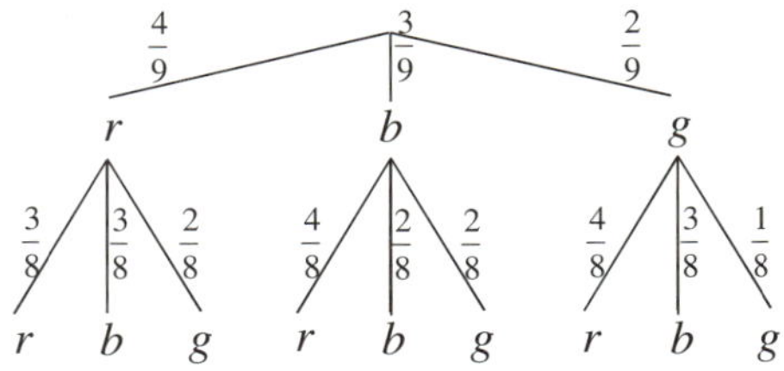

Hinweise

- Zu Beginn befinden sich 9 Kugeln in der Urne, von denen 4 rot sind. Dies führt zu einer Wahrscheinlichkeit von 4/9 für rot. (P = günstige/mögliche)
- Summe der Wahrscheinlichkeiten an jeder Verzweigung: 100 %
- **Ziehen ohne Zurücklegen:** Wahrscheinlichkeiten ändern sich hier von Stufe zu Stufe, abhängig davon: **Wie viele** Kugeln schon gezogen wurden (Änderung im **Nenner**) und **welche** Kugeln in den Vorstufen gezogen wurden (Änderung im **Zähler**).

2. Schritt: Ereignis definieren, welches alle gefragten Ergebnisse enthält

$\mathrm{E}=\{rr; bb; gg\}$

3. Schritt: Wahrscheinlichkeit des Ereignisses berechnen

a)

$$\mathrm{P(E)}=\mathrm{P}(rr)+\mathrm{P}(bb)+\mathrm{P}(gg)$$
$$=\frac{4}{9}\cdot\frac{4}{9}+\frac{3}{9}\cdot\frac{3}{9}+\frac{2}{9}\cdot\frac{2}{9}=\frac{29}{81}\approx 0{,}358$$

b)

$$\mathrm{P(E)}=\mathrm{P}(rr)+\mathrm{P}(bb)+\mathrm{P}(gg)$$
$$=\frac{4}{9}\cdot\frac{3}{8}+\frac{3}{9}\cdot\frac{2}{8}+\frac{2}{9}\cdot\frac{1}{8}=\frac{5}{18}\approx 0{,}278$$

- **Pfadaddition:** Ergebniswahrscheinlichkeiten aller zugehörigen Ergebnisse addieren.
- **Pfadmultiplikation:** Ergebniswahrscheinlichkeiten durch Multiplikation „entlang ihres Ergebnispfades“.

http://frv.tv/3y

Beispiel 2: Beim Rundlauf (Mäxle) im Tischtennis stehen sich im Finale zwei Spieler gegenüber. Spieler 1 entscheidet mit einer Wahrscheinlichkeit von 60 % einen Ballwechsel für sich. Wer zuerst 2 Ballwechsel gewonnen hat, ist Sieger.
Mit welcher Wahrscheinlichkeit gewinnt Spieler 1 insgesamt?ss

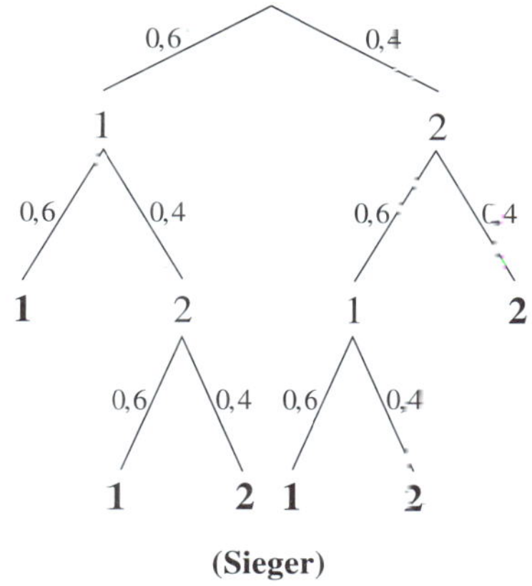

$E = \{11; 121; 211\}$

$P(E) = P(11) + P(121) + P(211)$
$= 0,6 \cdot 0,6 + 0,6 \cdot 0,4 \cdot 0,6 + 0,4 \cdot 0,6 \cdot 0,6$
$= 0,648 = 64,8\ \%$

Beispiel 3: In einem Paket befinden sich 11 Smartphones. 4 davon sind vom Hersteller Samsung (s). Für 70 % der Handys eines jeden Herstellers wird eine Flatrate (f) gebucht. Ein Smartphone wird blind entnommen. Mit welcher Wahrscheinlichkeit ist es nicht von Samsung und ohne Flatrate.

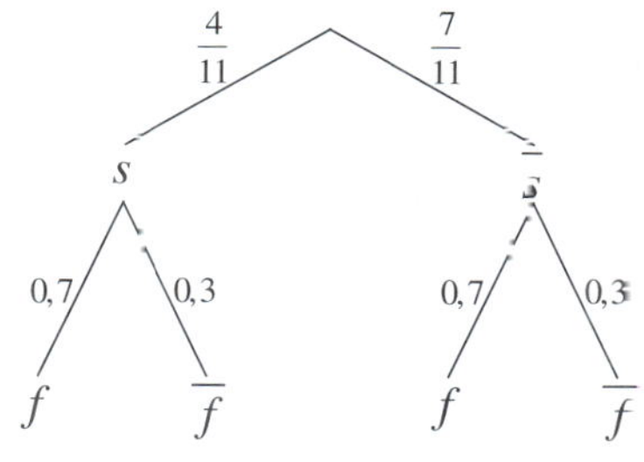

$E = \{\overline{s}\overline{f}\}$

$P(E) = P(\overline{s}\overline{f}) = \frac{7}{11} \cdot 0,3 \approx 0,191 = 19,1\ \%$

Beispiel 4: 30 % der 100 m-Läufer sind bei einem Wettkampf gedopt (g). Ein Dopingtest entlarvt gedopte Sportler mit einer Wahrscheinlichkeit von 99 %. Jedoch erhält auch ein nicht gedopter Sportler mit einer Wahrscheinlichkeit von 4 % ein positives Dopingtestergebnis (p). Mit welcher Wahrscheinlichkeit wird ein zufällig ausgewählter Läufer positiv getestet?

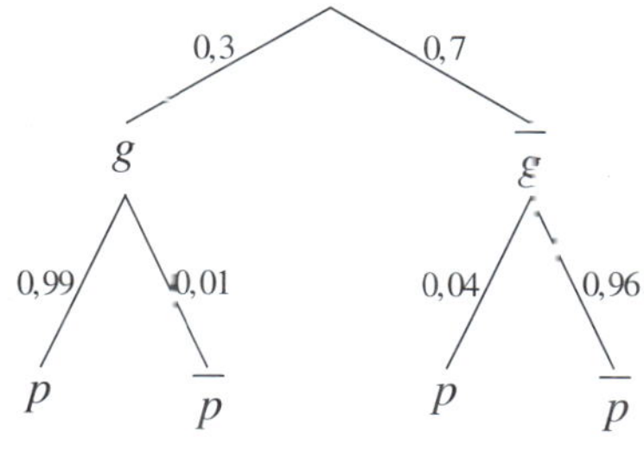

$E = \{gp; \overline{g}p\}$

$P(E) = P(gp) + P(\overline{g}p)$
$= 0,3 \cdot 0,99 + 0,7 \cdot 0,04 = 0,325 = 32,5\%$

Weitere Beispiele und Aufbau der zugehörigen Baumdiagramme

Ziehen mit Zurücklegen	Ziehen ohne Zurücklegen
Beispiel 1: Es befinden sich immer 10 Teile in einem Karton, von denen 3 Teile stets defekt sind. Es werden 7 Kartons geöffnet. **Anzahl Stufen:** 7 **Wahrscheinlichkeiten:** $d:\frac{3}{10};\ \bar{d}:\frac{7}{10}$	**Beispiel 1:** Es befinden sich 10 Teile in einem Karton. 3 Teile davon sind defekt. Aus dem Karton werden 4 Teile entnommen. **Anzahl Stufen:** 4 **Wahrscheinlichkeiten:** $d:\frac{3}{10};\ \bar{d}:\frac{7}{10}$ **(nur 1. Stufe)**
Beispiel 2: Ein Glücksrad mit 6 gleich großen Feldern (1 rotes Feld, 2 blaue Felder, 3 grüne Felder) wird 4-mal gedreht. **Anzahl Stufen:** 4 **Wahrscheinlichkeiten:** $r:\frac{1}{6};\ b:\frac{2}{6};\ g:\frac{3}{6}$	**Beispiel 2:** In einer Lostrommel befinden sich 5 Gewinnlose und 25 Nieten. Es werden 4 Lose gezogen. **Anzahl Stufen:** 4 **Wahrscheinlichkeiten:** $G:\frac{5}{30};\ N:\frac{25}{30}$ **(nur 1. Stufe)**
Beispiel 3: Ein Würfel wird 3-mal geworfen. (Oder: 3 Würfel werden gleichzeitig geworfen.) **Anzahl Stufen:** 3 **Wahrscheinlichkeiten:** $1:\frac{1}{6};\ 2:\frac{1}{6};...;6:\frac{1}{6}$	**Beispiel 3:** Eine Rubbelkarte hat 16 Felder. Nur eines davon führt zu einem Gewinn. Ein Spieler rubbelt 3 Felder auf. **Anzahl Stufen:** 3 **Wahrscheinlichkeiten:** $G:\frac{1}{16};\ N:\frac{15}{16}$ **(nur 1. Stufe)**
Beispiel 4: Die Prüfung für den Autoführerschein besteht aus 18 Fragen. Bei jeder Frage gibt es 3 Antwortmöglichkeiten, von denen eine richtig ist. Der Prüfling rät. **Anzahl Stufen:** 18 **Wahrscheinlichkeiten:** $r:\frac{1}{3};\ f:\frac{2}{3}$	**Beispiel 4:** Aus einem Skatkartenspiel mit jeweils 8 Karten der Farben Kreuz, Pik, Herz und Karo werden 2 Karten entnommen. **Anzahl Stufen:** 2 **Wahrscheinlichkeiten (nur 1. Stufe):** $Kr:\frac{8}{32};\ P:\frac{8}{32};\ H:\frac{8}{32};\ Ka:\frac{8}{32}$
Beispiel 5: Ein Schütze schießt 3-mal. Er trifft mit einer Wahrscheinlichkeit von 75 %. **Anzahl Stufen:** 3 **Wahrscheinlichkeiten:** $t:0,75;\ \bar{t}:0,25$	

Tipp: Sind in der Aufgabenstellung Wahrscheinlichkeitsangaben **in Prozent** angegeben, so liegt meist **„Ziehen mit Zurücklegen"** vor.

1.2 Aufgabentypen

Den nachfolgenden 4 Aufgabentypen liegt die gleiche Ausgangssituation und damit das gleiche Baumdiagramm zugrunde.

Ausgangssituation (zu den Aufgabentypen 1-4)
In einer Urne befinden sich 5 rote, 4 blaue und 3 grüne Kugeln. Es werden 3 Kugeln ohne Zurücklegen entnommen.

Baumdiagramm

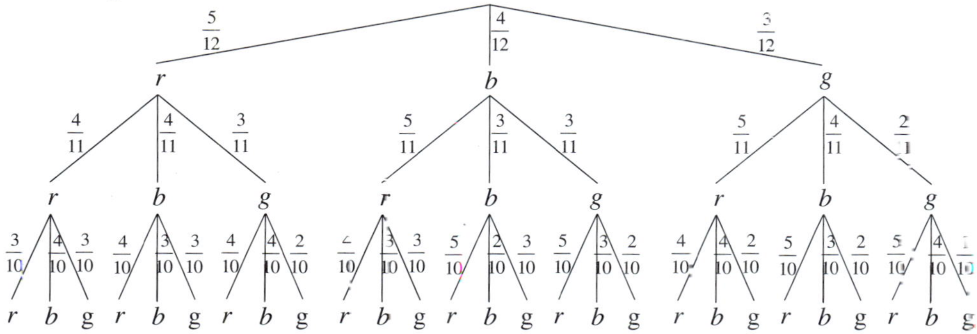

- **Aufgabentyp 1 (Vorgegebene Reihenfolge, also geordnet)**

Mit welcher Wahrscheinlichkeit werden zunächst eine rote Kugel und dann 2 blaue Kugeln gezogen?

$$\mathrm{E}=\{rbb\}$$

$$\mathrm{P}(\mathrm{E})=\mathrm{P}(rbb)=\frac{5}{12}\cdot\frac{4}{11}\cdot\frac{3}{10}=\frac{1}{22}\approx 0{,}045=4{,}5\ \%$$

- **Aufgabentyp 2 (Ohne vorgegebene Reihenfolge, also ungeordnet)**

Mit welcher Wahrscheinlichkeit werden (mit einem Griff) eine rote und 2 blaue Kugeln gezogen?

$\mathrm{E}=\{rbb;brb;bbr\}$ (keine vorgegebene Reihenfolge, größere Ergebnismenge)

$$\mathrm{P}(\mathrm{E})=\mathrm{P}(rbb)+\mathrm{P}(brb)+\mathrm{P}(bbr)$$

$$=\frac{5}{12}\cdot\frac{4}{11}\cdot\frac{3}{10}+\frac{4}{12}\cdot\frac{5}{11}\cdot\frac{3}{10}+\frac{4}{12}\cdot\frac{3}{11}\cdot\frac{5}{10}$$

$$=\mathbf{3}\cdot\left(\frac{5}{12}\cdot\frac{4}{11}\cdot\frac{3}{10}\right)$$ (**3** mögliche Umordnungen, alle mit gleicher Wahrscheinlichkeit)

$$=\frac{3}{22}=0{,}136=13{,}6\ \%$$

http://frv.tv/3z

- **Aufgabentyp 3 (mit dem Gegenereignis arbeiten)**

Mit welcher Wahrscheinlichkeit wird mindestens eine rote oder eine blaue Kugel gezogen? (Zur Ausgangssituation S. 117)

$\text{E} = \{rrr; rrb; rrg; rbr; \ldots \text{(viele weitere)}\}$

Idee: Nur wenige Ergebnisse aus der Ergebnismenge gehören nicht zum Ereignis E. Das **Gegenereignis** ($\overline{\text{E}}$: Nur grüne Kugeln) beinhaltet damit nur ein einziges Ergebnis, wodurch dessen Wahrscheinlichkeit schnell berechnet werden kann.

$\overline{\text{E}} = \{ggg\}$

$$\text{P}(\overline{\text{E}}) = \text{P}(ggg) = \frac{3}{12} \cdot \frac{2}{11} \cdot \frac{1}{10} = \frac{1}{220} \approx 0{,}0045 = 0{,}45\ \%$$

$$\mathbf{P(E) = 1 - P(\overline{E})} = 1 - \frac{1}{220} = \frac{219}{220} \approx 0{,}9955 = 99{,}55\ \%$$

> Falls die Signalwörter **„mindestens"** oder **„höchstens"** in Aufgabenstellungen enthalten sind, können diese oftmals mit dem **Gegenereignis** bearbeitet werden.

- **Aufgabentyp 4 (Baumdiagramm verkleinern)**

Mit welcher Wahrscheinlichkeit wird genau eine rote Kugel gezogen? (Zur Ausgangssituation S. 117)

$\text{E} = \{rbb; rbg; rgb; rgg; brb; \ldots \text{(viele weitere)}\}$

Idee: Bei dieser Aufgabenstellung ist es nicht relevant, ob bei einem Zug eine blaue oder eine grüne Kugel gezogen wird. Es geht nur darum, ob die gezogene Kugel rot ist oder eben nicht. Deshalb können jene beiden Äste zu einem $\bar{r}$-Ast zusammengelegt werden. Hierdurch wird das Baumdiagramm kleiner.

$\text{E} = \{(r\bar{r}\bar{r}); (\bar{r}r\bar{r}); (\bar{r}\bar{r}r)\}$

$$\begin{aligned}\text{P(E)} &= \text{P}(r\bar{r}\bar{r}) + \text{P}(\bar{r}r\bar{r}) + \text{P}(\bar{r}\bar{r}r)\\ &= \frac{5}{12} \cdot \frac{7}{11} \cdot \frac{6}{10} + \frac{7}{12} \cdot \frac{5}{11} \cdot \frac{6}{10} + \frac{7}{12} \cdot \frac{6}{11} \cdot \frac{5}{10}\\ &= 3 \cdot \left(\frac{5}{12} \cdot \frac{7}{11} \cdot \frac{6}{10}\right)\\ &= \frac{21}{44} \approx 0{,}477 = 47{,}7\ \%\end{aligned}$$

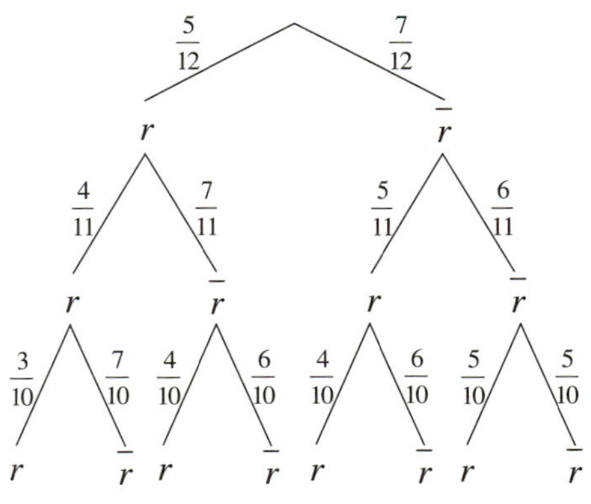

- **Aufgabentyp 5 („*Wie oft muss man mindestens …?*“)**

In einer Urne befinden sich 5 rote und 7 blaue Kugeln. Entnommene Kugeln werden stets wieder zurückgelegt.

Wie oft muss man mindestens ziehen, damit die Wahrscheinlichkeit, mindestens eine rote Kugel zu ziehen, größer als 90 % ist?

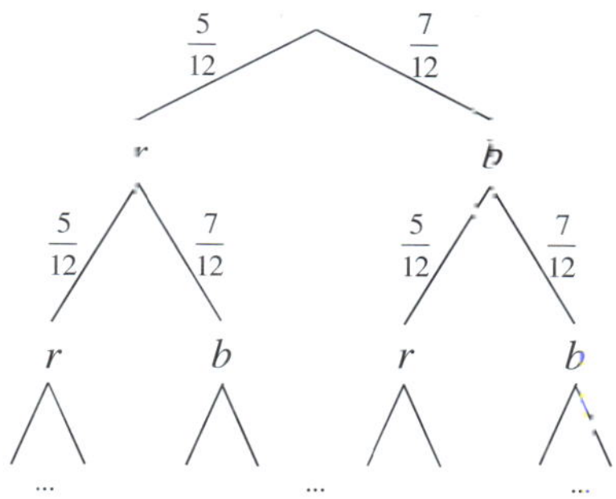

(unbekannte Anzahl an Stufen)

$\mathrm{E} = \{(rr...r);(rr...b);(rb...r);...$(**viele** weitere)$\}$

Idee: Nur ein Pfad am Baumdiagramm gehört nicht zum Ereignis. Das **Gegenereignis** ($\overline{\mathrm{E}}$: *Gar keine rote Kugel*) beinhaltet damit nur ein einziges Ergebnis: $\overline{\mathrm{E}} = \{(bb...b)\}$.

$$\mathrm{P}(\text{mind. ein Mal } r) > 0{,}9 \qquad \text{(Aufgabenstellung abschreiben)}$$

$$1-\mathrm{P}(\text{kein Mal } r) > 0{,}9 \qquad \text{(Vorgehen über Gegenereignis)}$$

$$1-\mathrm{P}(bb...b) > 0{,}9$$

$$1-\left(\frac{7}{12}\right)^n > 0{,}9 \qquad |-1$$

$$-\left(\frac{7}{12}\right)^n > -0{,}1 \qquad |\cdot(-1) \qquad \text{(Mult. mit neg. Zahl: } > \rightarrow < \text{)}$$

$$\left(\frac{7}{12}\right)^n < 0{,}1 \qquad |\ln \qquad \text{(ln( ), da Exponentialgleichung)}$$

$$\ln\left(\left(\frac{7}{12}\right)^n\right) < \ln(0{,}1)$$

$$n \cdot \ln\left(\left(\frac{7}{12}\right)\right) < \ln(0{,}1) \qquad \text{(Regel: } \ln(a^b) = b\cdot\ln(a)\text{)}$$

$$n \cdot (-0{,}539) < -2{,}303 \qquad |:(-0{,}539) \qquad \text{(Division durch neg. Zahl: } < \rightarrow > \text{)}$$

$$n > 4{,}273$$

A: Mindestens 5-mal ziehen! (Immer Aufrunden!)

http://frv.tv/4a

2. Bedingte Wahrscheinlichkeit, Unabhängigkeit, Vierfeldertafel

2.1 Bedingte Wahrscheinlichkeit

Formel (allg.)

$$\mathbf{P_B(A) = \frac{P(A \cap B)}{P(B)}}$$

A: Gesuchtes Ereignis
B: Vorwissen bzw. Bedingung
$\cap$: „und"

Formel (in Worten)

$$P_{\text{Vorwissen}}(\text{gesucht}) = \frac{\text{P(entspricht Vorwissen und ist gesucht)}}{\text{P(möglich laut Vorwissen)}}$$

Beispiel 1: Eine Münze wird 2-mal geworfen.
Berechnen Sie die Wahrscheinlichkeit, dass genau ein Mal Zahl geworfen wird, wobei bekannt ist, dass im zweiten Wurf Wappen geworfen wird.

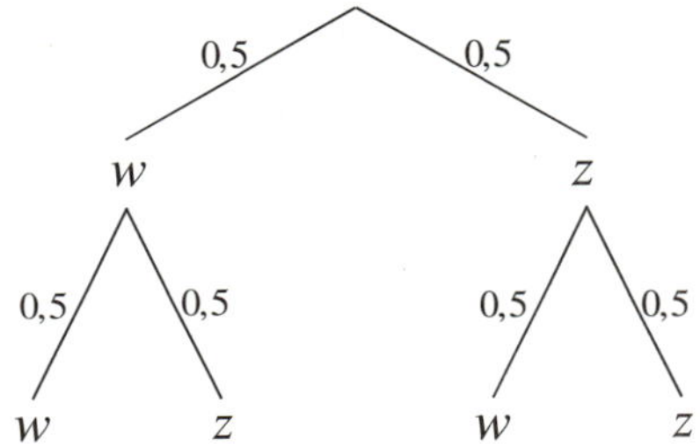

$$P_{\text{Wappen im 2. Wurf}}(\text{genau ein Mal Zahl}) = \frac{\text{P(Wappen im 2. Wurf und genau ein Mal Zahl)}}{\text{P(Wappen im 2. Wurf)}}$$

$$= \frac{P(zw)}{P(zw)+P(ww)} = \frac{0,5 \cdot 0,5}{0,5 \cdot 0,5 + 0,5 \cdot 0,5} = \frac{0,25}{0,5} = 0,5 = 50\,\%$$

Beispiel 2: An einer Schule werden Schüler nach der Marke ihres Smartphones befragt:

Marke	Samsung	Apple	Sony	HTC	sonst
Anteil	45 %	21 %	8%	6 %	20 %

Mit welcher Wahrscheinlichkeit hat ein Schüler, von welchem bekannt ist, dass er kein Smartphone von Samsung besitzt, ein Smartphone von HTC?

$$P_{\text{kein Samsung}}(\text{HTC}) = \frac{\text{P(kein Samsung und HTC)}}{\text{P(kein Samsung)}} = \frac{\text{P(HTC)}}{\text{P(kein Samsung)}}$$

$$= \frac{0,06}{1-0,45} = \frac{0,06}{0,55} \approx 0,109 = 10,9\,\%$$

http://frv.tv/6j

Wichtige Hinweise

Erkennen, dass eine Aufgabe zur bedingten Wahrscheinlichkeit vorliegt

Die Schwierigkeit bei Aufgaben zur bedingten Wahrscheinlichkeit besteht oftmals darin, diese überhaupt als solche zu entlarven und nicht mit „üblichen Baumaufgaben“ zu verwechseln. Hierbei muss das Merkmal solcher Aufgaben, nämlich die Existenz von Vorwissen, erkannt werden.
Es gibt mehrere **grammatikalische Formulierungen**, die den Aufgabenbearbeiter über vorhandenes Vorwissen informieren sollen.

Beispiel (siehe Vorseite)

gesuchtes Ereignis

Berechnen Sie die Wahrscheinlichkeit dafür, dass genau ein Mal Zahl geworfen wird, **wobei bekannt ist, dass** im zweiten Wurf Wappen geworfen wird.

grammatikalische Formulierung — Vorwissen (Bedingung)

Weitere grammatikalische Formulierungen für die bedingte Wahrscheinlichkeit

Berechnen Sie die Wahrscheinlichkeit dafür, dass genau ein Mal Zahl geworfen wird, **wenn man weiß, dass** im zweiten Wurf Wappen geworfen wird.

Berechnen Sie die Wahrscheinlichkeit dafür, dass genau ein Mal Zahl geworfen wird, **falls** im zweiten Wurf Wappen geworfen wird.

Berechnen Sie die Wahrscheinlichkeit dafür, dass genau ein Mal Zahl geworfen wird, **wenn** im zweiten Wurf Wappen geworfen wird.

Im zweiten Wurf wird Wappen geworfen. **(Vorwissen in eigenem Satz.)**
Berechnen Sie die Wahrscheinlichkeit dafür, dass genau ein Mal Zahl geworfen wird.

Achtung: Keine bedingte Wahrscheinlichkeit bei Formulierungen mit „und“

Formulierungen mit **„und“** deuten auf eine Aufgabenstellung ohne eine bedingte Wahrscheinlichkeit hin.

Beispiel: Eine Münze wird 2-mal geworfen. Berechnen Sie die Wahrscheinlichkeit dafür, dass genau ein Mal Zahl **und** im zweiten Wurf Wappen geworfen wird.

$P(zw) = 0,5 \cdot 0,5 = 0,25$

2.2 Unabhängigkeit (Testgleichung: $\mathbf{P(A \cap B) = P(A) \cdot P(B)}$)

Abhängige Ereignisse	Unabhängige Ereignisse
Beispiel Eine Münze wird 2-mal geworfen. A: *Im ersten Wurf erscheint Wappen* B: *In beiden Würfen erscheint Wappen* Sind die beiden Ereignisse abhängig oder unabhängig?	**Beispiel** Eine Münze wird 2-mal geworfen. A: *Im ersten Wurf erscheint Wappen* B: *Im zweiten Wurf erscheint Wappen* Sind die beiden Ereignisse abhängig oder unabhängig?
Rechnerische Lösung **1. $\mathbf{P(A)}$ bestimmen** $A = \{(WZ);(WW)\}$ $P(A) = P(WZ) + P(WW) = 0{,}5 \cdot 0{,}5 + 0{,}5 \cdot 0{,}5 = 0{,}5$ (Baumdiagramm!) **2. $\mathbf{P(B)}$ bestimmen** $B = \{(WW)\}$ $P(B) = P(WW) = 0{,}5 \cdot 0{,}5 = 0{,}25$ **3. $\mathbf{P(A \cap B)}$ bestimmen** $A \cap B = \{(WW)\}$ $P(A \cap B) = P(WW) = 0{,}5 \cdot 0{,}5 = 0{,}25$ **4. Test:** $\mathbf{P(A \cap B) = P(A) \cdot P(B)}$ $0{,}25 \neq 0{,}5 \cdot 0{,}25$ $0{,}25 \neq 0{,}125$ Gleichung ist **nicht erfüllt**, somit sind A und B **abhängig!**	**Rechnerische Lösung** **1. $\mathbf{P(A)}$ bestimmen** $A = \{(WZ);(WW)\}$ $P(A) = P(WZ) + P(WW) = 0{,}5 \cdot 0{,}5 + 0{,}5 \cdot 0{,}5 = 0{,}5$ (Baumdiagramm!) **2. $\mathbf{P(B)}$ bestimmen** $B = \{(ZW);(WW)\}$ $P(B) = P(ZW) + P(WW) = 0{,}5 \cdot 0{,}5 + 0{,}5 \cdot 0{,}5 = 0{,}5$ **3. $\mathbf{P(A \cap B)}$ bestimmen** $A \cap B = \{(WW)\}$ $P(A \cap B) = P(WW) = 0{,}5 \cdot 0{,}5 = 0{,}25$ **4. Test:** $\mathbf{P(A \cap B) = P(A) \cdot P(B)}$ $0{,}25 = 0{,}5 \cdot 0{,}5$ $0{,}25 = 0{,}25$ Gleichung ist **erfüllt**, somit sind A und B **unabhängig!**
Intuitive Lösung Wenn beispielsweise das Ereignis A nicht eintritt, weil im ersten Wurf Zahl erscheint, kann das Ereignis B ebenfalls nicht mehr eintreten.	**Intuitive Lösung** Ob im ersten Wurf Wappen erscheint (oder nicht) steht in keinem Zusammenhang damit, dass im zweiten Wurf Wappen erscheint.
Merkmal: Zusammenhang existiert	**Merkmal: Kein Zusammenhang**

2.3 Vierfeldertafel

Grundregel: Zeilen- und Spaltenaddition

Beispiel 1

Über die Personen, die in einer Stadt wohnen, ist bekannt:

- 41 % der Personen sind groß;
- 45 % der Personen sind männlich;
- 6 % der Personen sind groß und weiblich.

Für eine Verlosung wird eine Person zufällig ausgewählt.

Mit welcher Wahrscheinlichkeit ist diese klein und weiblich?

Geschlecht

Größe	m	$\overline{m}$	
g		0,06	0,41
$\overline{g}$			
	0,45		1

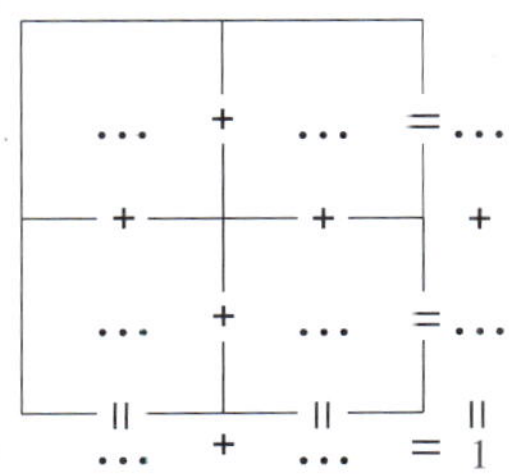

Geschlecht

Größe	m	$\overline{m}$	
g	0,35	0,06	0,41
$\overline{g}$	0,10	**0,49**	0,59
	0,45	0,55	1

Lösung: $P(\overline{g}\,\overline{m}) = \mathbf{0{,}49}$

Zusatzregel bei Unabhängigkeit: P(außen) · P(außen) = P(innen)

Beispiel 2

Über die Personen, die in einer Stadt wohnen, ist bekannt:

- 41 % der Personen sind groß;
- 52 % der Personen haben dunkles Haar;
- **Information: Größe und Haarfarbe sind voneinander unabhängig.**

Für eine Verlosung wird eine Person zufällig ausgewählt.

Mit welcher Wahrscheinlichkeit ist diese klein und besitzt helles Haar?

Haarfarbe

Größe	d	$\overline{d}$	
g			0,41
$\overline{g}$			
	0,52		1

Zusatzregel

P(außen) · P(außen) = P(innen)

Haarfarbe

Größe	d	$\overline{d}$	
g	0,21 (= 0,41 · 0,52)	0,20 (= 0,41 · 0,48)	0,41
$\overline{g}$	0,31 (= 0,59 · 0,52)	**0,28** (= 0,59 · 0,48)	0,59
	0,52	0,48	1

Lösung: $P(\overline{g}\,\overline{d}) = \mathbf{0{,}28}$

http://frv.tv/4d

2.4 Zusammenhänge und Vernetzung

Bei Aufgabenstellungen, bei denen 2 Merkmale, wie beispielsweise Größe und Geschlecht (Beispiel 1, S. 123), in jeweils 2 Ausprägungen vorkommen, besteht oftmals das Problem zu entscheiden, ob eine Vierfeldertafel oder ein 2-stufiger Wahrscheinlichkeitsbaum zur Bearbeitung verwendet werden soll.
Hierfür muss erkannt werden, welche **Typen von Wahrscheinlichkeitsangaben** in der Aufgabenstellung gegebenen sind und an welchen **Positionen** diese in der Vierfeldertafel bzw. im Wahrscheinlichkeitsbaum stehen.
Es muss dann das Instrument vorgezogen werden, für welches eine ausreichende Menge an Wahrscheinlichkeitsangaben vorhanden ist.

Zum Beispiel 1 (S. 123)

Größe \ *Geschlecht*	m	$\overline{m}$	
g	$P(gm)$	$P(g\overline{m})$	$P(g)$
$\overline{g}$	$P(\overline{g}m)$	$P(\overline{g}\overline{m})$	$P(\overline{g})$
	$P(m)$	$P(\overline{m})$	1

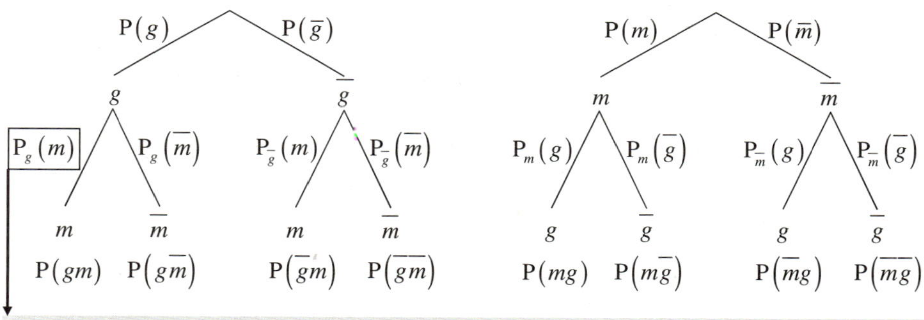

Weshalb steht auf der zweiten Stufe eine bedingte Wahrscheinlichkeit?
Wie bisher muss in einem Baumdiagramm an dieser Stelle die Wahrscheinlichkeit stehen, dass eine Person, von der man weiß, dass sie groß ist (sonst: anderer Ast), männlich ist. Dass die Person groß ist, kann jedoch als **Vorwissen** interpretiert werden. Somit liegt eigentlich eine bedingte Wahrscheinlichkeitsangabe vor.
Aber: Dies hat keine Auswirkung auf den Umgang mit dem Baumdiagramm. Sie wissen nun lediglich, von welcher Art diese Wahrscheinlichkeitsangabe ist!

http://frv.tv/4e

Typen von Wahrscheinlichkeitsangaben	**Position**
1. Typ : Eigenschaftswahrscheinlichkeit **Schreibweise :** $\text{P}(g), \text{P}(\overline{g}), \text{P}(m), \text{P}(\overline{m})$ **Interpretation :** z.B. $\text{P}(g) = 0{,}41 \rightarrow$ Zu 41 % ist die ausgewählte Person groß **Merkmale :** 1. Es geht nur um eine Eigenschaft (z.B. Größe) 2. Angabe bezieht sich auf die gesamte Grundmenge (alle Personen)	**Vierfeldertafel :** Außerhalb **Baumdiagramm :** Auf der ersten Stufe
2. Typ : Bedingte Wahrscheinlichkeit **Schreibweise :** $\text{P}_g(m), \text{P}_g(\overline{m}), ..., \text{P}_{\overline{m}}(\overline{g})$ **Interpretation :** z.B. $\text{P}_g(m) = 0{,}854 \rightarrow$ Wenn die ausgewählte Person groß ist, ist sie zu 85,4 % männlich **Merkmale :** 1. Es geht um beide Eigenschaften (Größe und Geschlecht) 2. Angabe bezieht sich nur auf einen Teil der Grundmenge (nur die großen Personen)	**Vierfeldertafel :** !! Nicht vorhanden !! **Baumdiagramm :** Auf der zweiten Stufe
3. Typ : Ergebniswahrscheinlichkeit **Schreibweise :** $\text{P}(gm), \text{P}(\overline{g}m), ..., \text{P}(\overline{m}\overline{g})$ **Interpretation :** z.B. $\text{P}(g\overline{m}) = 0{,}06 \rightarrow$ Zu 6 % ist die ausgewählte Person groß und weiblich **Merkmale :** 1. Es geht um beide Eigenschaften (Größe und Geschlecht) 2. Angabe bezieht sich auf die gesamte Grundmenge (alle Personen)	**Vierfeldertafel :** In den Innenfeldern **Baumdiagramm :** Ergebnis der Pfadmultiplikation („Baumblätter")

Beispiel 1

Die Schüler einer Klasse bereiten sich auf eine Klausur in Mathematik vor. Der Mathematiklehrer der Klasse weiß aus Erfahrung:

63 % der Schüler haben den Stoff verstanden;
Ein Schüler, der den Stoff verstanden hat, erreicht mit einer Wahrscheinlichkeit von 69 % ein positives Ergebnis;
Ein Schüler, der den Stoff nicht verstanden hat, erreicht hingegen nur mit einer Wahrscheinlichkeit von 28 % ein positives Ergebnis.

Ein Schüler dieser Klasse wird zufällig ausgewählt. Mit welcher Wahrscheinlichkeit erreicht er kein positives Ergebnis?

Lösung

Bezeichnungen

v: Schüler hat Stoff verstanden; $\overline{v}$: Schüler hat Stoff nicht verstanden
p: Schüler erreicht pos. Ergebnis; $\overline{p}$: Schüler erreicht kein pos. Ergebnis

Gegebene Typen von Wahrscheinlichkeitsangaben

$\mathrm{P}(v) = 0,63$: Eigenschaftswahrscheinlichkeit (nur Eigenschaft „Stoff verstanden“)
$\mathrm{P}_v(p) = 0,69$: Bed. Wahrscheinlichkeit (nur von Schülern mit „Stoff verstanden“)
$\mathrm{P}_{\overline{v}}(p) = 0,28$: Bed. Wahrscheinlichkeit (nur von Schülern mit „Stoff nicht verstanden“)

Besser: Baumdiagramm

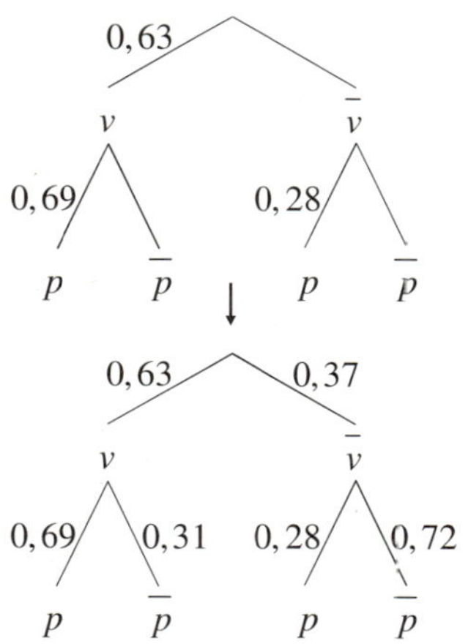

$$\mathrm{P}(\overline{p}) = \mathrm{P}(v\overline{p}) + \mathrm{P}(\overline{v}\overline{p})$$
$$= 0,63 \cdot 0,31 + 0,37 \cdot 0,72$$
$$= 0,46$$

Vierfeldertafel

	p	$\overline{p}$	
v			0,63
$\overline{v}$			
			1

Problem: Die bedingten Wahrscheinlichkeiten können nicht direkt eingetragen werden

http://frv.tv/4f

Beispiel 2

Die Schulleitung eines beruflichen Gymnasiums erhebt an einem Schultag die folgenden Daten:

40 % der Schüler kamen mit dem Auto in die Schule;
87 % der Schüler erschienen pünktlich im Unterricht;
5 % der Schüler kamen nicht mit dem Auto und erschienen unpünktlich im Unterricht.

Mit welcher Wahrscheinlichkeit trifft man an diesem Schultag zufällig auf einen Schüler, der mit dem Auto in die Schule kam und pünktlich im Unterricht erschien?

Lösung

Bezeichnungen

a: Schüler kam mit Auto; $\overline{a}$: Schüler kam nicht mit Auto
p: Schüler war pünktlich; $\overline{p}$: Schüler war unpünktlich

Gegebene Typen von Wahrscheinlichkeitsangaben

$P(a) = 0,4$: Eigenschaftswahrscheinlichkeit (nur Eigenschaft „kam mit Auto")
$P(p) = 0,87$: Eigenschaftswahrscheinlichkeit (nur Eigenschaft „kam pünktlich")
$P(\overline{a}\,\overline{p}) = 0,05$: Ergebniswahrscheinlichkeit (beide Eigenschaften; von allen Schülern)

Baumdiagramm

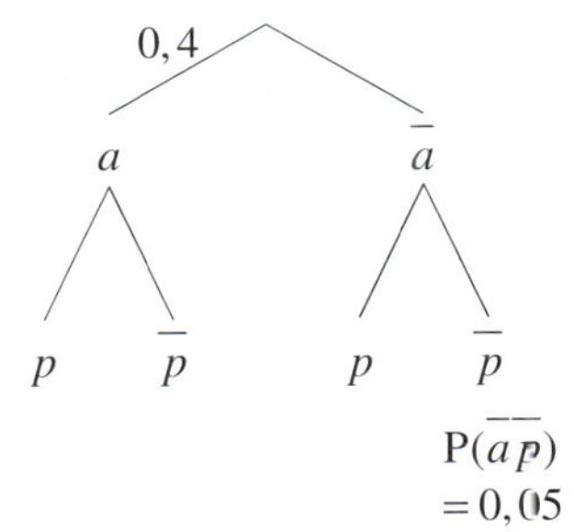

Problem: $P(p) = 0,87$ kann nicht direkt eingetragen werden

Besser: Vierfeldertafel

	p	$\overline{p}$	
a			0,40
$\overline{a}$		0,05	
	0,87		1

↓

	p	$\overline{p}$	
a	**0,32**	0,08	0,40
$\overline{a}$	0,55	0,05	0,60
	0,87	0,13	1

$\Rightarrow P(ap) = \mathbf{0,32}$

Spezialfall : Unabhängige Eigenschaften

Beispiel (entspricht Beispiel 2 auf S. 123)

Über die Personen, die in einer Stadt wohnen, ist bekannt:
- 41 % der Personen sind groß;
- 52 % der Personen haben dunkles Haar;
- Größe und Haarfarbe sind voneinander unabhängig.

Berechnung (mit den Werten aus der Vierfeldertafel auf S. 123)
$P_g(d) = P_{\bar{g}}(d) = P(d) = 0{,}52$

Interpretation
Es haben also sowohl 52 % aller Personen, als auch aller großen und aller kleinen Personen, dunkles Haar. Für die Wahrscheinlichkeit, dass eine zufällig ausgewählte Person dunkles Haar besitzt, ist somit das Vorwissen, dass diese groß (oder klein) ist, völlig unerheblich. Sie beträgt stets 52 %.

Ergebnis
Bei voneinander **unabhängigen Eigenschaften** ist Vorwissen unerheblich.
Damit werden **bedingte Wahrscheinlichkeiten zu Eigenschaftswahrscheinlichkeiten :**
$\mathbf{P}_{\not{x}}(d) = \mathbf{P}_{\bar{\not{x}}}(d) = \mathbf{P}(d).$

Folgen für das Baumdiagramm

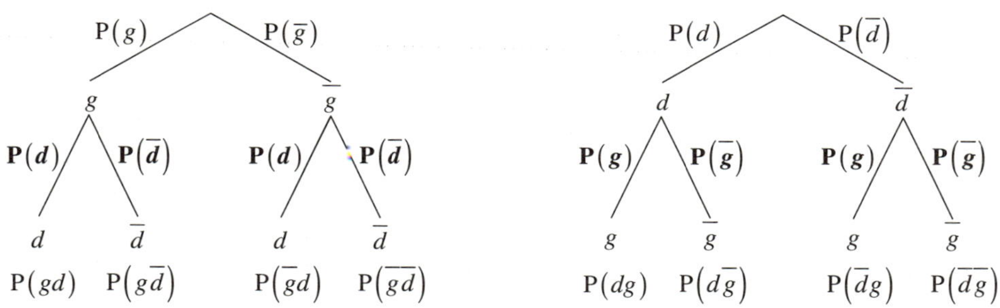

2. Stufe : • **Eigenschaftswahrscheinlichkeiten** statt bedingter Wahrscheinlichkeiten
• **Gleiche Werte** bei beiden Ästen

http://frv.tv/4g

Beispiel 3

60 % der Bewerber eines Unternehmens sind weiblich. 21 % aller Bewerber werden eingestellt. Außerdem gibt das Unternehmen an, dass die beiden Eigenschaften Einstellungschance und Geschlecht unabhängig voneinander sind.

Ein Bewerber wird zufällig ausgewählt. Mit welcher Wahrscheinlichkeit ist er männlich und wird nicht eingestellt?

Lösung

Bezeichnungen

w: Bewerber ist weiblich; $\overline{w}$: Bewerber ist männlich

e: Bewerber wird eingestellt; $\overline{e}$: Bewerber wird nicht eingestellt

Gegebene Typen von Wahrscheinlichkeitsangaben

$P(w) = 0,6$: Eigenschaftswahrscheinlichkeit (nur Eigenschaft „weiblich“)

$P(e) = 0,21$: Eigenschaftswahrscheinlichkeit (nur Eigenschaft „eingestellt“)

Möglich: Baumdiagramm

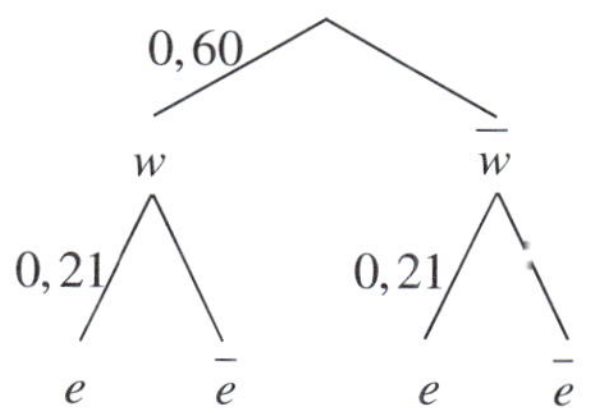

Wegen Unabhängigkeit steht $P(e) = 0,21$ auf 2. Stufe bei beiden Ästen.

↓

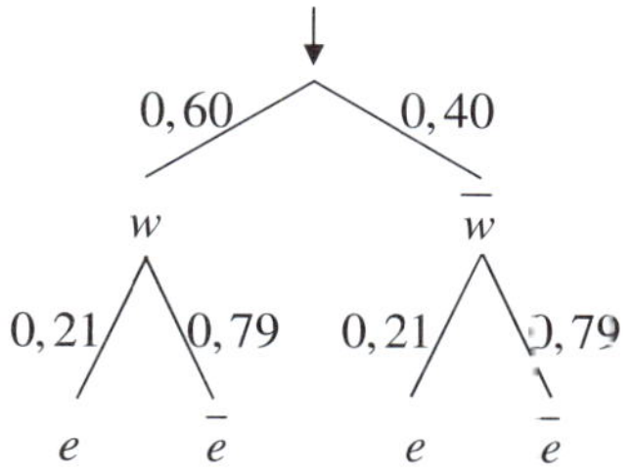

$\Rightarrow P(\overline{w}\overline{e}) = 0,4 \cdot 0,79 = 0,32$

Möglich: Vierfeldertafel

	e	$\overline{e}$	
w			0,60
$\overline{w}$			
	0,21		1

Wegen Unabhängigkeit kann die Regel: **P(außen) · P(außen) = P(innen)** genutzt werden.

↓

	e	$\overline{e}$	
w	0,13 $(= 0,60 \cdot 0,21)$	0,47 $(= 0,60 \cdot 0,79)$	0,60
$\overline{w}$	0,08 $(= 0,40 \cdot 0,21)$	**0,32** $(= 0,40 \cdot 0,79)$	0,40
	0,21	0,79	1

$\Rightarrow P(\overline{w}\overline{e}) = \mathbf{0,32}$

3. Zufallsvariable und Erwartungswert

Erklärende Beispiele

Beispiel 1

Ein Basketballspieler trifft erfahrungsgemäß einen Freiwurf mit einer Wahrscheinlichkeit von 80 %. Er wirft eine Folge aus 2 Würfen.

Die Zufallsvariable **X** gibt die **Anzahl der Treffer bei einer Folge** an.

a) Erstellen Sie für diese Zufallsvariable eine Wahrscheinlichkeitsverteilung.

b) Der Basketballspieler wirft viele Folgen nacheinander. Wie viele Treffer sind im Durchschnitt pro Folge zu erwarten?

Lösung

a) Baumdiagramm

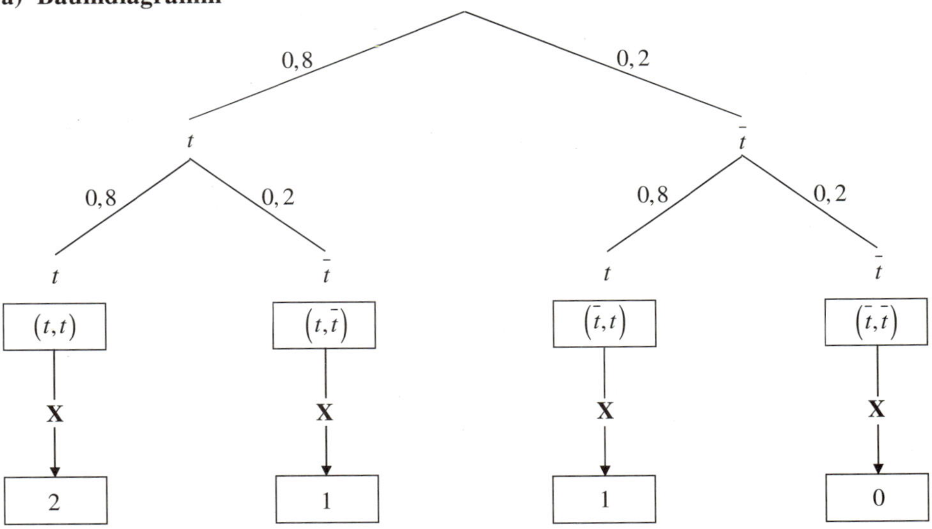

Hinweise

- Die Zufallsvariable X ordnet jedem Ergebnis eine Zahl (hier: Anzahl der Treffer) zu.
- Der Begriff „Zufallsvariable" ist leider etwas irreführend, da es sich hierbei nicht um eine Variable im bisherigen Sinn, sondern um eine Funktion handelt.

http://frv.tv/3c

Wahrscheinlichkeitsverteilung der Zufallsvariablen

Zugehörige Ergebnisse	(t,t)	$(t,\bar{t});(\bar{t},t)$	$(\bar{t},\bar{t})$
x_i (Mögliche Werte der Zufallsvariablen X)	**2**	**1**	**0**
$P(X=x_i)$ (Wahrscheinlichkeiten zu den Werten der Zufallsvariablen)	$0,8\cdot 0,8$ $=\mathbf{0,64}$	$0,8\cdot 0,2+0,2\cdot 0,8$ $=\mathbf{0,32}$	$0,2\cdot 0,2=\mathbf{0,04}$ (oder: $1-0,64-0,32$)

b) Erwartungswert der Zufallsvariablen

Allgemein : $E(X)=x_1\cdot P(X=x_1)+x_2\cdot P(X=x_2)+\ldots+x_n\cdot P(X=x_n)$

Im Beispiel: $E(X)=2\cdot 0,64+1\cdot 0,32(+0\cdot 0,04)=1,6$

Interpretation

Der Basketballspieler kann durchschnittlich 1,6 Treffer pro Folge erwarten.

Bemerkung

Es wird deutlich, dass die konkrete Berechnung des Erwartungswertes recht einfach ist. Der anspruchsvollere Teilschritt stellt hingegen die Berechnung der Wahrscheinlichkeiten für die Werte der Zufallsvariablen dar.

Beispiel 2

Ein Spieler kann gegen einen Einsatz von 4 € an folgendem Spiel teilnehmen:
Er würfelt ein Mal. Bei einer geraden Zahl erhält er 3 €. Bei einer ungeraden Zahl erhält er den doppelten Betrag der gewürfelten Augenzahl.

Ist es günstig für den Spieler, bei diesem Spiel teilzunehmen?

1. Lösungsvariante: Die **Zufallsvariable X** gibt den **Auszahlungsbetrag an den Spieler** an.

Baumdiagramm

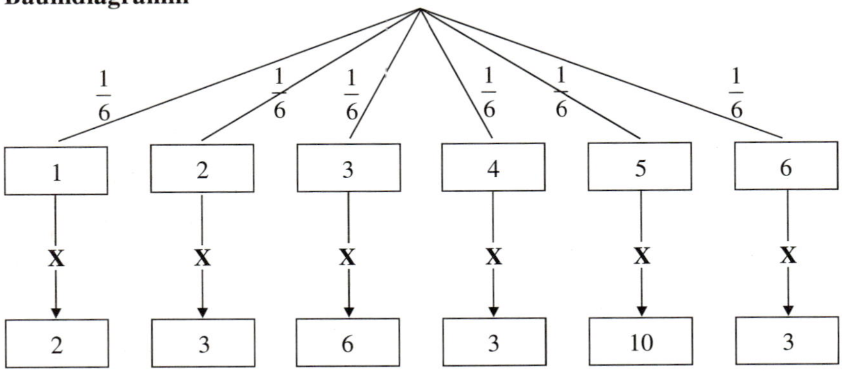

Wahrscheinlichkeitsverteilung der Zufallsvariablen

Zugehörige Ergebnisse	$(2);(4);(6)$	(5)	(3)	(1)
x_i	**3**	**10**	**6**	**2**
$\mathbf{P(X=x_i)}$	$\frac{1}{6}+\frac{1}{6}+\frac{1}{6}=\mathbf{\frac{3}{6}}$	$\mathbf{\frac{1}{6}}$	$\mathbf{\frac{1}{6}}$	$\mathbf{\frac{1}{6}}$

Erwartungswert der Zufallsvariablen

$$\mathbf{E(X)=3\cdot\frac{3}{6}+10\cdot\frac{1}{6}+6\cdot\frac{1}{6}+2\cdot\frac{1}{6}=4{,}5}$$

Interpretation und Ergebnis

X gibt den Auszahlungsbetrag an den Spieler pro Spiel an. Somit gibt **E(X)** den zu **erwartenden Auszahlungsbetrag** pro Spiel an, den der Spieler bei vielen Spielen durchschnittlich erhalten würde.

http://frv.tv/3d

Der Spieler erreicht hier durch seine Teilnahme einen erwarteten Auszahlungsbetrag von 4,50 € pro Spieldurchgang. Da dieser **höher als sein Einsatz** ist, ist das Spiel **günstig für den Spieler** (und ungünstig für den Anbieter).

2. Lösungsvariante: Die **Zufallsvariable X** gibt den **Gewinn des Spielers** an.

Hinweis : Gewinn = Auszahlungsbetrag − Einsatz

Wahrscheinlichkeitsverteilung der Zufallsvariablen

Zugehörige Ergebnisse	$(2);(4);(6)$	(5)	(3)	(1)
x_i	$\mathbf{-1}\ (=3-4)$	$\mathbf{6}\ (=10-4)$	$\mathbf{2}\ (=6-4)$	$\mathbf{-2}\ (=2-4)$
$\mathbf{P}(\mathbf{X}=x_i)$	$\frac{1}{6}+\frac{1}{6}+\frac{1}{6}=\mathbf{\frac{3}{6}}$	$\mathbf{\frac{1}{6}}$	$\mathbf{\frac{1}{6}}$	$\mathbf{\frac{1}{6}}$

Erwartungswert der Zufallsvariablen

$$E(X)=(-1)\cdot\frac{3}{6}+6\cdot\frac{1}{6}+2\cdot\frac{1}{6}+(-2)\cdot\frac{1}{6}=0,5$$

Interpretation und Ergebnis

X gibt den Gewinn des Spielers pro Spiel an. Somit gibt **E(X)** den zu **erwartenden Gewinn** pro Spiel an, den der Spieler bei vielen Spielen durchschnittlich erhalten würde. Der Spieler erreicht hier durch seine Teilnahme einen erwarteten Durchschnittsgewinn von 0,50 € pro Spieldurchgang. Da dieser **positiv** ist, ist das Spiel **günstig für den Spieler** (und ungünstig für den Anbieter).

Übersicht

X: Auszahlungsbetrag an Spieler	
E(X) > **Einsatz**	günstig für Spieler
E(X) = **Einsatz**	faires Spiel
E(X) < **Einsatz**	günstig für Anbieter

X: Gewinn des Spielers	
E(X) > **0**	günstig für Spieler
E(X) = **0**	faires Spiel
E(X) < **0**	günstig für Anbieter

4. Binomialverteilung

4.1 Bernoulliformel

Zugrunde liegt ein mehrfach ausgeführtes Bernoulli-Experiment, bei dem …
… nur **zwei mögliche Ergebnisse** („Treffer“ oder „Niete“) eintreten können
und
… sich die **Wahrscheinlichkeiten nicht ändern** (z.B. „Ziehen **mit** Zurücklegen“)

Beispiele: Münzwurf („Kopf“ oder „Zahl“); Mehrfach würfeln („6“ oder „keine 6“); …

Bernoulliformel (allg.)

$$\mathbf{P(X=k)=\binom{n}{k}\cdot p^{k}\cdot(1-p)^{n-k}}$$

n: Anzahl der Versuche (Durchführungen)
k: Anzahl der „Treffer“
p: Wahrscheinlichkeit für einen „Treffer“

Bernoulliformel (in Worten)

$$\text{P(X = Anz. Treffer)} = \binom{\text{Anz. Versuche}}{\text{Anz. Treffer}} \cdot \text{Trefferwahrsch.}^{\text{Anz. Treffer}} \cdot \text{Nietenwahrsch.}^{\text{Anz. Nieten}}$$

Beispiel 1
Ein Basketballspieler trifft (t) erfahrungsgemäß einen Freiwurf mit einer Wahrscheinlichkeit von 75 %. Er wirft 8 Mal.
Mit welcher Wahrscheinlichkeit trifft er insgesamt 5 Mal (und 3 Mal nicht)?

$$P(X=5)=\binom{8}{5}\cdot 0{,}75^{5}\cdot 0{,}25^{3}\approx 0{,}2076$$

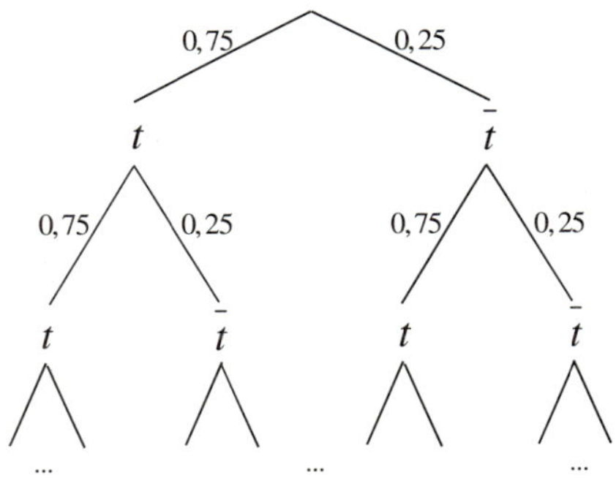

(8 Stufen)
(alle Pfade mit 5 Mal t und 3 Mal $\bar{t}$ relevant)

Erläuterungen

- Binomialkoeffizient (allg.): $\binom{n}{k}=\dfrac{n!}{k!\cdot(n-k)!}$
- $n!$ steht für die Fakultät einer Zahl: $n! = n\cdot(n-1)\cdot\ldots\cdot 1$
- $P(X=5)=\binom{8}{5}\cdot 0{,}75^{5}\cdot 0{,}25^{3}=\dfrac{8!}{5!\cdot(8-5)!}\cdot 0{,}75^{5}\cdot 0{,}25^{3} = 56\cdot 0{,}00371\approx 0{,}2078.$

Es gibt also 56 mögliche Reihenfolgen für 5 Treffer unter 8 Schüssen ($ttttt\bar{t}\bar{t}\bar{t}$, $\bar{t}ttttt\bar{t}\bar{t}$, ...), von welchen jede eine Einzelwahrscheinlichkeit von ungefähr $0{,}00371$ aufweist.

http://frv.tv/3e

Beispiel 2

Eine faire Münze wird 5 Mal geworfen. Mit welcher Wahrscheinlichkeit erhält man genau 3 Mal „Zahl"? (Lösen ohne GTR/CAS)

$$P(X=3)=\binom{5}{3}\cdot\left(\frac{1}{2}\right)^3\cdot\left(\frac{1}{2}\right)^2=10\cdot\left(\frac{1}{2}\right)^5=10\cdot\frac{1}{32}=\frac{5}{16}$$

$$\left(\text{Nebenrechnung: }\binom{5}{3}=\frac{5!}{3!\cdot(5-3)!}=\frac{5!}{3!\cdot 2!}=\frac{5\cdot4\cdot3\cdot2\cdot1}{(3\cdot2\cdot1)\cdot(2\cdot1)}=\frac{5\cdot4\cdot\cancel{3}\cdot\cancel{2}\cdot\cancel{1}}{(\cancel{3}\cdot\cancel{2}\cdot\cancel{1})\cdot(2\cdot1)}=10\right)$$

Beispiel 3

Ein Bauteil ist mit einer Wahrscheinlichkeit von 4 % defekt. Mit welcher Wahrscheinlichkeit befinden sich in einem Karton mit 50 Bauteilen genau 3 defekte Bauteile?

$$P(X=3)=\binom{50}{3}\cdot0{,}04^3\cdot0{,}96^{47}\,(\approx19600\cdot0{,}000009396)\approx0{,}184=18{,}4\,\%$$

GTR/CAS:
BV (50, 0.04, 3)
$\rightarrow P\approx0{,}184$

(Es gibt also 19600 mögliche Reihenfolgen für 3 defekte unter 50 (nacheinander entnommenen) Bauteilen.)

Beispiel 4

Jonas würfelt 24 Mal.

a) Mit welcher Wahrscheinlichkeit erhält er genau 7 Mal eine 3?

$$P(X=7)=\binom{24}{7}\cdot\left(\frac{1}{6}\right)^7\cdot\left(\frac{5}{6}\right)^{17}\approx0{,}056$$

GTR/CAS:
BV (24, 1/6, 7)
$\rightarrow P\approx0{,}056$

b) Mit welcher Wahrscheinlichkeit erhält er genau 10 Mal eine 2 oder eine 3?

$$\left(\text{Wahrscheinlichkeit für 2 oder 3: }\frac{2}{6}\right)$$

$$P(X=10)=\binom{24}{10}\cdot\left(\frac{2}{6}\right)^{10}\cdot\left(\frac{4}{6}\right)^{14}\approx0{,}114$$

GTR/CAS:
BV (24, 2/6, 10)
$\rightarrow P\approx0{,}114$

4.2 Binomialverteilung und kumulierte Binomialverteilung

Beispiel 1: Ein Basketballspieler trifft erfahrungsgemäß einen Freiwurf mit einer Wahrscheinlichkeit von 75 %. Er wirft 8 Mal. Die Zufallsvariable X gibt die Anzahl der Treffer an.

Die Wahrscheinlichkeit, dass X einen bestimmten Wert annimmt, kann mit Hilfe der Bernoulliformel (mit $n = 8$ und $p = 0,75$) berechnet werden.
Somit ist die Zufallsvariable X binomial verteilt.

1. Die Binomialverteilung $P(X = k)$

Gibt für jeden möglichen Wert von X die **zugehörige Wahrscheinlichkeit** an.
Z.B. $P(X = 4) = 0,08652$.
Die Wahrscheinlichkeit für 4 Treffer beträgt 8,652 %.

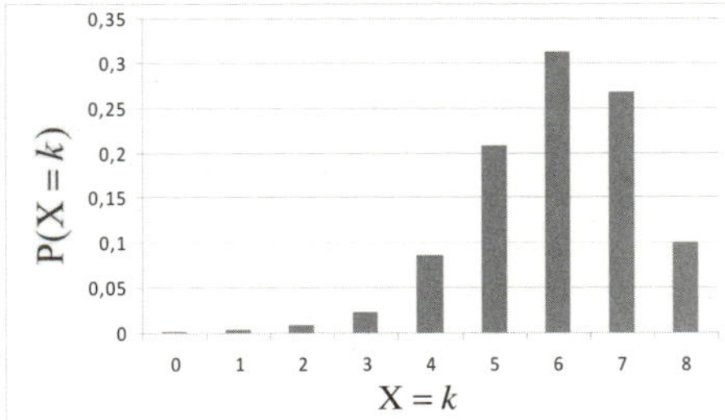

2. Die kumulierte (aufsummierte) Binomialverteilung $P(X \leq k)$

Gibt für jeden möglichen Wert von X die **Wahrscheinlichkeit** an, dass X **diesen oder einen geringeren Wert als diesen** annimmt.
Z.B. $P(X \leq 4) = 0,11382$
Die Wahrscheinlichkeit für 0 bis 4 Treffer beträgt 11,382 %.

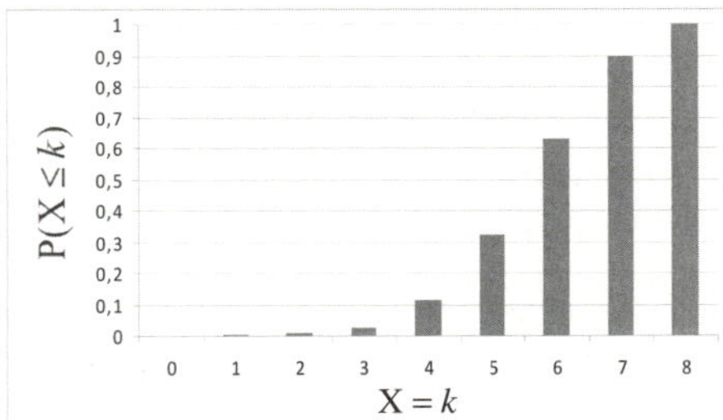

Eingabe in GTR/CAS (abhängig vom Modell)

Binomialverteilung : **Y = BV (8, 0.75, *x*)**

Kum. Binomialverteilung : Y = kum. BV (8, 0.75, *x*)

X	Y1	Y2
2	.00385	.00423
3	.02307	.0273
4	.08652	.11382
5	.20764	.32146
6	.31146	.63292
7	.26697	.89989
8	.10011	1

Weiteres Beispiel : Binomialverteilte Zufallsvariable mit $p = 0,5$ und $n = 50$.

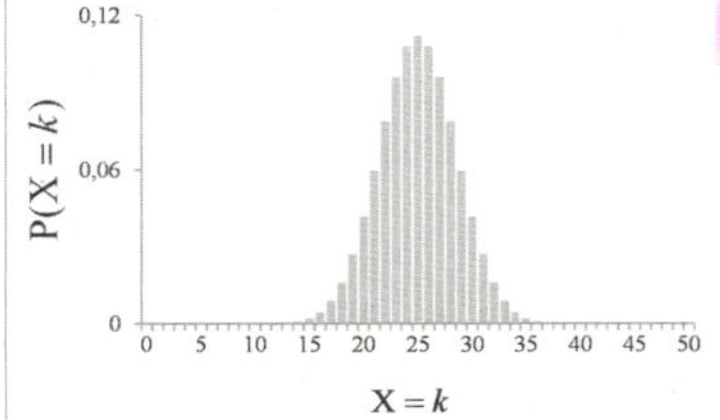

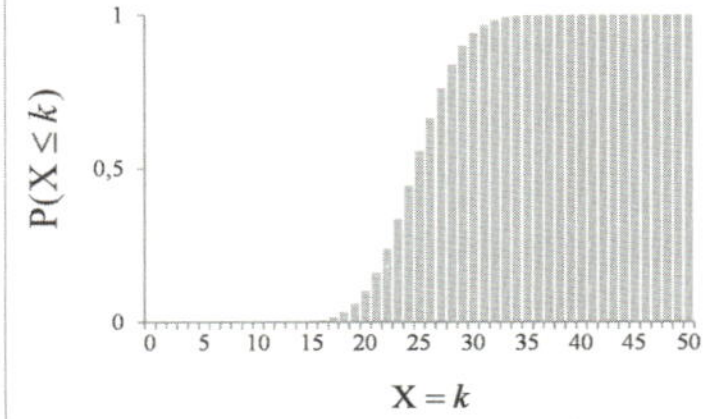

http://frv.tv/3f

Erwartungswert der Binomialverteilung

Formel (bei Binomialverteilung)

$\mathbf{E(X)} = n \cdot p$ — n – Anzahl der Versuche (Durchführungen)
p – Wahrscheinlichkeit für einen „Treffer" (Erfolg)

Am Beispiel 1 (siehe Vorseite)

$E(X) = 8 \cdot 0{,}75 = 6$
Interpretation: Der Basketballspieler kann durchschnittlich 6 Treffer bei 8 Würfen erwarten.

Grafische Betrachtung

„In der Nähe des Erwartungswertes" befinden sich die Werte von X mit den höchsten Wahrscheinlichkeiten. „Fällt" der Erwartungswert (wie hier) direkt auf einen Wert von X, so liegt an diesem stets die höchste Wahrscheinlichkeit vor.

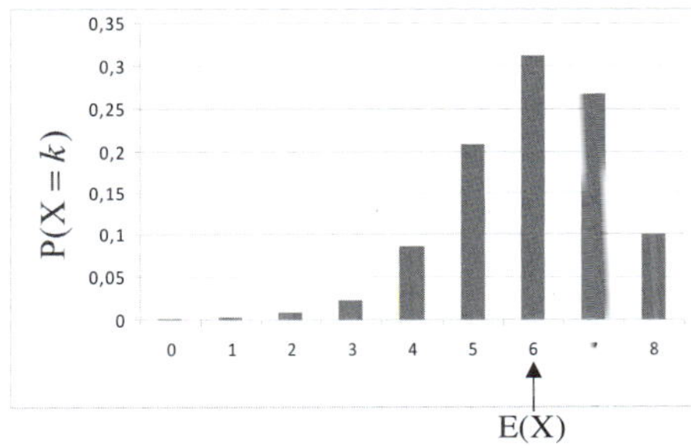

Beispiel 2

In einem Karton befinden sich 50 Bauteile. Ein Bauteil ist mit einer Wahrscheinlichkeit von 3 % defekt. Wie viele defekte Bauteile sind in einem Karton zu erwarten?

$E(X) = n \cdot p = 50 \cdot 0{,}03 = 1{,}5$

In einem Karton sind durchschnittlich 1,5 defekte Bauteile zu erwarten.

4.3 Aufgabentypen

Aufgabentypen und Eingabe in GTR/CAS

		Anzahl an Treffern		
		genau k	**höchstens k**	**mindestens k**
Gesucht	**P**	BV (n, p, k)	kum. BV (n, p, k)	$1-$kum. BV $(n, p, k-1)$
	$\boldsymbol{k}$	Y = BV $(n, p, \boldsymbol{x})$	Y = kum. BV $(n, p, \boldsymbol{x})$	Y = $1-$kum. BV $(n, p, \boldsymbol{x}-1)$
	$\boldsymbol{n}$	Y = BV $(\boldsymbol{x}, p, k)$	Y = kum. BV $(\boldsymbol{x}, p, k)$	Y = $1-$kum. BV $(\boldsymbol{x}, p, k-1)$
	$\boldsymbol{p}$	Y = BV $(n, \boldsymbol{x}, k)$	Y = kum. BV $(n, \boldsymbol{x}, k)$	Y = $1-$kum. BV $(n, \boldsymbol{x}, k-1)$

1. Aufgabentyp („gesucht: Gesamtwahrscheinlichkeit (P)")

Beispiel: Eine faire Münze wird 8 Mal geworfen. Wie groß ist die Wahrscheinlichkeit …

a) ... für **genau 3** Mal „Zahl"

geg. $n=8$; $p=0{,}5$; $k=3$
ges. P

$P(X=3)$

GTR/CAS:

BV (8, 0.5, 3)
$\rightarrow P \approx 0{,}2188 = 21{,}88\,\%$

b) ... für **höchstens** 3 Mal „Zahl"

geg. $n=8$; $p=0{,}5$; $k \leq 3$
ges. P

$P(X \leq 3)$

GTR/CAS:

kum. BV (8, 0.5, 3)
$\rightarrow P \approx 0{,}3633 = 36{,}33\,\%$.

c) ... für **mindestens** 3 Mal „Zahl"

geg. $n=8$; $p=0{,}5$; $k \geq 3$
ges. P

$P(X \geq 3) = 1 - P(X \leq 2)$

GTR/CAS:

1 − kum. BV (8, 0.5, 2)
$\rightarrow P \approx 0{,}8555 = 85{,}55\,\%$.

2. Aufgabentyp („gesucht: Trefferanzahl (k)")

Beispiel: Eine faire Münze wird 8 Mal geworfen. Wie oft muss man …

a) … **(genau)** „Zahl" | **b)** … **höchstens** „Zahl" | **c)** … **mindestens** „Zahl"

erhalten, wenn die Wahrscheinlichkeit hierfür mehr als 25 % betragen soll?

a)

geg. $P > 0{,}25; n=8; p=0{,}5$
ges. k

$P(X=k) > 0{,}25$

GTR/CAS:

Y = BV (8, 0.5, $\boldsymbol{x}$)

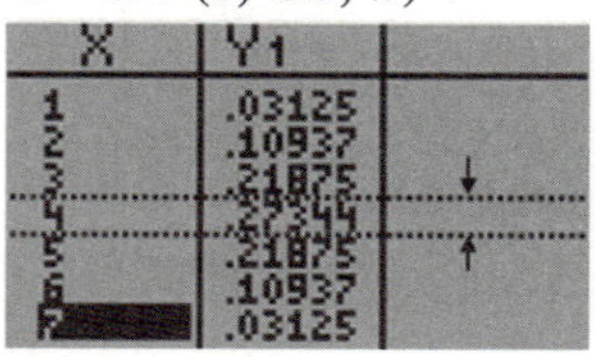

A: 4 Mal.

b)

geg. $P > 0{,}25; n=8; p=0{,}5$
ges. k

$P(X \leq k) > 0{,}25$

GTR/CAS:

Y = kum. BV (8, 0.5, $\boldsymbol{x}$)

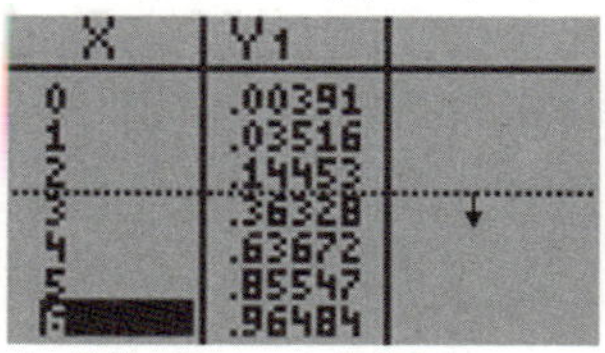

A: Mindestens 3 Mal.

c)

geg. $P > 0{,}25; n=8; p=0{,}5$
ges. k

$P(X \geq k) > 0{,}25$
$1 - P(X \leq k-1) > 0{,}25$

GTR/CAS:

Y = 1 − kum. BV (8, 0.5, $\boldsymbol{x}-1$)

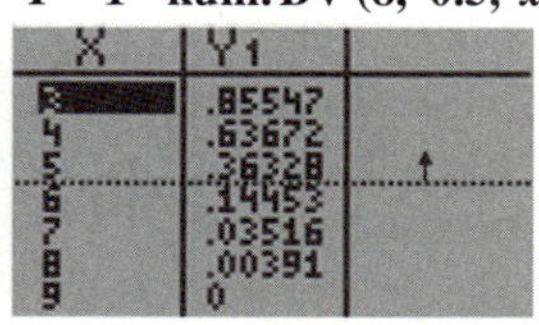

A: Höchstens 5 Mal.

http://frv.tv/3h

3. Aufgabentyp („gesucht: Durchführungshäufigkeit (n)")

Beispiel: Wie oft muss eine faire Münze geworfen werden, wenn man mit einer Wahrscheinlichkeit von mehr als 25 % ...

a) … **genau** 3 Mal „Zahl" erhalten möchte?

geg. $P > 0{,}25;\ p = 0{,}5;\ k = 3$
ges. n

$P(X = 3) > 0{,}25$

GTR/CAS:
Y = BV (x, 0.5, 3)

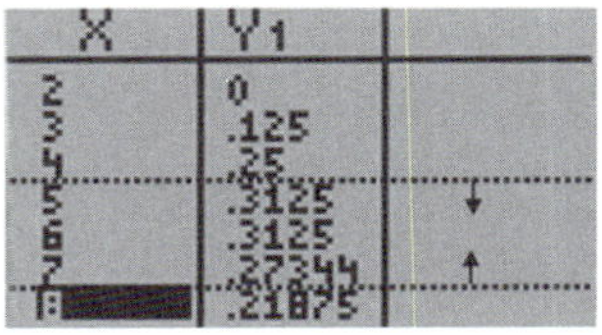

A: 5, 6 oder 7 Mal.

b) … **höchstens** 3 Mal „Zahl" erhalten möchte?

geg. $P > 0{,}25;\ p = 0{,}5;\ k \leq 3$
ges. n

$P(X \leq 3) > 0{,}25$

GTR/CAS:
Y = kum. BV (x, 0.5, 3)

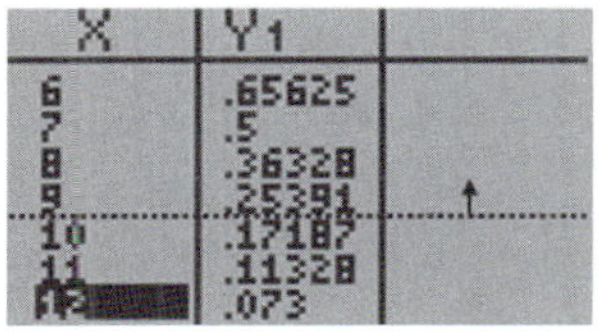

A: Höchstens 9 Mal.

c) … **mindestens** 3 Mal „Zahl" erhalten möchte?

geg. $P > 0{,}25;\ p = 0{,}5;\ k \geq 3$
ges. n

$P(X \geq 3) > 0{,}25$
$1 - P(X \leq 2) > 0{,}25$

GTR/CAS:
Y = 1 – kum. BV (x, 0.5, 2)

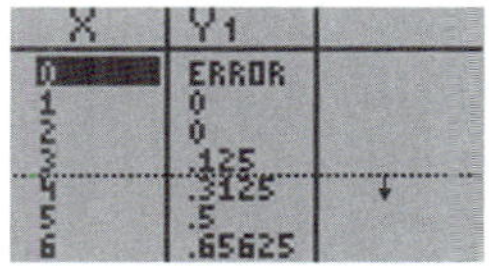

A: Mindestens 4 Mal.

4. Aufgabentyp („gesucht: Trefferwahrscheinlichkeit (p)")

Beispiel: Eine verbeulte Münze wird 8 Mal geworfen. Wie groß muss die Wahrscheinlichkeit für „Zahl" sein, wenn man mit einer Wahrscheinlichkeit von mehr als 25 % ...

a) … **genau** 3 Mal „Zahl" erhalten möchte?

geg. $P > 0{,}25;\ n = 8;\ k = 3$
ges. p

$P(X = 3) > 0{,}25$

GTR/CAS:
Y = BV (8, x, 3)

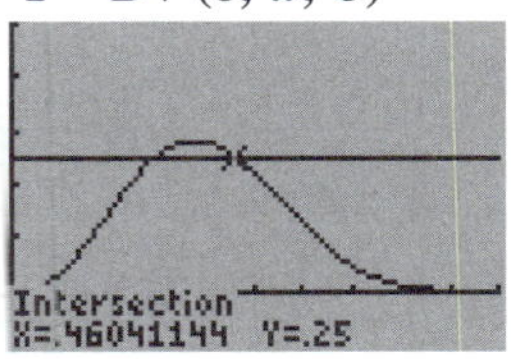

(Window-Einstellung: x/y: von -1 bis 1)

A: Für $0{,}29 < p < 0{,}46$.

b) … **höchstens** 3 Mal „Zahl" erhalten möchte?

geg. $P > 0{,}25;\ n = 8;\ k \leq 3$
ges. p

$P(X \leq 3) > 0{,}25$

GTR/CAS:
Y = kum. BV (8, x, 3)

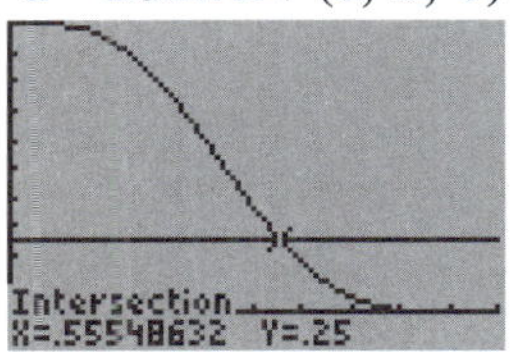

(Window-Einstellung: x/y: von -1 bis 1)

A: Für $p \leq 0{,}56$.

c) … **mindestens** 3 Mal „Zahl" erhalten möchte?

geg. $P > 0{,}25;\ n = 8;\ k \geq 3$
ges. p

$P(X \geq 3) > 0{,}25$
$1 - P(X \leq 2) > 0{,}25$

GTR/CAS:
Y = 1 – kum. BV (8, x, 2)

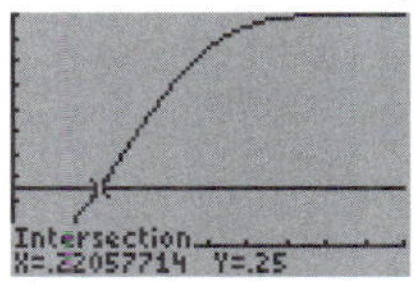

(Window-Einstellung: x/y: von -1 bis 1)

A: Für $p \geq 0{,}22$.

Hinweis: Bei den Aufgabentypen 2,3 und 4 ist es oftmals schwierig, von der GTR/CAS-Ausgabe zur richtigen Antwort („**Pfeilrichtung**") zu gelangen: Hierfür ist entscheidend, ob eine Aufgabenstellung der Form **P >** ... (wie bisher) oder **P <** ... vorliegt.

Beispiel

a) Erfahrungsgemäß sind 4 % der produzierten Smartphones eines Herstellers defekt. Ein Kunde erhält ein Paket mit 50 Smartphones des Herstellers.

Anzahl	Aufgabentyp	Lösung
Wahrscheinlichkeit für 3 defekte Smartphones?	**Typ 1 (genau)** geg. $n = 50$ $p = 0{,}04$ $k = 3$ ges. P	$P(X = 3)$ GTR/CAS: BV (50, 0.04, 3) $\rightarrow P \approx 0{,}184$
Wahrscheinlichkeit für 2 oder 3 defekte Smartphones?	**Typ 1 (genau)** geg. $n = 8$ $p = 0{,}5$ $k = 2$ oder 3 ges. P	$P(X = 2) + P(X = 3)$ GTR/CAS: BV (50, 0.04, 2) + BV (50, 0.04, 3) $\rightarrow P \approx 0.46$
Wahrscheinlichkeit für mindestens 2 defekte Smartphones?	**Typ 1 (mind.)** geg. $n = 8$ $p = 0{,}5$ $k \geq 2$ ges. P	$P(X \geq 2) = 1 - P(X \leq 1)$ GTR/CAS: 1 − kum. BV (50, 0.04, 1) $\rightarrow P \approx 0{,}6$
Wahrscheinlichkeit für mehr als 2, aber weniger als 8 defekte Smartphones?	**Typ 1 (mind./höchst.)** geg. $n = 8$ $p = 0{,}5$ $2 < k < 8$ ges. P	$P(2 < X < 8) = P(3 \leq X \leq 7)$ $= P(X \leq 7) - P(X \leq 2)$ GTR/CAS: kum. BV (50, 0.04, 7) – kum. BV (50, 0.04, 2) $\rightarrow P \approx 0{,}322$

b) Weitere Aufgabenstellungen.

Anzahl	Aufgabentyp	Lösung
Wie viele defekte Smartphones müsste das Paket enthalten, wenn die Wahrscheinlichkeit hierfür ungefähr 1 % betragen soll?	**Typ 2 (genau)** geg. $P \approx 0{,}01$ $n = 50$ $p = 0{,}04$ ges. k	$P(X = k) \approx 0{,}01$ GTR/CAS: kum. Y = BV (50, 0.04, x) 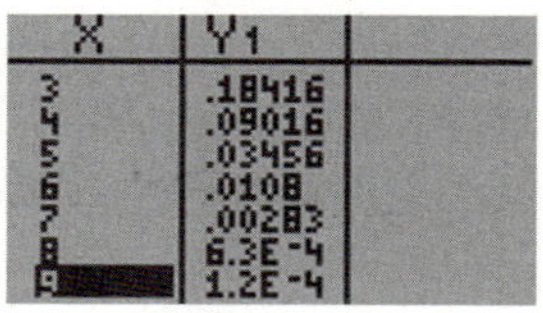 A: Das Paket müsste also 6 defekte Smartphones enthalten.

Anzahl	Aufgabentyp	Lösung
Wie viele defekte Smartphones müsste das Paket mindestens enthalten, wenn die Wahrscheinlichkeit hierfür höchstens 5 % betragen soll?	**Typ 2 (mind.)** geg. $P \leq 0,05$ $n = 50$ $p = 0,04$ ges. k	$P(X \geq k) \leq 0,05$ $1 - P(X \leq k-1) \leq 0,05$ GTR/CAS: $Y = 1 - \text{kum. BV } (5,\ 0.04,\ x-1)$ 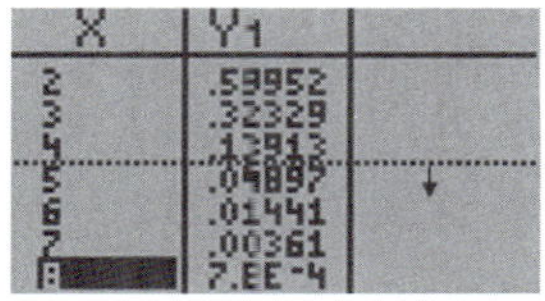 A: Das Paket müsste also mindestens 5 defekte Smartphones enthalten.
Wie viele Smartphones des Herstellers müsste der Kunde überprüfen, um mit einer Wahrscheinlichkeit von mehr als 10 % mindestens 3 defekte zu erhalten?	**Typ 3 (mind.)** geg. $P > 0,1$ $p = 0,04$ $k \geq 3$ ges. n	$P(X \geq 3) > 0,1$ $1 - P(X \leq 2) > 0,1$ GTR/CAS: $Y = 1 - \text{kum BV } (x,\ 0.04,\ 2)$ 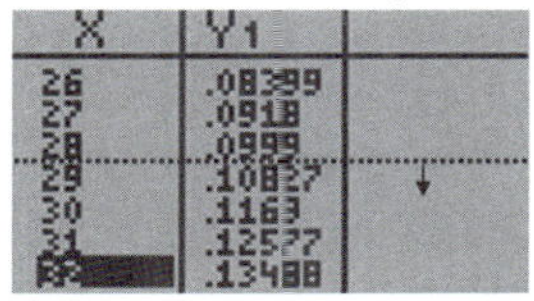 A: Der Kunde müsste also mindestens 29 Smartphones überpüfen.
Wie viele Smartphones des Herstellers müsste der Kunde überprüfen, um mit einer Wahrscheinlichkeit von höchstens 70 % weniger als 2 defekte zu erhalten?	**Typ 3 (höchst.)** geg. $P \leq 0,7$ $p = 0,04$ $k \leq 1$ ges. n	$P(X \leq 1) \leq 0,7$ GTR/CAS: $Y = \text{kum. BV } (x,\ 0.04,\ 1)$ 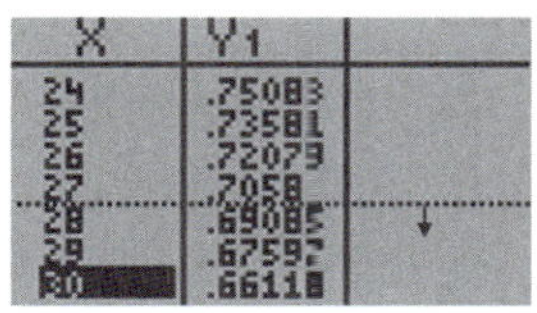 A: Der Kunde müsste also mindestens 28 Smartphones überpüfen.
Ab welcher Defektwahrscheinlichkeit eines Smartphones beträgt die Wahrscheinlichkeit, dass in einem Paket (nur) höchstens 3 defekt sind, weniger als 10 %?	**Typ 4 (höchst.)** geg. $P < 0,1$ $n = 50$ $k \leq 3$ ges. p	$P(X \leq 3) < 0,1$ GTR/CAS: $Y = \text{kum. BV } (50,\ x,\ 3) = 0,1$ 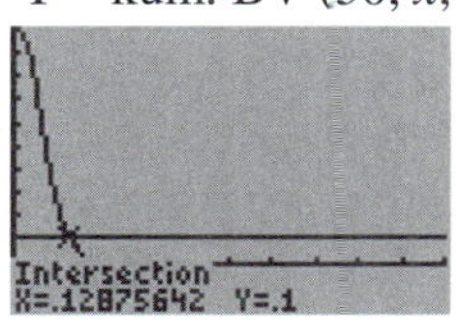 A: Ab einer Wahrsch. von 0,129.

4.4 Zusatz: Sigma–Regeln

Ausgangssituation (Gesamtheit → Stichprobe)

Durch die Sigma-Regeln können ausgehend von der (bekannten) „wahren Wahrscheinlichkeit“ (p) Aussagen in Bezug auf die Ergebnisse einer Stichprobe getätigt werden.

Als Formeln

1. σ-Regel: $\mathbf{P(\mu-1\cdot\sigma \le X \le \mu+1\cdot\sigma) \approx 68,3\%}$ 1σ-Intervall: $[\mu-1\cdot\sigma;\ \mu+1\cdot\sigma]$

2. σ-Regel: $\mathbf{P(\mu-2\cdot\sigma \le X \le \mu+2\cdot\sigma) \approx 95,4\%}$ 2σ-Intervall: $[\mu-2\cdot\sigma;\ \mu+2\cdot\sigma]$

3. σ-Regel: $\mathbf{P(\mu-3\cdot\sigma \le X \le \mu+3\cdot\sigma) \approx 99,7\%}$ 3σ-Intervall: $[\mu-3\cdot\sigma;\ \mu+3\cdot\sigma]$

Am Schaubild

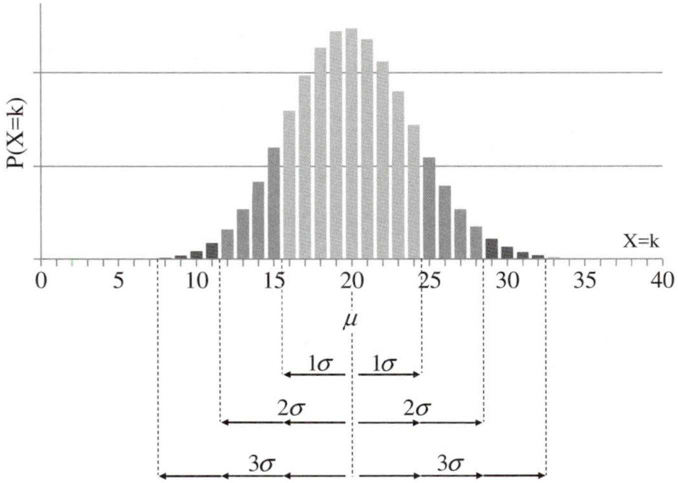

Am Beispiel

Ein von der Mikro AG hergestellter Mikrochip ist erfahrungsgemäß mit einer Wahrscheinlichkeit von 20 % fehlerhaft. Ein Kunde bestellt 100 Mikrochips. X gibt die Anzahl der fehlerhaften Mikrochips in der Bestellung an.

$\mu = n\cdot p = 100\cdot 0,2 = 20;$

$\sigma = \sqrt{n\cdot p\cdot(1-p)} = \sqrt{100\cdot 0,2\cdot(1-0,2)} = 4$

1-σ-Intervall: $[20-1\cdot 4;\ 20+1\cdot 4] = [16;\ 24]$

2-σ-Intervall: $[20-2\cdot 4;\ 20+2\cdot 4] = [12;\ 28]$

3-σ-Intervall: $[20-3\cdot 4;\ 20+3\cdot 4] = [8;\ 32]$

Die Wahrscheinlichkeit, dass in der Bestellung mindestens 16 und höchstens 24 Mikrochips fehlerhaft sind, beträgt also 68,3 %.
Entsprechend 95,4 % Wahrscheinlichkeit für $[12;\ 28]$ bzw. 99,7 % für $[8;\ 32]$.

Beispiel 2: Bei der Bundestagswahl erreichte eine Partei einen Anteil von 15 % der gültigen Zweistimmen. Am Tag nach der Wahl werden 1500 Personen befragt, ob sie diese Partei gewählt haben. Geben Sie das zugehörige 1-, 2- und 3-Sigma-Intervall an.

$\mu = n \cdot p = 1500 \cdot 0{,}15 = 225;$

$\sigma = \sqrt{n \cdot p \cdot (1-p)} = \sqrt{1500 \cdot 0{,}15 \cdot (1-0{,}15)} \approx 13{,}83$

1-σ-Intervall: $[225 - 1 \cdot 13{,}83;\ 225 + 1 \cdot 13{,}83] = [211{,}17;\ 238{,}83] = [212;\ 238]$

2-σ-Intervall: $[225 - 2 \cdot 13{,}83;\ 225 + 2 \cdot 13{,}83] = [197{,}34;\ 252{,}66] = [198;\ 252]$

3-σ-Intervall: $[225 - 3 \cdot 13{,}83;\ 225 + 3 \cdot 13{,}83] = [183{,}51;\ 266{,}49] = [184;\ 266]$

Die Wahrscheinlichkeit, dass bei der Befragung mindestens 212 und höchstens 238 Personen angeben, die Partei gewählt zu haben, beträgt also 68,3 %.
Entsprechend 95,4 % Wahrscheinlichkeit für $[198;\ 252]$ bzw. 99,7 % für $[184;\ 266]$.

(Kein-) **Runden** des Intervalls:
Untergrenze **aufrunden**
Obergrenze **abrunden**

Intervalle für weitere Wahrscheinlichkeiten bilden

Entsprechend der Sigma-Regeln können Intervalle der Form $[\mu - c \cdot \sigma;\ \mu + c \cdot \sigma]$ auch für weitere Wahrscheinlichkeiten (γ) gebildet werden.

Tabelle

γ (Wahrscheinlichkeit)	0,683	0,90	0,95	0,954	0,99	0,997	0,999
c (Faktor für Intervallgröße)	1 (1σ-Regel)	1,64	1,96	2 (2σ-Regel)	2,58	3 (3σ-Regel)	3,29

Beispiel 3: Der Hersteller eines Medikaments behauptet, dass dieses nur bei 3 % der Patienten Nebenwirkungen verursacht. Das Medikament wird bei 400 Personen getestet. In welchem Intervall müsste die Anzahl an Personen mit Nebenwirkungen mit einer Wahrscheinlichkeit von 95 % liegen?

$\mu = n \cdot p = 400 \cdot 0{,}03 = 12;$

$\sigma = \sqrt{n \cdot p \cdot (1-p)} = \sqrt{400 \cdot 0{,}03 \cdot (1-0{,}03)} = 3{,}41$

$\gamma = 0{,}95 \xrightarrow{\text{Tabelle}} c = 1{,}96$

1,96-σ-Intervall: $[12 - 1{,}96 \cdot 3{,}41;\ 12 + 1{,}96 \cdot 3{,}41] = [5{,}32;\ 18{,}68] = [6;\ 18]$

Mit einer Wahrscheinlichkeit von 95 % müssten bei mindestens 6 und höchstens 18 Personen Nebenwirkungen auftreten.

5. Der Hypothesentest (nur LK)

5.1 Ausführliche Erklärung

• **Beispiel :** Ein Basketballspieler behauptet, dass er einen Freiwurf mit einer Wahrscheinlichkeit von mindestens 75 % trifft. Sein Trainer möchte dies überprüfen und lässt ihn 8 Mal werfen. Er trifft nur 3 Mal. Sollte der Trainer die Behauptung des Spielers ablehnen?

• **Vorgehen mit Hypothesentest** (beispielhaft mit Signifikanzniveau $\alpha = 5\,\%$)

Die Zufallsvariable X gibt die Anzahl der Treffer des Basketballspielers bei 8 Würfen an. Dessen Behauptung und damit die Nullhypothese (H_0) lautet: $p_0 \geq 0,75$. Falls diese zutrifft, beträgt die Trefferwahrscheinlichkeit im für ihn ungünstigsten Fall (Extremfall) also (nur) genau 0,75. Die Wahrscheinlichkeit, dass X einen bestimmten Wert annimmt, kann mit Hilfe der Bernoulliformel berechnet werden. Somit ist X mit $n = 8$ und $p_0 = 0,75$ binomialverteilt. Die Verteilung und die zugehörige kumulierte Verteilung sind dargestellt.

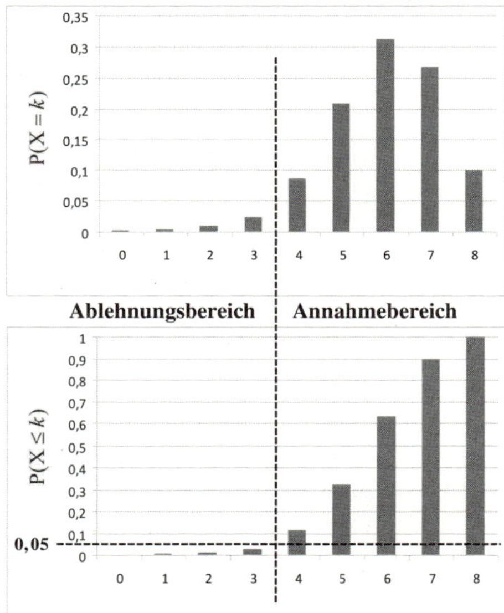

Der Spieler behauptet eine Mindestwahrscheinlichkeit: Geringe Werte von X (wenige Treffer) sprechen gegen seine Behauptung. Somit muss ein linksseitiger Hypothesentest durchgeführt werden.

Aus der kumulierten Binomialverteilung am GTR ist zu entnehmen, dass die Werte $[0,1,2,3]$ eine Gesamtwahrscheinlichkeit von 2,73 % aufweisen, wohingegen die Werte $[0,1,2,3,4]$ schon eine Gesamtwahrscheinlichkeit von 11,38 % aufweisen.

Falls der Spieler wirklich eine Trefferwahrscheinlichkeit von 75 % hätte, wäre es mit 2,73 % sehr unwahrscheinlich , dass er nur höchstens 3 von 8 Freiwürfen treffen würde. Da der Wert unter 5 % (Signifikanzniveau) liegt, wird in diesem Fall davon ausgegangen, dass die behauptete Trefferwahrscheinlichkeit nicht stimmt. (Die Wahrscheinlichkeit, dass der Spieler eine geringere Trefferwahrscheinlichkeit als 75 % hat, beträgt umgekehrt 97,27 % !).

GTR/CAS : Y = kum. BV (8, 0.75, *x*)

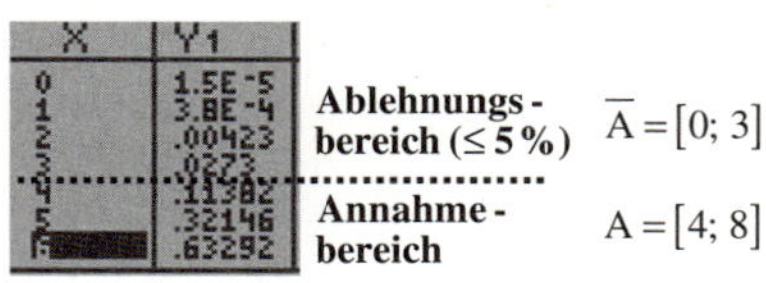

Der Ablehnungsbereich für die Behauptung besteht also aus den Werten $\overline{A} = [0,1,2,3]$, der Annahmebereich aus den Werten $A = [4,5,...,8]$ (Entscheidungsregel).

• **Entscheidung :** Im Beispiel trifft der Spieler nur 3 Mal. Da diese Trefferanzahl im Ablehnungsbereich liegt, wird der Trainer die Behauptung des Spielers ablehnen.

http://frv.tv/3i

5.2 Vorgehen und Beispiele

Linksseitiger Hypothesentest	**Rechtsseitiger Hypothesentest**

1. Schritt : Erkennen der „Testrichtung“ und Aufstellen der Nullhypothese.

Linksseitiger Hypothesentest:

- Behauptung: **Mindest**wahrscheinlichkeit ist gegeben (Nullhypothese H_0: $\boldsymbol{p_0} \geq ...$)
- Vermutung: Wirkl. Wahrsch. ist geringer als p_0 (Gegenhypothese H_1: $p_0 < ...$)

Geringe Werte von X sprechen **gegen die Behauptung** (bzw. für die Vermutung).

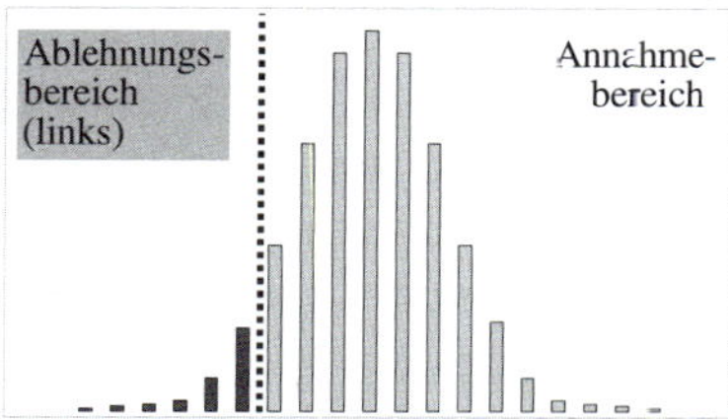

Rechtsseitiger Hypothesentest:

- Behauptung: **Höchst**wahrscheinlichkeit ist gegeben (Nullhypothese H_0: $\boldsymbol{p_0} \leq ...$)
- Vermutung: Wirkl. Wahrsch. ist höher als p_0 (Gegenhypothese H_1: $p_0 > ...$)

Hohe Werte von X sprechen **gegen die Behauptung** (bzw. für die Vermutung).

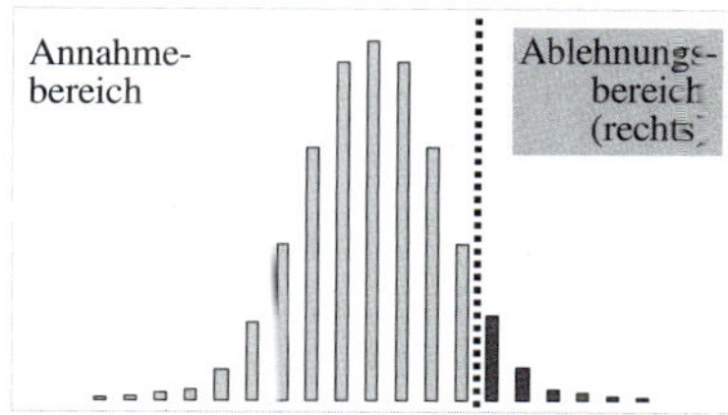

2. Schritt : Ablesen des Stichprobenumfangs n (Anzahl der Durchführungen) und des Signifikanzniveaus α aus der Aufgabenstellung. (z.B. $n = 25$; $\alpha = 5\%$)

3. Schritt : Eingabe in GTR und Ermittlung des Ablehnungs- und Annahmebereiches.

Linksseitig: Die Wahrscheinlichkeit für **höchstens** $\boldsymbol{k}$ **Treffer** darf nicht höher als α sein:
$P(X \leq k) \leq \alpha$
(S. 132, 2. Aufgabentyp, höchstens)

GTR/CAS: $\mathbf{Y = kum.\,BV}\ (\boldsymbol{n},\ \boldsymbol{p_0},\ \boldsymbol{x})$

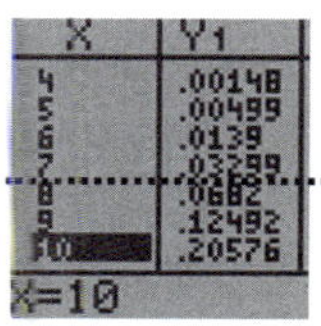

Ablehnungsbereich (≤ 5 %) $\overline{\mathbf{A}} = [0; 7]$

Annahmebereich $A = [8; 25]$

Rechtsseitig: Die Wahrscheinlichkeit für **mindestens** $\boldsymbol{k}$ **Treffer** darf nicht höher als α sein:
$P(X \geq k) \leq \alpha$
(S. 132, 2. Aufgabentyp, mindestens)

GTR/CAS: $\mathbf{Y = 1 - kum.\,BV}\ (\boldsymbol{n},\ \boldsymbol{p_0},\ \boldsymbol{x-1})$

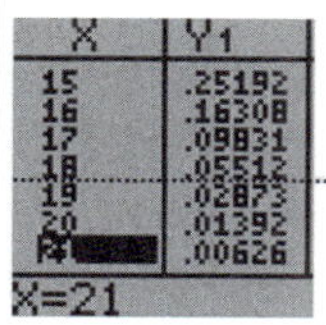

Annahmebereich $A = [0; 18]$

Ablehnungsbereich (≤ 5%) $\overline{\mathbf{A}} = [19; 25]$

4. Schritt : Ermittlung der Entscheidungsregel. Der Vergleich mit dem konkreten Stichprobenergebnis (siehe Aufgabenstellung) führt zur Entscheidung.

Linksseitig	Rechtsseitig
Entscheidungsregel: Falls der Wert 7 oder weniger angenommen wird, wird die Hypothese abgelehnt, ansonsten angenommen.	Entscheidungsregel: Falls der Wert 19 oder mehr angenommen wird, wird die Hypothese abgelehnt, ansonsten angenommen.

http://frv.tv/3j

Beispiel 2

Der Hersteller eines Medikaments behauptet, dass dieses bei mindestens 90 % der Patienten wirkt. Ein Konkurrent vermutet, dass diese Wahrscheinlichkeit zu hoch ist und testet das Medikament bei 50 Personen. Es wirkt bei 42 Personen.
Kann die Behauptung des Herstellers bei einem Signifikanzniveau von 5 % abgelehnt werden?

1. Schritt „Testrichtung“ erkennen; Aufstellen der Nullhypothese	**Linksseitiger Hypothesentest** liegt vor - Mindestwahrscheinlichkeit ist gegeben - Vermutung, dass wirkliche Wahrscheinlichkeit geringer ist - Nullhypothese H_0: $\boldsymbol{p_0 \geq 0{,}9}$ (Gegenhypothese H_1: $p_0 < 0{,}9$)

2. Schritt Stichprobenumfang n; Signifikanzniveau α	$n = 50$; $\alpha = 5\,\%$

3. Schritt Definition Zufallsvariable; Eingabe in GTR/CAS; Ablehnungs- und Annahmebereich	X - Anzahl der Patienten, bei denen das Medikament wirkt; **Geringe Werte** von X sprechen **gegen die Behauptung**; $P(X \leq k) \leq 0{,}05$ GTR/CAS: **Y = kum. BV (50, 0.9, *x*)** 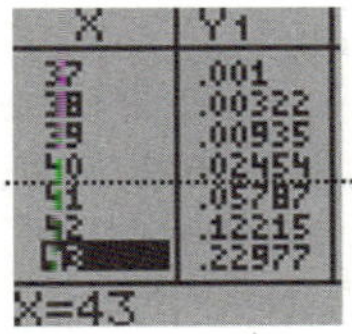 **Ablehnungs-bereich (≤ 5%)** $\overline{A} = [0;\, 40]$ **Annahme-bereich** $A = [41;\, 50]$

4. Schritt Entscheidungsregel; Entscheidung	**Entscheidungsregel:** Falls das Medikament bei 40 oder weniger Personen wirkt, wird die Hypothese des Herstellers abgelehnt. Falls es bei 41 oder mehr Personen wirkt, wird die Hypothese angenommen. **Entscheidung:** Da es bei 42 Personen wirkt, sollte die Hypothese des Herstellers angenommen werden.

Beispiel 3

Der Hersteller eines Medikaments behauptet, dass dieses nur bei höchstens 8 % der Patienten Nebenwirkungen verursacht. Ein Konkurrent vermutet, dass diese Wahrscheinlichkeit zu gering ist und testet das Medikament bei 70 Personen. Bei 14 Personen treten Nebenwirkungen auf. Kann die Behauptung des Herstellers bei einem Signifikanzniveau von 5 % abgelehnt werden?

1. Schritt „Testrichtung“ erkennen; Aufstellen der Nullhypothese	**Rechtsseitiger Hypothesentest** liegt vor - Höchstwahrscheinlichkeit ist gegeben - Vermutung, dass wirkliche Wahrscheinlichkeit höher ist - Nullhypothese H_0: $\boldsymbol{p_0 \leq 0{,}08}$ (Gegenhypoth. H_1: $p_0 > 0{,}08$)
2. Schritt Stichprobenumfang n; Signifikanzniveau α	$n = 70$; $\alpha = 5\,\%$
3. Schritt Definition Zufallsvariable; Eingabe in GTR/CAS; Ablehnungs- und Annahmebereich	X - Anzahl der Patienten, bei denen das Medikament Nebenwirkungen verursacht; **Hohe Werte** von X sprechen **gegen die Behauptung;** $P(X \geq k) \leq 0{,}05$ GTR/CAS: $\mathbf{Y = 1 - kum.BV\,(70,\ 0.08,\ x-1)}$ 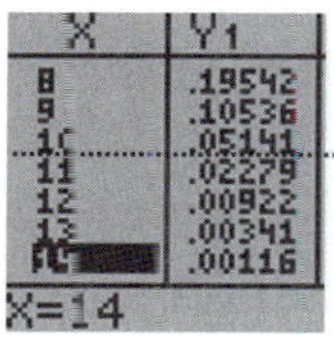 **Annahmebereich** $A = [0;\,10]$ **Ablehnungsbereich ($\leq 5\%$)** $\overline{A} = [11;\,70]$
4. Schritt Entscheidungsregel; Entscheidung	**Entscheidungsregel:** Falls das Medikament bei 11 oder mehr Personen Nebenwirkungen verursacht, wird die Hypothese des Herstellers abgelehnt. Falls dies bei 10 oder weniger Personen auftritt, wird diese angenommen. **Entscheidung:** Da bei 14 Personen Nebenwirkungen auftreten, sollte die Hypothese abgelehnt werden.

5.3 Fehler 1. Art (α-Fehler) und 2. Art (β-Fehler)

Allgemein:

		Realität	
		H_0 ist wahr	H_0 ist falsch
Entscheidung (Testergebnis)	H_0 angenommen	richtig	**Fehler 2. Art (β - Fehler)** Hypothese wird angenommen, obwohl sie falsch ist. **Berechnung :** $\mathbf{P}_{p^*}(\mathbf{X} \in \mathbf{A})$
	H_0 abgelehnt	**Fehler 1. Art (α - Fehler)** Hypothese wird abgelehnt, obwohl sie wahr ist. **Berechnung :** $\mathbf{P}_{p_0}(\mathbf{X} \in \overline{\mathbf{A}})$	richtig

Am Beispiel 2 (siehe S. 146)
Der Hersteller eines Medikaments behauptet, dass dieses bei mindestens 90 % der Patienten wirkt. Ein Konkurrent vermutet, dass diese Wahrscheinlichkeit zu hoch ist und testet das Medikament bei 50 Personen.

Linkss. Hypothesentest: $p_0 \geq 0,9$; $p^* = \frac{42}{50} = 0,84$; $\overline{\mathrm{A}} = \{0;1;...;40\}$; $\mathrm{A} = \{41;42;...;50\}$

		Realität	
		Herstellerbehauptung richtig: Medikament wirkt bei mindestens 90 %	Herstellerbehauptung falsch: Medikament wirkt bei weniger als 90 %
Entscheidung (Testergebnis)	Man „glaubt" dem Hersteller	richtig	**Fehler 2. Art (β - Fehler)** Man „glaubt" dem Hersteller, obwohl Medikament bei weniger als 90 % wirkt. $\mathrm{P}_{p^*=0,84}(\mathrm{X} \geq 41) \approx 0,7282$
	Man „glaubt" dem Hersteller nicht	**Fehler 1. Art (α - Fehler)** Man „glaubt" dem Hersteller, nicht, obwohl Medikament bei mindestens 90 % wirkt. $\mathrm{P}_{p_0=0,9}(\mathrm{X} \leq 40) \approx 0,0245$	richtig

Ausführliche Erklärung zur Berechnung der Fehler

• **Fehler 1. Art (α - Fehler):** Falls die Hypothese des Herstellers (p_0) stimmt (und das Medikament bei mind. 90 % der Patienten wirkt), wäre es die richtige Entscheidung, diese Hypothese auch anzunehmen. Es wäre eine Fehlentscheidung, diese abzulehnen. Mit welcher Wahrscheinlichkeit wird diese Fehlentscheidung getroffen?
Die Hypothese wird abgelehnt, falls das beobachtete Ergebnis im Ablehnungsbereich liegt. Um die Wahrscheinlichkeit der Fehlentscheidung zu erhalten muss also die Wahrscheinlichkeit berechnet werden, dass **(bei Zugrundelegung von p_0)** ein Ergebnis auftritt, welches sich im Ablehnungsbereich befindet: $\mathbf{P_{p_0}(X \in \overline{A})}$. Da im Beispiel der Ablehnungsbereich aus allen Werten bis zum Wert 40 besteht, muss hierzu $P_{p=0,9}(X \leq 40)$ berechnet werden.

• **Fehler 2. Art (β - Fehler):** Falls die Hypothese des Herstellers (p_0) nicht stimmt (und das Medikament nur bei $p^* = 0{,}84 = 84\,\%$ der Patienten wirkt), wäre es die richtige Entscheidung diese Hypothese abzulehnen. Es wäre eine Fehlentscheidung, diese anzunehmen. Mit welcher Wahrscheinlichkeit wird diese Fehlentscheidung getroffen?
Die Hypothese wird angenommen, falls das beobachtete Ergebnis im Annahmebereich liegt. Um die Wahrscheinlichkeit der Fehlentscheidung zu erhalten muss also die Wahrscheinlichkeit berechnet werden, dass **(bei Zugrundelegung von p^*)** ein Ergebnis auftritt, welches sich im Annahmebereich befindet: $\mathbf{P_{p^*}(X \in A)}$. Da im Beispiel der Annahmebereich aus allen Werten ab dem Wert 41 besteht, muss hierzu $P_{p=0,84}(X \geq 41)$ berechnet werden.

Am Beispiel 3 (siehe S. 147)

Der Hersteller eines Medikaments behauptet, dass dieses nur bei höchstens 8 % der Patienten Nebenwirkungen verursacht. Ein Konkurrent vermutet, dass diese Wahrscheinlichkeit zu gering ist und testet das Medikament bei 70 Personen. Bei 14 Personen treten Nebenwirkungen auf.

Rechtss. Hypothesentest: $p_0 \leq 0{,}08$; $p^* = \frac{14}{70} = 0{,}2$; $A = \{0;1;...;10\}$; $\overline{A} = \{11;12;...;70\}$

Fehler 1. Art (α - Fehler): Man „glaubt" dem Hersteller nicht, dass bei höchstens 8 % Nebenwirkungen auftreten, obwohl dies eigentlich stimmt.
$P_{p_0=0,08}(X \geq 11) = 1 - P_{p_0=0,08}(X \leq 10) \approx 1 - 0{,}9772 = 0{,}0228$

Fehler 2. Art (β - Fehler): Man „glaubt" dem Hersteller, dass bei höchstens 8 % Nebenwirkungen auftreten, obwohl dies nicht stimmt und in der Realität bei $p^* = 20\,\%$ Nebenwirkungen auftreten.
$P_{p^*=0,2}(X \leq 10) \approx 0{,}1468$

Hinweis: Ein geringerer Wert des Signifikanzniveaus α (z.B. $\alpha = 1\,\%$) führt zu einem kleineren Ablehnungsbereich. Hierdurch verringert sich die Gefahr, einen Fehler 1. Art zu begehen ($\alpha \triangleq$ max. Wahrscheinlichkeit, einen Fehler 1. Art zu begehen).

5.4 Zweiseitiger Hypothesentest

Falls ein **konkreter** Wahrscheinlichkeitswert und keine Mindest- bzw. Höchstwahrscheinlichkeit behauptet wird, widersprechen sowohl sehr große Werte als auch sehr kleine Werte dieser Behauptung. Hier gibt es also einen **linksseitigen und** einen **rechtsseitigen** Ablehnungsbereich, welche beide eine maximale Fehlerwahrscheinlichkeit von $\boldsymbol{\alpha / 2}$ aufweisen.

Vorgehen (am Beispiel): Beidseitiger Hypothesentest

1. Schritt: „Testart" erkennen und Aufstellen der Nullhypothese.

- Beh.: **Konkrete** Wahrscheinlichkeit ist gegeben (Nullhypothese: H_0: $\boldsymbol{p_0 = ...}$)
- Verm.: Wirkl. Wahrscheinl. ist **geringer oder höher** als p_0 (Gegenhypoth.: H_1: $p_0 \neq ...$)

Geringe **und** **hohe Werte** sprechen **gegen die Behauptung.**

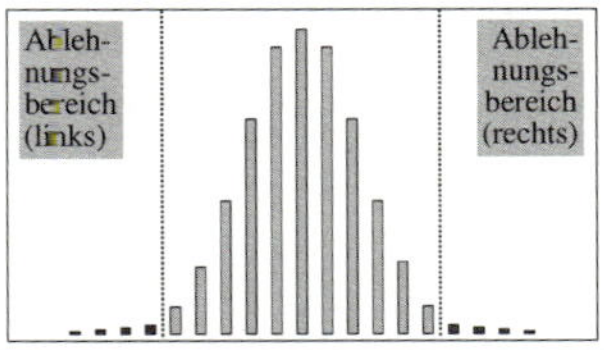

2. Schritt : Ablesen des Stichprobenumfangs n (Anzahl der Durchführungen) und des Signifikanzniveaus α aus der Aufgabenstellung. (z.B. $n = 30$; $\alpha = 5\%$; $p_0 = 0,4$)

3. Schritt: Ermittlung des Ablehnungs- und Annahmebereiches.

Gegen die Behauptung sprechen

geringe Werte **und** **hohe Werte;**

Linksseitiger Ablehnungsbereich
Die Wahrscheinlichkeit für **höchstens** $\boldsymbol{k}$ **Treffer** darf nicht höher als $\alpha / 2$ sein:

$$\mathbf{P}(\mathbf{X} \leq k) \leq \frac{\alpha}{2}$$

TR/Tabelle: kum. BV (n; p_0)

$P(X \leq 5) = 0,0056$
$P(X \leq 6) = 0,0171$
Ablehnungsb. (≤ 2,5 %) $\bar{A} = [0; 6]$
0,025
$P(X \leq 7) = 0,0435$
$P(X \leq 8) = 0,0940$
Annahmebereich

Rechtsseitiger Ablehnungsbereich
Die Wahrscheinlichkeit für **mindestens** $\boldsymbol{k}$ **Treffer** darf nicht höher als $\alpha / 2$ sein:

$$\mathbf{P}(\mathbf{X} \geq k) \leq \frac{\alpha}{2}$$

TR/Tabelle: kum. BV (n; p_0)

$P(X \leq 15) = 0,9029 \Rightarrow P(X \geq 16) = 0,0971$
$P(X \leq 16) = 0,9518 \Rightarrow P(X \geq 17) = 0,0482$
Annahmeb.
0,025
$P(X \leq 17) = 0,9787 \Rightarrow P(X \geq 18) = 0,0213$
$P(X \leq 18) = 0,9916 \Rightarrow P(X \geq 19) = 0,0084$
$\bar{A} = [18; 30]$ **Ablehnungsb. (≤ 2,5 %)**

$$A = \{7; 8; ...; 17\}$$

4. Schritt : Ermittlung der Entscheidungsregel. Der Vergleich mit dem konkreten Stichprobenergebnis (siehe Aufgabenstellung) führt zur Entscheidung.

Bei einem Wert zwischen 7 und 17 wird die Hypothese angenommen, ansonsten abgelehnt.

http://frv.tv/4m

Beispiel

Im vergangenen Jahr haben 15 % der Bevölkerung ein bestimmtes Medikament gekauft. Ein Marktforschungsunternehmen behauptet, dass dieser Marktanteil im aktuellen Jahr gleich geblieben (also weder gesunken noch gestiegen) ist.
Es werden 100 Personen befragt, ob sie das Medikament gekauft haben. 22 Personen geben dies an. Kann die Behauptung des Marktforschungsunternehmens bei einem Signifikanzniveau von 5 % abgelehnt werden?

1. Schritt: „Testart“ erkennen und Aufstellen der Nullhypothese.

- Behauptung: **Konkreter** Wahrscheinlichkeitswert
- Vermutung: Wirkliche Wahrscheinlichkeit ist **geringer oder höher** als p_0
- Nullhypothese H_0: $\boldsymbol{p_0 = 0{,}15}$ (Gegenhypoth. H_1: $p_0 \neq 0{,}15$)

2. Schritt: Stichprobenumfang n; Signifikanzniveau α

$n = 100$; $\alpha = 5\%$

3. Schritt: Ermittlung des Ablehnungs- und Annahmebereiches.

X - Anzahl der Personen, die das Medikament gekauft haben;
Gegen die Behauptung sprechen
geringe Werte **<u>und</u>** **hohe Werte;**

Linksseitiger Ablehnungsbereich

$\mathbf{P(X \leq k) \leq 0{,}025}$

TR/Tabelle: kum. BV ($n = 100$; $p = 0{,}15$)

$P(X \leq 6) = 0{,}0047$
$P(X \leq 7) = 0{,}0122$
.... **0,025** ....
$P(X \leq 8) = 0{,}0275$
$P(X \leq 9) = 0{,}0551$

Ablehnungsb. (≤ 2,5 %) $\overline{\mathbf{A}} = [0;\ 7]$

Annahmebereich

Rechtsseitiger Ablehnungsbereich

$\mathbf{P(X \geq k) \leq 0{,}025}$

TR/Tabelle: kum. BV ($n = 100$; $p = 0{,}15$)

$P(X \leq 20) = 0{,}9337 \Rightarrow P(X \geq 21) = 0{,}0663$
$P(X \leq 21) = 0{,}9607 \Rightarrow P(X \geq 22) = 0{,}0393$
.... **0,025** ....
$P(X \leq 22) = 0{,}9779 \Rightarrow P(X \geq 23) = 0{,}0221$
$P(X \leq 23) = 0{,}9881 \Rightarrow P(X \geq 24) = 0{,}0119$

Annahmeb

$\overline{\mathbf{A}} = [23;\ 100]$ **Ablehnungsb. (≤ 2,5 %)**

$$A = \{8; 9; \ldots; 22\}$$

4. Schritt: Entscheidungsregel und Entscheidung.

Entscheidungsregel: Falls mindestens 8 und höchstens 22 Personen angeben, das Medikament gekauft zu haben, wir die Hypothese angenommen, ansonsten abgelehnt.

Entscheidung: Da 22 Personen angeben, das Medikament gekauft zu haben, sollte die Hypothese angenommen werden.

6. Normalverteilung (nur LK)

6.1 Einführung

Die Körpergröße, das Gewicht oder die Intelligenz von Menschen ist normalverteilt (mittlere Werte wahrscheinlich, extreme Werte unwahrscheinlich).
Bei der **Normalverteilung** wird das zugrunde liegende Zufallsexperiment (z.B. Messung der Körpergröße bei einer zufällig ausgewählten Person) **ein Mal durchgeführt**.
Die Zufallsvariable gibt den Ausgang (Körpergröße der Person) an und kann also sehr viele verschiedene Werte (**auch „Kommazahlen“**) annehmen.
(Im Gegensatz hierzu hat das Zufallsexperiment bei der **Binomialverteilung** nur 2 mögliche Ausgänge (z.B. Münzwurf) und wird zudem **mehrmals durchgeführt**, wobei die Zufallsvariable die gesamte Anzahl an Treffern (also **nur ganzzahlige Werte**) angibt.)

Beispiel: Messung der Körpergröße bei einer zufällig ausgewählten männlichen Person.

1. Normalverteilung: Dichtefunktion φ (Gauß - Kurve)

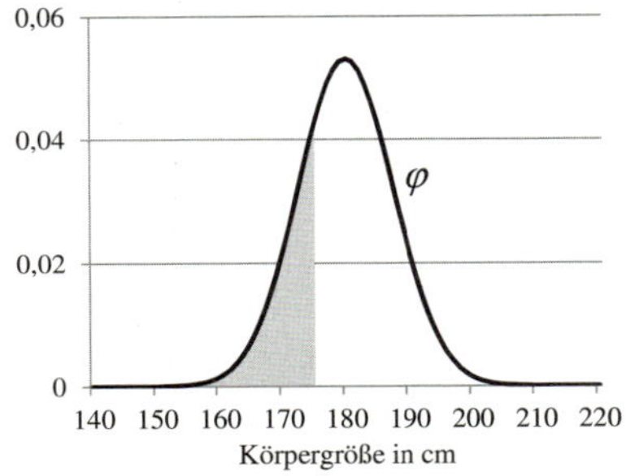

- Der Bereich um den Erwartungswert (hier $\mu = 180$ cm) hat die größte Wahrscheinlichkeit.
- Die Standardabweichung (hier $\sigma = 7,5$) bestimmt die Breite der Verteilung.
- Achtung: **Funktionswerte von φ stellen nicht die Wahrscheinlichkeiten** der einzelnen Werte dar! Die Wahrscheinlichkeit (jedes) einzelnen Wertes beträgt 0%: $P(X = k) = 0$. Grund: Z.B. beträgt die Wahrscheinlichkeit, dass jemand (auf unendlich viele Kommastellen) genau 1,70000000 …0 m groß ist, 0%.
- Über den **Inhalt der Fläche unter der φ - Kurve** können jedoch **Wahrscheinlichkeiten** berechnet werden. Die nachfolgende Funktion ϕ (Integralfunktion zu φ) gibt diese an.

2. „Kumulierte“ Normalverteilung: Verteilungsfunktion ϕ

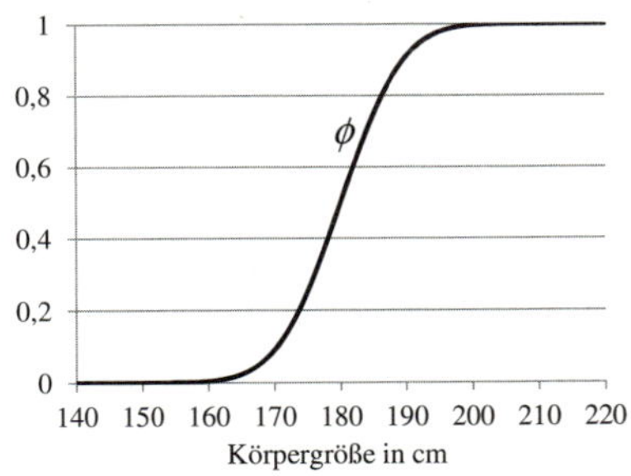

Gibt für jeden möglichen Wert der Zufallsvariablen die **Wahrscheinlichkeit** an, dass **dieser oder ein geringerer Wert als dieser** angenommen wird.

$$\mathbf{P(X \leq k) = \phi(k) = \int_{-\infty}^{k} \varphi(x)dx}$$

Beispiel

$$P(X \leq 174) = \phi(174) = \int_{-\infty}^{174} \varphi(x)dx \approx 0,2119$$

Wahrscheinlichkeit, dass eine zufällig ausgewählte Person höchstens 174 cm groß ist, beträgt 21,19 %.

http://frv.tv/4n

6.2 Aufgabentypen

Beispiel : Die Körpergröße vom Männern ist näherungsweise normalverteilt mit dem Erwartungswert $\mu = 180$ cm und der Standardabweichung $\sigma = 7{,}5$ cm.

Mit welcher Wahrscheinlichkeit ist ein zufällig ausgewählter Mann ...

1. „höchstens k" $\mathbf{P(X \leq k)}$	... höchstens 174 cm groß? $P(X \leq 174) \approx 0{,}2119$
2. „mindestens k" $\mathbf{P(X \geq k) = 1 - P(X < k)}$	... mindestens 192 cm groß? $P(X \geq 192) = 1 - P(X < 192)$ $= 1 - 0{,}9452 = 0{,}0548$
3. „mind. k_1 und höchst. k_2" $\mathbf{P(k_1 \leq X \leq k_2) = P(X \leq k_2) - P(X \leq k_1)}$	... mind. 183 cm und höchst. 195 cm groß? $P(183 \leq X \leq 195) = P(X \leq 195) - P(X \leq 183)$ $\approx 0{,}9772 - 0{,}6554 = 0{,}3218$

Hinweise (Unterschiede zur Binomialverteilung (S. 134))

- Bei Normalv. ist der Aufgabentyp $P(X = k)$ nicht aufgeführt, da stets $P(X = k) = 0$ gilt.
- Wegen $P(X = k) = 0$ muss nicht zwischen $P(X \leq k)$ und $P(X < k)$ unterschieden werden.
- Unterschied: Normalv.: $P(X \geq k) = 1 - P(X < k)$; Binomialv.: $P(X \geq k) = 1 - P(X \leq k - 1)$

Grund: Bei Binomialverteilung kann die Zufallsvariable nur ganzzahlige Werte annehmen.

http://frv.tv/4o

7. Matrizen

7.1 Begriffe zur Matrix

Matrix: Eine **Anordung von Zahlen**

Format (Matrix) = (Anzahl Zeilen × Anzahl Spalten)

$$A=\begin{pmatrix} 2 & 3 & 4 \\ -4 & 0 & -1 \end{pmatrix} \qquad (2\times3)$$

$$B=\begin{pmatrix} 1 & 2 \\ 2 & 0 \\ 7 & -6 \\ 0 & -1 \end{pmatrix} \qquad (4\times2)$$

Vektor: Eine Matrix, die nur eine Zeile oder eine Spalte besitzt. Ein Vektor wird mit einem kleinen Buchstaben und einem Pfeil bezeichnet.

$$\vec{e}=\begin{pmatrix} 2 \\ 1 \end{pmatrix}; \quad \vec{f}=\begin{pmatrix} 1 & 2 & -3 \end{pmatrix}$$

Quadratische Matrix: Eine Matrix, die gleich viele Zeilen wie Spalten besitzt.

$$C=\begin{pmatrix} 2 & 0 & 1 \\ -8 & 1 & 3 \\ -4 & 1 & -9 \end{pmatrix} \qquad (3\times3)$$

Einheitsmatrix: Eine quadratische Matrix, deren Diagonalelemente den Wert 1 und deren andere Elemente den Wert 0 haben.

$$E=\begin{pmatrix} 1 & 0 \\ 0 & 1 \end{pmatrix} \text{ bzw. } E=\begin{pmatrix} 1 & 0 & 0 \\ 0 & 1 & 0 \\ 0 & 0 & 1 \end{pmatrix}$$

Hinweis: Das Thema **Lineare Gleichungssysteme (LGS)** befindet sich auf S. 32.

http://frv.tv/3w

7.2 Rechnen mit Matrizen

Addition und Subtraktion

Nur bei Matrizen vom gleichen Format möglich.

1. Beispiel: $\begin{pmatrix} 2 & 0 & 4 \\ 1 & -1 & 4 \end{pmatrix} + \begin{pmatrix} -2 & 3 & 2 \\ -1 & 0 & -4 \end{pmatrix} = \begin{pmatrix} 0 & 3 & 6 \\ 0 & -1 & 0 \end{pmatrix}$

2. Beispiel: $\begin{pmatrix} 5 & 2 \\ 0 & -3 \end{pmatrix} - \begin{pmatrix} 1 & 0 \\ 3 & -2 \end{pmatrix} = \begin{pmatrix} 4 & 2 \\ -3 & -1 \end{pmatrix}$

Skalare Multiplikation („Zahl · Matrix")

1. Beispiel: $4 \cdot \begin{pmatrix} 1 & -2 & 4 \\ 2 & 0 & 5 \end{pmatrix} = \begin{pmatrix} 4 & -8 & 16 \\ 8 & 0 & 20 \end{pmatrix}$

2. Beispiel: $\begin{pmatrix} -1 & 2 \\ 0 & -3 \end{pmatrix} \cdot (-2) = \begin{pmatrix} 2 & -4 \\ 0 & 6 \end{pmatrix}$

Multiplikation von Matrizen („Matrix · Matrix")

• Nur möglich, falls Spaltenanzahl der ersten Matrix gleich Zeilenanzahl der zweiten Matrix. Formatbeispiel: $(2\times\mathbf{3})\cdot(\mathbf{3}\times 2) \to (2\times 2)$.

Beispiel 1

$$\begin{pmatrix} 1 & -2 & 1 \\ 0 & -1 & -1 \end{pmatrix} \cdot \begin{pmatrix} 2 & 0 \\ 0 & -1 \\ 1 & 0 \end{pmatrix} \to \begin{array}{c|c} & \begin{pmatrix} 2 & 0 \\ 0 & -1 \\ 1 & 0 \end{pmatrix} \\ \hline \begin{pmatrix} 1 & -2 & 1 \\ 0 & -1 & -1 \end{pmatrix} & \begin{pmatrix} 1\cdot 2-2\cdot 0+1\cdot 1=3 & 1\cdot 0-2\cdot(-1)+1\cdot 0=2 \\ 0\cdot 2-1\cdot 0-1\cdot 1=-1 & 0\cdot 0-1\cdot(-1)-1\cdot 0=1 \end{pmatrix} \end{array} = \begin{pmatrix} 3 & 2 \\ -1 & 1 \end{pmatrix}$$

$(2\times\mathbf{3}) \cdot (\mathbf{3}\times 2) \to (2\times 2)$

Beispiel 2

$$\begin{pmatrix} 1 & 2 \\ 3 & 4 \end{pmatrix} \cdot \begin{pmatrix} 1 & 0 \\ 0 & 1 \end{pmatrix} \to \begin{array}{c|c} & \begin{pmatrix} 1 & 0 \\ 0 & 1 \end{pmatrix} \\ \hline \begin{pmatrix} 1 & 2 \\ 3 & 4 \end{pmatrix} & \begin{pmatrix} 1\cdot 1+2\cdot 0=1 & 1\cdot 0+2\cdot 1=2 \\ 3\cdot 1+4\cdot 0=3 & 3\cdot 0+4\cdot 1=4 \end{pmatrix} \end{array} = \begin{pmatrix} 1 & 2 \\ 3 & 4 \end{pmatrix}$$

• Es gilt: $A\cdot E = E\cdot A = A$. Wenn man die Matrix A mit der Einheitsmatrix E multipliziert (Reihenfolge egal), erhält man die Matrix A als Ergebnis. Die Einheitsmatrix E entspricht also der „normalen Zahl" 1.

• Achtung: Multiplikation von Matrizen ist nicht kommutativ. Die Reihenfolge macht also einen Unterschied ($A\cdot B \neq B\cdot A$).

Achtung : Division von Matrizen („Matrix : Matrix") ist nicht definiert !

8. Beschreibung von stoch. Prozessen durch Matrizen

8.1 Stochastische Übergangsprozesse (Austauschprozesse)

Beispiel: In Kaffhausen eröffnen zeitgleich zwei Diskos A und B. Die Betreiber rechnen mit einer festen Anzahl an Jugendlichen, welche an jedem Samstag eine der beiden Diskos besuchen.

Ein Besucher der Disko A besucht am Samstag der darauf folgenden Woche mit einer Wahrscheinlichkeit von 70 % wieder Disko A (und mit einer Wahrscheinlichkeit von 30 % Disko B.)

Ein Besucher der Disko B besucht am Samstag der darauf folgenden Woche mit einer Wahrscheinlichkeit von 80 % wieder Disko B (und mit einer Wahrscheinlichkeit von 20 % Disko A.)

Darstellungsmöglichkeiten

Diagramm

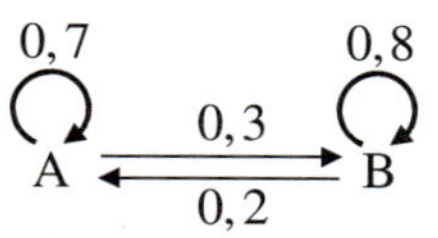

Tabelle

	von A	von B
nach A	0,7	0,2
nach B	0,3	0,8

Übergangsmatrix

$$A = \begin{pmatrix} 0,7 & 0,2 \\ 0,3 & 0,8 \end{pmatrix}$$

- Stochastische Matrix mit **Wahrscheinlichkeiten**
- **Spaltensumme = 1**

Merkmale

Eine **feste Anzahl** an beteiligten Objekten (z.B. Jugendliche), bewegen sich („tauschen“) gemäß **Wahrscheinlichkeiten** schrittweise (z.B. von Woche zu Woche) zwischen verschiedenen Zuständen (Diskos).

Formel: $\mathbf{A} \cdot \overrightarrow{\boldsymbol{x}_{\text{alt}}} = \overrightarrow{\boldsymbol{x}_{\text{neu}}}$ bzw. $\overrightarrow{\boldsymbol{x}_{\text{neu}}} = \mathbf{A} \cdot \overrightarrow{\boldsymbol{x}_{\text{alt}}}$ (Reihenfolge je nach Aufgabenstellung)

Berechnung der Entwicklung

$\overrightarrow{x_0}$ (Anfangszustand)

$\overrightarrow{x_1} = A \cdot \overrightarrow{x_0}$

$\overrightarrow{x_2} = A \cdot \overrightarrow{x_1} = A \cdot A \cdot \overrightarrow{x_0} = A^2 \cdot \overrightarrow{x_0}$

$\overrightarrow{x_3} = A \cdot \overrightarrow{x_2} = A^3 \cdot \overrightarrow{x_0}$

...

Abkürzungen

$\overrightarrow{x_{...}}$: proz. Verteilung bzw. Anzahl im Zeitschritt ...

A: enthält Übergangswahrscheinlichkeiten von einem Zeitschritt zum nächsten

A^2: enthält Übergangswahrscheinlichkeiten von einem Zeitschritt zum übernächsten

...

- Durch Multiplikation mit A erfolgt die Berechnung „von Zustand zu Folgezustand“.
- Bei „Springen“ über mehrere Zustände erhält A eine entsprechende Hochzahl.

http://frv.tv/4w

Beispiel (Disko)

a) Am Eröffnungstag befinden sich 20 % der Jugendlichen in Disko A und 80 % der Jugendlichen in Disko B. Berechnen Sie die Verteilung für den ersten (auf den Eröffnungstag folgenden) Samstag.

$$\overrightarrow{x_0} = \begin{pmatrix} 0,2 \\ 0,8 \end{pmatrix}; \quad \overrightarrow{x_1} = A \cdot \overrightarrow{x_0} = \begin{pmatrix} 0,7 & 0,2 \\ 0,3 & 0,8 \end{pmatrix} \cdot \begin{pmatrix} 0,2 \\ 0,8 \end{pmatrix} = \begin{pmatrix} 0,3 \\ 0,7 \end{pmatrix} \quad \textbf{(Formel)}$$

Am (auf den Eröffnungstag folgenden) ersten Samstag besuchen 30 % der Jugendlichen Disko A und 70 % die Disko B.

b) Berechnen Sie die Verteilung für den zweiten (auf den Eröffnungstag folgenden) Samstag.

$$\overrightarrow{x_2} = A \cdot \overrightarrow{x_1} = \begin{pmatrix} 0,7 & 0,2 \\ 0,3 & 0,8 \end{pmatrix} \cdot \begin{pmatrix} 0,3 \\ 0,7 \end{pmatrix} = \begin{pmatrix} 0,35 \\ 0,65 \end{pmatrix}$$

Alternativ $\overrightarrow{x_2}$ aus $\overrightarrow{x_0}$ berechnen:

$$\overrightarrow{x_2} = A^2 \cdot \overrightarrow{x_0} = \begin{pmatrix} 0,7 & 0,2 \\ 0,3 & 0,8 \end{pmatrix}^2 \cdot \begin{pmatrix} 0,2 \\ 0,8 \end{pmatrix} = \begin{pmatrix} 0,7 & 0,2 \\ 0,3 & 0,8 \end{pmatrix} \cdot \begin{pmatrix} 0,7 & 0,2 \\ 0,3 & 0,8 \end{pmatrix} \cdot \begin{pmatrix} 0,2 \\ 0,8 \end{pmatrix}$$

$$= \begin{pmatrix} 0,55 & 0,3 \\ 0,45 & 0,7 \end{pmatrix} \cdot \begin{pmatrix} 0,2 \\ 0,8 \end{pmatrix} = \begin{pmatrix} 0,35 \\ 0,65 \end{pmatrix}$$

> **Rechnen**
> **„Vorwärts“:** Einsetzen in **Formel**
> **„Rückwärts“: LGS**

c) Interpretieren Sie die Einträge der Matrix A^2.

$$A^2 = \begin{pmatrix} 0,55 & 0,3 \\ 0,45 & 0,7 \end{pmatrix}$$

Z.B. 1. Spalte: Die Wahrscheinlichkeit, dass ein Jugendlicher, der heute Disko A besucht, in 2 Wochen wieder Disko A besucht, beträgt 55 %. Die Wahrscheinlichkeit, dass er in 2 Wochen Disko B besucht, beträgt 45 %.

d) Am einem Samstag besuchen 70 Jugendliche die Disko A und 130 Jugendliche die Disko B. Berechnen Sie hieraus die Besuchszahlen in der Vorwoche.

$$A \cdot \overrightarrow{x_{alt}} = \overrightarrow{x_{neu}} \quad \Leftrightarrow \quad \begin{pmatrix} 0,7 & 0,2 \\ 0,3 & 0,8 \end{pmatrix} \cdot \begin{pmatrix} x_1 \\ x_2 \end{pmatrix} = \begin{pmatrix} 70 \\ 130 \end{pmatrix} \quad \Leftrightarrow \quad \begin{matrix} 0,7x_1 + 0,2x_2 = 70 \\ 0,3x_1 + 0,8x_2 = 130 \end{matrix} \quad \textbf{(LGS)}$$

Lösen des LGS: $\left(\begin{array}{cc|c} 0,7 & 0,2 & 70 \\ 0,3 & 0,8 & 130 \end{array}\right) \; II \cdot 0,7 - I \cdot 0,3 \quad \Leftrightarrow \quad \left(\begin{array}{cc|c} 0,7 & 0,2 & 70 \\ 0 & 0,5 & 70 \end{array}\right)$

LGS hat eindeutige Lösung: $II: \; 0,5x_2 = 70 \quad \Rightarrow \; x_2 = 140$

in $I: \; 0,7x_1 + 0,2 \cdot 140 = 70 \; \Rightarrow \; x_1 = 60$

In der Vorwoche waren 60 Jugendliche in Disko A und 140 in Disko B.

8.2 Stabiler Vektor (stationäre Verteilung) und Grenzmatrix

Der stabile Vektor (Fixvektor, stationäre Verteilung) $\vec{x}$

Beispiel (Disko, S. 128): Man erhält folgende Verteilungen

$$\vec{x_0}=\begin{pmatrix}0,2\\0,8\end{pmatrix};\ \vec{x_1}=\begin{pmatrix}0,3\\0,7\end{pmatrix};\ \vec{x_2}=\begin{pmatrix}0,35\\0,65\end{pmatrix};\ \ldots;\ \vec{x_{11}}=\begin{pmatrix}0,4\\0,6\end{pmatrix};\ \ldots;\vec{x_{20}}=\begin{pmatrix}0,4\\0,6\end{pmatrix};\ \ldots;\vec{x_\infty}=\begin{pmatrix}0,4\\0,6\end{pmatrix}$$

$\Rightarrow$ Stabiler Vektor: $\vec{x}=\begin{pmatrix}0,4\\0,6\end{pmatrix}$

Begriff : Der stabile Vektor $\vec{x}$ ist der Verteilungsvektor, der sich beim Prozess **nicht mehr ändert**, sobald er erreicht ist. Von einem Zeitschritt zum nächsten entsprechen sich dann alte und neue Verteilung.

Gleichung für stabilen Vektor : $\mathbf{A}\cdot\vec{x}=\vec{x}$ $\left(\text{im Beispiel: } \begin{pmatrix}0,7 & 0,2\\0,3 & 0,8\end{pmatrix}\cdot\begin{pmatrix}0,4\\0,6\end{pmatrix}=\begin{pmatrix}0,4\\0,6\end{pmatrix}\right)$

Berechnung des stabilen Vektors $\vec{x}$ (am Beispiel „Disko“)	
1. Einsetzen von **A** in $\mathbf{A}\cdot\vec{x}=\vec{x}$.	$\begin{pmatrix}0,7 & 0,2\\0,3 & 0,8\end{pmatrix}\cdot\begin{pmatrix}x_1\\x_2\end{pmatrix}=\begin{pmatrix}x_1\\x_2\end{pmatrix} \Rightarrow \begin{matrix}0,7x_1+0,2x_2=x_1\\0,3x_1+0,8x_2=x_2\end{matrix}$ (LGS)
2. LGS umstellen und lösen.	Umstellen: $\begin{matrix}0,7x_1+0,2x_2=x_1 & \mid -x_1\\0,3x_1+0,8x_2=x_2 & \mid -x_2\end{matrix}$ Lösen: $\left(\begin{matrix}-0,3 & 0,2\\0,3 & -0,2\end{matrix}\middle\vert\begin{matrix}0\\0\end{matrix}\right)_{\text{I+II}} \Leftrightarrow \left(\begin{matrix}-0,3 & 0,2\\0 & 0\end{matrix}\middle\vert\begin{matrix}0\\0\end{matrix}\right)$ (LGS hat stets unendlich viele Lösungen) Setzen von $x_2=t$ in I: $-0,3x_1+0,2\cdot t=0 \Leftrightarrow -0,3x_1=-0,2t \Leftrightarrow x_1\approx 0,667t$ $\Rightarrow \begin{pmatrix}x_1\\x_2\end{pmatrix}=\begin{pmatrix}0,667t\\t\end{pmatrix}$
3. Es gilt $x_1+x_2=1$. Hierdurch $\vec{x}$ ermitteln.	$x_1+x_2=1 \Rightarrow 0,667t+t=1 \Rightarrow 1,667t=1 \Rightarrow t=0,6$ $\Rightarrow \vec{x}=\begin{pmatrix}0,667\cdot 0,6\\t\end{pmatrix}=\begin{pmatrix}0,4\\0,6\end{pmatrix}$

http://frv.tv/4x

Die Grenzmatrix G

Begriff : Enthält Übergangswahrscheinlichkeiten von „heute“ bis zum „Zeitschritt ∞“.

Definition : Man erhält **G** aus $\mathbf{A}^n$ für $n \to \infty$.
(Da A^∞ nicht berechnet werden kann, wird als Näherung z.B. A^{100} mit GTR berechnet.)

Beispiel (Disko) : $G = \begin{pmatrix} 0,4 & 0,4 \\ 0,6 & 0,6 \end{pmatrix}$ („Rechnung“: $A^{100} = \begin{pmatrix} 0,4 & 0,4 \\ 0,6 & 0,6 \end{pmatrix}$)

Merkmal : Aus den Spalten von G kann der stabile Vektor abgelesen werden:

$$G = \begin{pmatrix} 0,4 & 0,4 \\ 0,6 & 0,6 \end{pmatrix} \Rightarrow \text{Stabiler Vektor: } \vec{x} = \begin{pmatrix} 0,4 \\ 0,6 \end{pmatrix}$$

Bemerkungen

- Falls ein stochastischer Prozess eine Grenzmatrix besitzt, wird der stabile Vektor stets irgendwann und unabhängig von der Anfangsverteilung erreicht. Danach ändert sich die Verteilung nicht mehr. Der stabile Vektor bildet die „Endverteilung“.
- Jedoch gibt es nicht zu jedem stochastischen Übergangsprozess eine Grenzmatrix.

8.3 Absorbierender Zustand

Begriff : Ein Zustand, der erreicht, aber nicht wieder verlassen werden kann.

Erkennbar an Übergangsmatrix A : Zustand mit **„Verbleibwahrscheinlichkeit“ 100 %** (**Diagonalelement** hat den Wert **1**).

Beispiel
In einer Stadt gibt es nur die drei Dönerläden (D1, D2, D3).
Das Wechselverhalten der Kunden nach jedem Besuch wird durch die Übergangsmatrix A dargestellt.

$$A = \begin{pmatrix} 0,5 & 0 & 0,2 \\ 0,2 & \mathbf{1} & 0,6 \\ 0,3 & 0 & 0,2 \end{pmatrix}$$

a) Geben Sie den absorbierenden Zustand an.

Der Zustand D2 ist absorbierend, da hier eine Verbleibwahrscheinlichkeit von 1 vorliegt.

b) Geben Sie den stabilen Vektor ohne Rechnung an.

Stabiler Vektor: $\vec{x} = \begin{pmatrix} 0 \\ 1 \\ 0 \end{pmatrix}$. Irgendwann gehen alle Kunden zu D2.

Liebe Schülerinnen und Schüler,

über Fragen oder Anregungen zu den Inhalten dieses Buches freue ich mich sehr.

Stefan Rosner

(stefan_rosner@hotmail.com)